幼儿音乐教育与活动指导

郝香才 ◎ 主 编

北京师范大学出版集团
BEIJING NORMAL UNIVERSITY PUBLISHING GROUP
北京师范大学出版社

YOUER

YINYUE JIAOYU

YU HUODONG ZHIDAO

图书在版编目(CIP)数据

幼儿音乐教育与活动指导/郝香才主编.—北京:北京
师范大学出版社,2014.9(2018.1重印)
全国应用型学前教育专业规划教材
ISBN 978-7-303-17581-9

Ⅰ.①幼… Ⅱ.①郝… Ⅲ.①幼儿教育-音乐教育
-高等学校-教材 Ⅳ.① G613.5

中国版本图书馆 CIP 数据核字(2014)第 121723 号

营 销 中 心 电 话	010-58802181 58805532
北师大出版社高等教育分社网	http://gaojiao.bnup.com
电 子 信 箱	gaojiao@bnupg.com

出版发行:北京师范大学出版社 www.bnup.com
        北京新街口外大街 19 号
        邮政编码:100875

印　　刷:北京京师印务有限公司
经　　销:全国新华书店
开　　本:787mm × 1092mm　1/16
印　　张:26.5
字　　数:520 千字
版　　次:2014 年 9 月第 1 版
印　　次:2018 年 1 月第 2 次印刷
定　　价:48.00 元

策划编辑:罗佩珍	责任编辑:邢自兴　王则灵
美术编辑:焦　丽	装帧设计:国美嘉誉
责任校对:李　菡	责任印制:陈　涛

编 委 会

主 编

郝香才

副主编

顾晓华　赵灵萍

编 委

王元艳　胡　鹏　傅　聪　陈晓芳

前　言

　　《幼儿音乐教育与活动指导》是一本关于幼儿音乐教学指导的书籍，是集理论、技能、教学法、实践、趣味于一体的音乐教材，是编者多年在深入课堂、观摩调研和科学论证的基础上完成的。它完全秉承着"寓教于乐"与"快乐学习"的教育理念。本书适用于学前教育专业学生、幼儿教师及广大音乐爱好者，能够有效帮助学生在学、唱、弹、创等音乐技能与修养方面得到全面提升。

　　教材特色：

　　第一，理论知识科学建构、层次清晰、通俗易懂。目前幼儿教师音乐基础知识相对薄弱、理论学习兴趣不足，这影响着幼儿教师艺术文化素养质量。为此，编者在理论阐述与层次布局上进行了科学研究和有序调整，达到了"教与学"的同步提高。

　　第二，技能知识深入浅出、趣味有序、紧贴实际。本教材以趣味教学为动力，实践参与为手段，通过课堂教学与拓展实践，开拓学习思路，提升教学技能，在快乐中增强对知识的理解与记忆，提高音乐教育的审美力，为音乐教育高质量完成奠定坚实基础。

　　第三，综合知识前瞻引领、丰富多元、融会贯通。综合性主要包括：音乐理论知识、合唱知识、指挥知识、作曲理论知识、钢琴即兴演奏知识、柯达伊与奥尔夫音乐教学介绍与案例分析等，能够深层次满足幼儿教师教学与音乐爱好者学习的需要，体现出实用性的特征。

　　第四，凸显快乐与趣味相结合的特点。本书在各个章节中，以理论知识为基点，以创设和谐愉快的课堂氛围为语境，以课堂讨论为启迪智慧之手段，在简单易行中挖掘学生的音乐智能，在"拓展实践"环节中形成自信，感受到成功。

目　录

第一章　认识音符

第一节　五线谱学习

一、音的概述

声音是由物体振动而产生的。在我们的世界里能为人的听觉所感受的声音是非常多的，但并非所有的声音都可以作为音乐材料。在音乐中所使用的音，是人们在长期生活中为了表现自己的思想感情而特意挑选出来的。这些音科学地组成了一个固定的体系，以表现音乐思想和塑造音乐形象。

音有四个最主要的基本性质，即音的高低、长短、强弱及音色。由于发音体的形制及振动形态不同，所有的音又可划分为两类：乐音和噪音。在生活中，比如：窗外的汽车声、建筑工地的嘈杂声，不想听的或不好听的音乐声都是噪音。而在音乐中，所使用的主要是乐音，但噪音也是音乐表现中不可缺少的组成部分。在我国民族音乐里，噪音的使用具有相当丰富的表现能力。如：在戏曲音乐里，打击乐器在其他艺术表现手段的配合下，在塑造人物形象，表现各种思想情感方面，其作用是非常明显的，这是世界音乐文化中非常具有特色的一部分，值得我们进一步研究和学习。

（一）乐音体系、音列、音级的产生与分类

乐音体系：音乐中所使用的基本的乐音的总和。

音列：将乐音体系中的音，按照一定音高关系依次排列起来。

音级：乐音体系中的各个音。音级分为基本音级和变化音级两种。

如图所示：

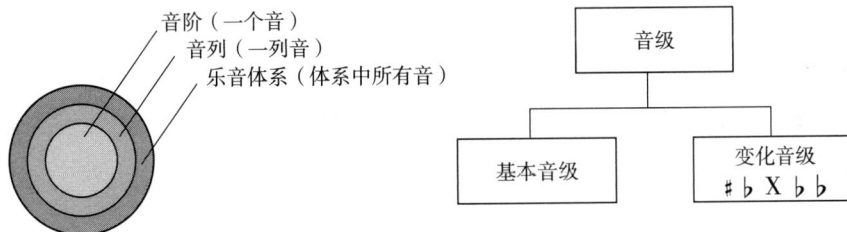

（二）半音与全音

在十二平均律制下的乐音体系中，音高关系的最小计量单位，叫"半音。两个半音相加叫全音。

$$\boxed{\begin{array}{c}\text{半音}\\(\text{音高关系的最小计量单位})\end{array}} \quad + \quad \boxed{\text{半音}} \quad = \quad \boxed{\text{全音}}$$

钢琴键盘上，分白键和黑键，相邻的两个琴键之间最小的距离是半音，两个半音距离构成一个全音。如半音c-#c、#c-d、全音c-d、d-e等。如图所示：

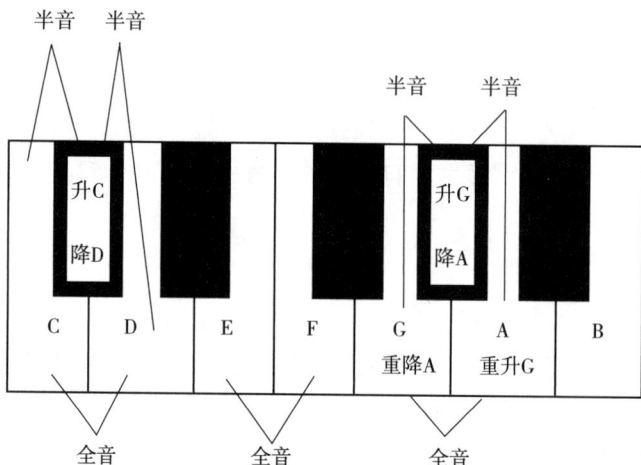

目前，钢琴拥有八十八个琴键，即八十八个音高不同的音，里面几乎涵盖了乐音体系里全部的音。在音乐中，所有的乐器，包括高音乐器和低音乐器所能发出的声音，都在乐音体系的总范围内。所以，只要清楚钢琴上的八十八个音，整个乐音体系也就涵盖差不多了。除此之外的音，在音乐中几乎是不用的。

（三）音名与唱名

1. 音名

乐音体系中各音级的名称。音名的称谓，一般都采用：C、D、E、F、G、A、B来表示。

2. 唱名

人们在演唱音乐的谱子时所使用的名称。常用的唱名法有首调唱名法和固定调唱名法。

这些音在键盘上的位置：

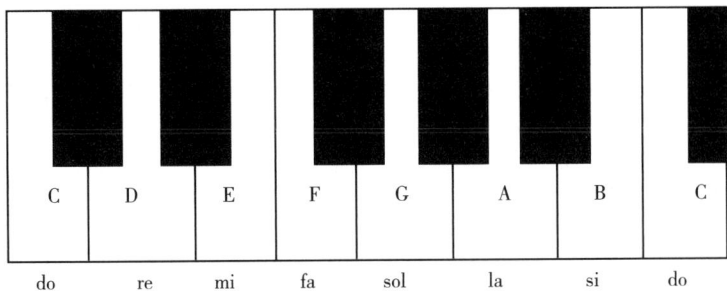

| C | D | E | F | G | A | B | C |
| do | re | mi | fa | sol | la | si | do |

3. 唱名法

在唱谱子的时候，一般情况下都是唱音级的唱名，即：do re mi fa sol la si，这七个唱名。但在使用五线谱时要考虑到所唱谱子的调号的问题，这就要用到唱名法。常用的唱名法有固定调唱名法和首调唱名法两种。

例1-1

固定调唱名法　7　7　7　6 5 | 6　6 7 6　—　|　5　5　5　6 5 | #4　4 5 4　—‖

首调唱名法　　3　3　3　2 1 | 2　2 3 2　—　|　1　1　1　2 1 | 7　7 1 7　—‖

固定调唱名法：无论乐谱中是什么调，均将C唱作"do"，即以绝对音高为基础的唱名方法。当调有变化时，音级要相应地唱高或唱低半音，但唱名却始终不变。例如，不论是G调，还是#C调降bC调，或者是其他任何调，只要遇到C音，也不管它是#C、bC，还是×C或bbC，一律都唱作"do"。一般来说，固定调唱名法更适合于器乐演奏者（特别是西洋乐器）使用，而首调唱名法多用于声乐和民族乐器使用，在视唱练习中一般两种唱名法都需要练习。

首调唱名法：将该调的主音唱作"do"，其余各音按照相应的音高关系演唱，其实是以相对的音高为基础的唱名方法。当调有所变化时，只需找到该调的主音即可，而不用加入临时升降记号。例如，G调，用首调唱名法G音就唱作"do"，A音就唱作"re"，B音就唱作"mi"，C音就唱作"fa"，D音就唱作"sol"，E音就唱作"la"，#F音就唱作"si"。

例1-2

喂 鸡

王志安 词
王 健 曲

奶奶喂了两只　鸡呀，什么鸡什么鸡？
我们家里喂了机呀，什么机什么机？

大母鸡呀 大公鸡 呀。 大母鸡 大公鸡。 一只白天
突突突突 拖拉 机呀, 突突突 拖拉机, 赛过十头

忙下 蛋呀, 哎咳哟 哎咳哟。 一只清早 喔 喔
大黄 牛呀, 哎咳哟 哎咳哟, 耕田耕地不 怕

啼 呀, 一只清早 喔 喔 啼 喔喔 啼!
累呀, 耕田耕地 不 怕 累, 不怕累。

　　如上述歌曲《喂鸡》是G调，用首调唱名法，第一小节唱成：sol sol mi sol。第二小节：do la sol。第三小节sol sol。用固定唱名法，第一小节唱成：re re si re。第二小节：sol mi re。第三小节：re re。

（四）关于音级

1. 基本音级

　　在乐音体系中，七个具有独立名称的音级叫基本音级（也叫自然音级）。基本音级用"C、D、E、F、G、A、B"七个字母来表示，这就是基本音级的"音名"。在乐音体系中，音名只有这七个，其他各音级的名称只是循环使用或是变化使用这七个音名，在钢琴的键盘上可以清楚地看到，白键上的音就是C大调的基本音级。

2. 变化音级

　　在乐音体系中，除了基本音级C、D、E、F、G、A、B外，还有其他的非基本音级，它们是将基本音级升高或降低（包括重升和重降）变化而来的，因而叫变化音级。

　　将基本音级升高半音，叫"升音级"，用"#"记号写在基本音级的左上方来表示升高半音。如#C读作"升C"。

　　将基本音级降低半音，叫"降音级"，用"♭"记号写在基本音级的左上方来表示降低半音。如♭D读作"降D"。

　　将基本音级升高全音，叫"重升音级"，用"×"记号写在基本音级的左上方来表示升高全音。如×E读作"重升E"。

　　将基本音级降低两个半音，（全音）叫"重降音级"，用"♭♭"记号写在基本音级的左上方来表示降低全音。如♭♭F读作"重降F"。

3. 八度

按照基本音级的高低次序，从某一个音级开始，由高到低或由低到高，数到第八个同名音，那么这两个音级之间的关系就是八度，准确的名称应该是叫"纯八度"。或者说从某一个音级（不论基本音级或变化音级）到它相邻的上方或下方的同名音级，那么这两个音级之间的关系就是纯八度。纯八度关系的两个音，在音乐中具有相同的意义，只是音高不同。

如图所示：c^1—c^2—c^3—c^4

4. 键盘上的音级

在乐音体系中，每个音级（包括基本音级和变化音级）在钢琴的键盘上都有相对应的位置，请看它们在键盘上的名称和位置安排：

（五）认识五线谱

五线谱是记谱法里常用的一种用来记录音乐的方法，由五线四间构成。五线由下而上，依次叫：一线、二线、三线、四线、五线。四间由低到高，依次叫：一间、二间、三间、四间。

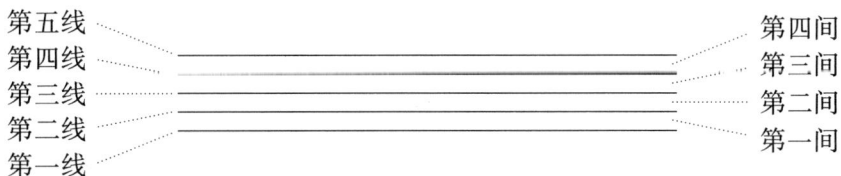

第五线	第四间
第四线	第三间
第三线	第二间
第二线	第一间
第一线	

在音乐创作中，五线四间里的音域不能够满足创作者表达情感需要时，在基本五线谱的上方或下方增加线或间，在第五线上方加上一间或一线就叫上加一线或上加一间，在第一线下方增加间或线就叫下加一间或下加一线，依此类推。

活动建议：①制作吸铁式短小线让幼儿添粘。②准备记号笔让幼儿填写。

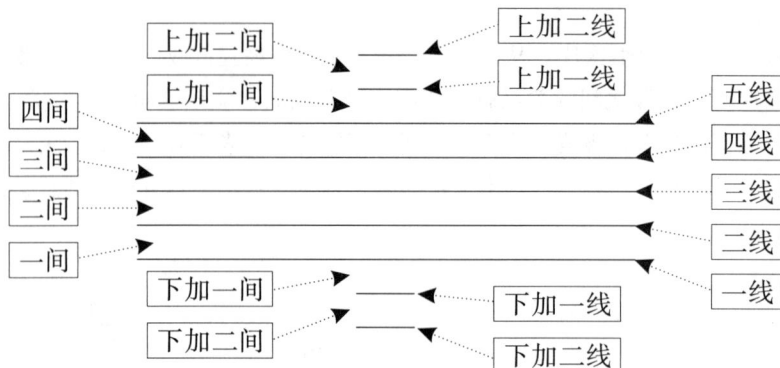

儿歌《五线谱》

五线谱，五条线，由下向上数五线，五线之间有四间，每条线，每个间，都有一个音在上面。

间上音　　　　　　　　　间内音

注意：五线谱中，音符位置决定音的高低，音符形状决定音的长短。

二、三种常用谱号

记在五线谱上用以确定音高位置的记号，叫谱号。常用的谱号有三种：G谱号、F谱号、C谱号。

（一）G谱号的别称与音符的位置

G谱号，又称高音谱号。其中心位置在第二线上，用以确定第二线的音高为小字一组g¹音。

画法：起笔在第二线，绕圈上顶三线，下顶一线，往上走绕圈向下两线相交于四线。

高音谱表：用高音谱号来记写的谱表，为高音谱表，其下加一线上的音为中央C（c¹）
即：do。五线谱第二线是书写高音谱号时起笔的那条线，规定音高为G（g¹）
即：sol

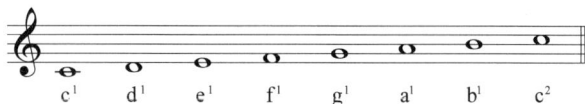

（二）F谱号的别称与音符的位置

F谱号，又称低音谱号。它的中心位置在第四线上用以确定第四线音高为小字组的f音。

画法：起笔在第四线上，顺时针转圈在第三间和第四间加两点，像个冒号。

低音谱表：

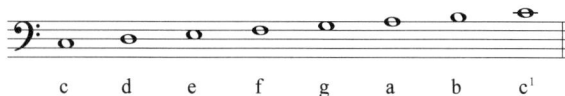

（三）C谱号的别称与音符的位置

C谱号，又称中音谱号。中音谱号和上面两个谱号有所不同。它的缺口可对准任何一条线，不能对间。中央缺口对准哪条线，哪条线的音高位置就是小字一组C¹音（即中央C），依次类推。C谱号一般用于中提琴和管乐等乐器。

画法：中音谱号（C三线谱号）：中间缺口所夹的线，它表示的音高为小字一组的c，可记在五线谱的任何一线上。

次中音谱号（C四线谱号）：和中音谱号的画法是一样的，不过中间的缺口是在第四线上，比中音谱号要高一根线。

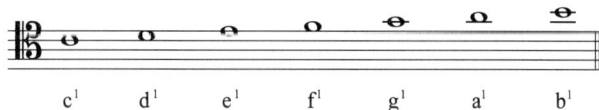

中音谱表：中音谱表又叫C谱表。可以分为第一线，第二线，第三线等几种。一般唱视唱，唱歌用的都是第三线中音谱表。第三线中音谱表又叫女低音谱表，中提琴也是用它来记谱，演奏。

如何认识中音谱表？

中音谱号对准的第三线，就是小字一组的C音，也就是中央C，唱do，依次类推。

（四）音符在三中谱号中的转换

在写谱时应注意，各种谱号要记在每行乐谱的开始处，如需另起一行时仍须再记写谱号。

在认谱时应注意，谱号的不同，五线谱上标记的各音高和音名也不同。

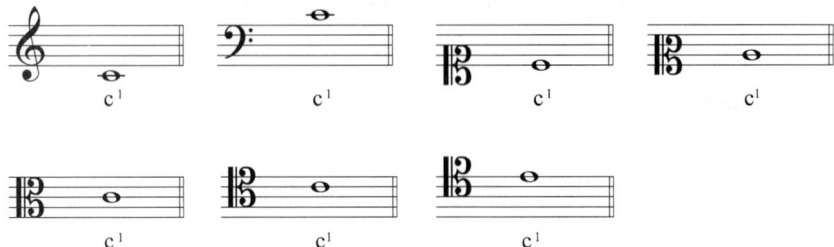

三、认识钢琴键盘

在钢琴键盘上一共有88个键，白键有52个。如何才能快速地找出字母名（或唱名）在键盘中的位置呢？

方法：

第一，绕着两个黑键的三个白键，从左至右分别是C、D、E。

第二，绕着三个黑键的两个白键，从左至右分别是F、G、A、B。

我们知道钢琴键盘上的白键有52个，而音名却只有7个，其他白键上的音名又是怎样的呢？在52个白键中，同样位置上的音名、意义和作用都是相同的。如：两个一组的黑键当中夹着的白键，永远都是D，用唱名来说是re。这些音虽然叫同样的名字，但音的高度是不同的。由此，我们就可以算出，在钢琴的白键上就有8个A、8个B、8个C、7个D、E、F、G。有这么多的同名音，学会如何区分高、低音的分组，能够帮助我们更加深入地了解他们。

（一）音的分组规律

为了区分音名相同而音高不同的各音，我们将钢琴键盘上的音分成若干音组。在音列最中央的一组，即高音谱表下加一线C音起向上的七个基本音级为小字一组。用小写字母右上方加数字1来表示。如：c^1、d^1、e^1、f^1、g^1、a^1、b^1。比小字一组高的各音组，由低到高依次叫作小字二组、小字三组、小字四组、小字五组。其标记是在小写字母的右上方依次加上数字2、3、4、5来表示。

比小字一组低的各音组，由高至低，依次叫作小字组、大字组、大字一组、大字二组。标记方法：小字组用小写字母标记；大字组用大写字母标记，大字一组用大写字母右下方加数字1来表示；大字二组用大写字母右下方加数字2来表示，以此类推。各音组的标记以及在键盘上的位置如下：

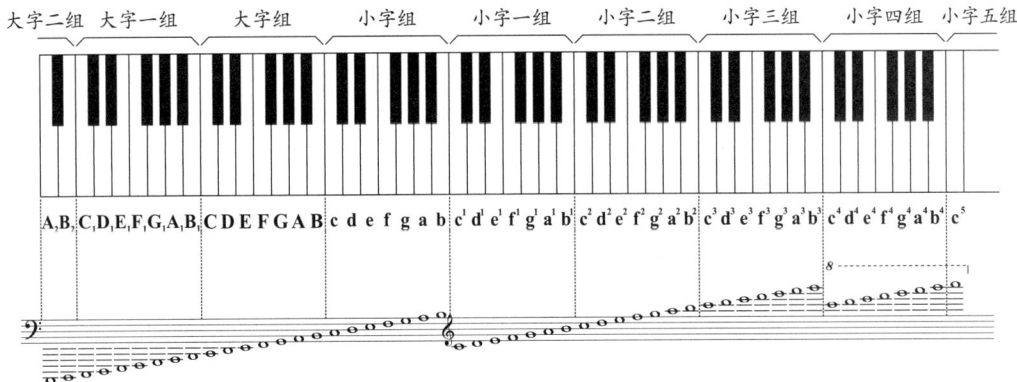

大字二组　大字一组　大字组　小字组　小字一组　小字二组　小字三组　小字四组　小字五组

（二）中央C与国际标准音

在音组中，有两个音应首先记住：国际标准音（a^1）和中央C（c^1）。乐音体系中的各音级，其音高都有一定的标准。音的标准高度，历代不尽相同，目前国际通用的标准高度（第一国际高度）是每秒钟振动440次的a^1音，即以小字一组的a为"标准音"。国际上有了统一的音高标准，为理论研究、乐器制作、文化交流带来诸多方便。每秒振动约261次的小字一组的C音在乐音体系中叫中央C，它位于基本音阶首位。有一种标准调音道具叫作"音权"，它在经过敲击之后发出的声音，其音高就是标准的a^1音即la，再根据此标准音向上小三度或向下大六度推出中央C（c^1）。

（三）幼儿歌唱音域与音色特点

歌唱，是人类音乐活动的重要领域之一，也是人类表达、交流感情的手段之一。柯达伊曾说："你的喉咙里有一样乐器，只要你愿意使用它，它的乐音比世界上任何乐器都美。"要使乐器成为大众的音乐有许多困难，而唱歌是使幼儿进入音乐天地最自然的途径。"人的喉咙是创作中最纯洁、最卓越的乐器。"在幼儿园的音乐活动中，唱歌的比重较大，除了教唱歌曲外，还有不少的音乐游戏和舞蹈也是用唱歌来伴随活动的。在这些活动过程中，幼儿需要用自己的歌声把歌曲的思想感情表达出来。如果在歌唱中老师不清楚幼儿的音域范围，没有选择适合幼儿生理、心理特点的歌曲，势必会使幼儿的嗓子受到一定的损坏，会给幼儿唱歌、说话带来困难，对身心健康也有不良影响。

从生理学上讲，幼儿唱歌的生理过程和成年人一样，只是由于幼儿的发声器官正处于发育初级阶段，声道短、口腔内上颚、硬颚浅窄，喉肌调节声带活动的能力差。另外，发声器官的长短、声带大小和活动能力、耐力、音色、音量、共鸣均与成年人不同。因此，幼儿教师需要掌握幼儿的歌唱生理及心理特征来保护他们的嗓音，从而培养其歌唱能力和审美能力。保护幼儿嗓音需要从多方面来考虑。

1. 教给幼儿正确的发声方法，防止和纠正大声喊叫的唱法

英国著名幼儿声乐教育家哈蒂曾经在他的著作中强调："一般幼儿在他们未受到好的训练之前，绝不允许他们大声歌唱，否则美的音质就会消失。"而我们常常看到有的孩子在唱歌时，颈部青筋凸起，面部涨红，特别是在他们情绪高涨时，更容易出现这种现象。这是喉部紧张、用力，是歌唱发声方法不正确的一种表现。这样的唱法会使幼儿的发声器

官过度疲劳，时间久了，就会损伤他们的嗓子。这样喊出的歌声就不会优美、动听，更谈不上什么艺术表现力。所以，应当教给孩子们在唱歌时保持喉部自然、放松，防止和纠正大声喊叫的唱法，要做到这一点，重要的是教给他们会用听觉去辨别歌唱音质的优劣，懂得什么是好听的声音，什么是不好听的声音。引导他们从老师富有艺术感染力的歌唱中，去体会歌唱艺术丰富的表现力。教给幼儿在学会鉴赏歌唱音质的优劣、提高歌唱审美能力的基础上，懂得爱护自己的嗓音。

2. 适度地掌握幼儿唱歌的音量

不同的歌曲，它的表现手法有很大差异。运用音量的大小、力度的强弱、速度的快慢、音色的柔亮等变化去丰富歌唱艺术的表现力，是歌唱中常用的表现手法。一般来说，幼儿歌曲篇幅短小，内容简单，情绪的起伏变化不像成人歌曲那么丰富多彩，但它也有一定的情绪起伏变化，需要有恰当的表现手法。老师不应该像要求成人那样，去要求孩子要达到某种程度和效果，比如，让"大声唱""高兴地唱"时，幼儿并不理解歌曲表达的情感，只是大声喊。这样不仅没有提高他们的审美情趣，反而破坏了他们稚嫩的喉咙。所以，幼儿唱歌时中等音量为宜，这不仅有利于嗓音的保护，也便于运用音量、力度的变化来表达歌曲的思想感情，有伸缩回旋的余地。

3. 幼儿歌曲的音域和唱歌时的定调是否适当与保护嗓音的关系很大

唱歌的音域是指一个人歌唱时所能发出的有效最低音到最高音的范围。了解儿童音域对于老师来说是非常必要的。3~6岁儿童的歌唱音域需要分为三个阶段：3~4岁的幼儿一般可以从c^1唱到a^1；4~5岁的儿童可以从c^1唱到b^1；5~6的儿童可以从b~c^2（仅指一般儿童能唱出的自然音域）。

4. 科学掌握幼儿唱歌的时间

就幼儿的心理特点而言，长时间的唱一首歌曲会使他们厌烦唱歌，打击孩子们今后唱歌的积极性。从生理角度讲，长时间的歌唱会使幼儿的嗓子变得疲劳，即使是成年人也做不到。在幼儿园音乐教学中，多数老师能够注意在音乐课的内容与活动形式上进行动静搭配，使孩子劳逸适度，但在日常的游戏活动中或排练节目时，特别是急于完成任务时往往会忽视这一点，导致孩子在长时间的歌唱中，因嗓子过度疲劳而受到损伤。尤其是那些积极性较高，唱得较好的孩子，更要注意保护他们的嗓子。因此，老师在培养幼儿歌唱时要意识到这一点。

5. 教材的选择要适合幼儿的音域与音色特点

幼儿教师不应该选一些歌唱音域宽广、乐句悠长、内容和情绪都使幼儿难以理解和感受，并超出他们演唱能力的歌曲。幼儿的肺活量小，音域窄，发声器官脆弱。不恰当的歌曲教材，会给幼儿的嗓子等生理器官带来沉重的负担，以至于破坏他们的歌唱能力。所以，老师在选择教材时要考虑孩子的不同生理、心理年龄的发展情况，以便于找到适合他们的歌曲，达到保护幼儿嗓音和培养幼儿歌唱能力及审美能力的目的。

6. 注意幼儿的饮食起居衣着冷暖适度

在我们的日常生活中，老师应提醒幼儿不要大喊大叫；不要在逆风时大声唱歌；感冒时不要唱歌；嗓子疲劳发热的情况下，不要马上吃较凉的食物等。声带即是歌唱的"乐器"，又是语言交往、表达喜怒哀乐的工具，要适当地使用它，特别是在孩子成长发育的过程中不可忽视，希望引起家长、老师及社会各界人士的关注和重视。老师要主动告诉幼儿关于保护嗓子的一些知识，家长也要懂得运用相关的知识来保护孩子的嗓子。

7. 幼儿教师应该具备演奏幼儿歌曲常用调的能力

保护幼儿嗓子是每位幼儿教师的职责，幼儿教师在掌握了幼儿的歌唱生理、心理特点的同时，还要有一定的歌唱与演奏能力。有的幼儿老师则缺乏灵活转换调式的演奏能力。因此，要求幼儿教师必须具备演奏不同调式歌曲的能力与技巧，为孩子的音乐表现做好助理，当好导演。

四、变化记号

变化记号的种类：音乐中常使用的变化记号有五种。

将原来音高向上升高半音的记号是升记号"#"；将原来音高降低半音的记号是降记号"♭"；将升高或降低的音还原为原来的实际音高的记号是还原记号"♮"；将音升高两次的记号是重升记号"×"；将音降低两次的记号是重降记号"♭♭"。

五线谱中变化记号在书写的时候，可写在间上，也可以写在线上，这取决于音在五线谱中的音高位置。音在间上变化音记号必须写在间上，音在线上变化音记号必须写在线上。

在五线谱中，变化音记号记写的位置不同，其名称和作用也不同。记写在旋律中的变化音记号为临时变化音记号，临时变化记号只对其后面出现的本小节里的同名音起作用，对跨小节同名音不起作用。

例1-3

记写在谱号后面的变化音记号称其为调号，其决定调的主音音高、调性和调式。调号的作用：1. 简化在五线谱旋律中重复出现同样音高的音的变化。2. 确定旋律中主音在钢琴键盘上的音高位置。三个升号的A大调，是#F、#C、#G，那么在这个曲调里所有的F、C、G都要升高半个音。（如果遇到临时变音记号以临时变音记号为准）

第二节　音符、休止符和常见的演奏记号

一、学习简谱与五线谱中的音符

音符：用以记录音的长短的符号。在五线谱和简谱中，音符本身的表现形式是不同的。常见的音符有全音符、二分音符、四分音符、八分音符、十六分音符。

全音符	𝅝
二分音符	𝅗𝅥
四分音符	♩
八分音符	♪
十六分音符	𝅘𝅥𝅯
三十二分音符	𝅘𝅥𝅰

音值比例关系图：

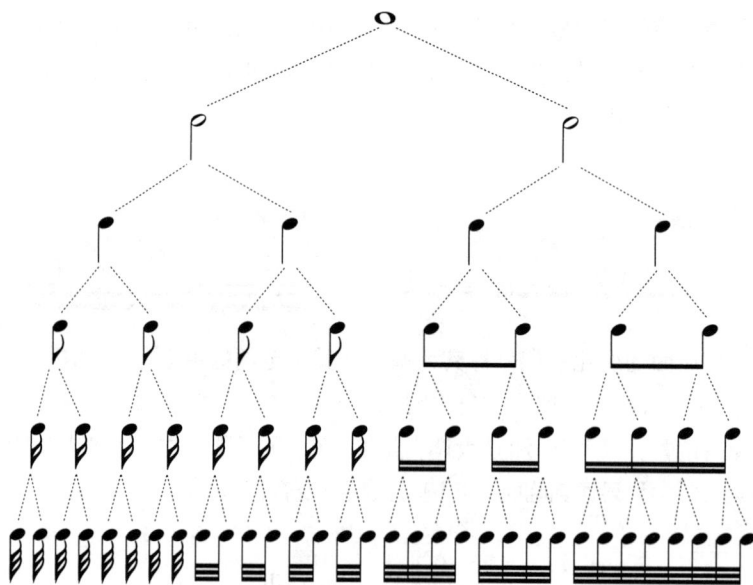

平均每个八分音符下面还可以分出两个十六分音符，每个十六分音符下面还可以分出两个三十二分音符。因此，我们能推断出上、下音符时值之间的比例关系是2：1。另外，休止符和音符的时值比例关系是一样的。如：一个全休止符等于两个二分休止符、一个二分休止符等于两个四分休止符。

▬	全休止符
▬	二分休止符
𝄽	四分休止符
𝄾	八分休止符
𝄿	十六分休止符
𝅀	三十二分休止符

休止比例关系图：

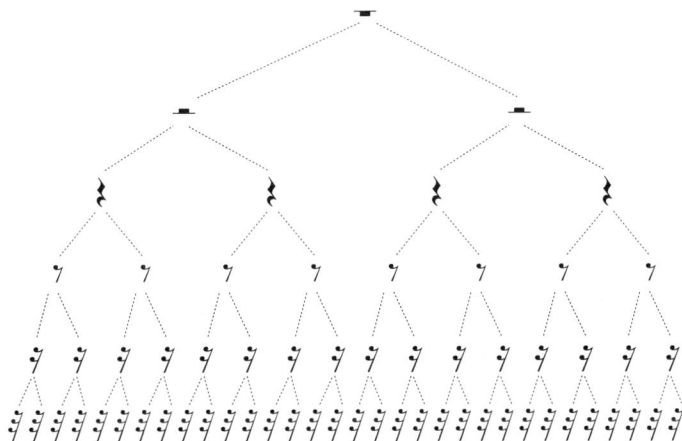

音符在五线谱和简谱的两种表示方式：

全音符	o	**1 — — —**	全休止符	▬	**0 0 0 0**
二分音符	♩	**1 —**	二分休止符	▬	**0 0**
四分音符	♩	**1**	四分休止符	𝄽	**0**
八分音符	♪	**1**	八分休止符	𝄾	**0**
十六分音符	♫	**1**	十六分休止符	𝄿	**0**

（一）简谱中的音符与休止符的名称、时值与写法

在简谱体系中，音的相对高度用七个阿拉伯数字来表示，以中央C一组的音高为例：

$$\dot{1} \quad \dot{2} \quad \dot{3} \quad \dot{4} \quad \dot{5} \quad \dot{6} \quad \dot{7}$$
$$1 \quad 2 \quad 3 \quad 4 \quad 5 \quad 6 \quad 7$$
$$\underset{.}{1} \quad \underset{.}{2} \quad \underset{.}{3} \quad \underset{.}{4} \quad \underset{.}{5} \quad \underset{.}{6} \quad \underset{.}{7}$$

在音符的上面加一小圆点，表示高八度演唱，加两个圆点表示高两个八度；反之，在下面加一个圆点，即表示低八度演唱，加两个圆点表示低两个八度。

13

1. 简谱中的知识点

拍号的意义：拍号用分数表示，如$\frac{2}{4}$拍的含义是：以四分音符为一拍，每小节有两拍。

增时线：简谱中记在音符后面的小横线。横线越多，音的时值越长，气息越长。如：5———

减时线：简谱中记在音符下面的小横线。横线越多，音的时值越短，气息越短。如：5

简谱音符写法与时值对比表：

音符名称	写　　法	时　　值
全音符	**5** — — —	四拍
二分音符	**5** —	二拍
四分音符	**5**	一拍
八分音符	**5**	半拍
八分音符	**5**	四分之一拍

小节线：根据拍号的意义，用来划分音的时值的小竖线"|"。

终止线：表示音乐结束的两条长度相等但宽度不等的小竖线，前面的竖线细，后面的竖线略粗。"‖"。

2. 休止符

音乐中除了有音的高低，长短之外，也有音的休止。表示声音休止的符号叫休止符，用"0"标记。休止符与音符基本相同，也有六种。但一般直接用"0"代替增加的横线，每增加一个0，音乐休止的时间就增加一个四分音符的时值。

音符名称	写　　法	时　　值
全音符	**0 0 0 0**	四拍
二分音符	**0 0**	二拍
四分音符	**0**	一拍
八分音符	**0**	半拍
十六分音符	**0**	四分之一拍

3. 节奏与节拍

掌握读谱，首先要掌握节奏，练习掌握节奏要能准确地击拍。击拍的方法是：手往下拍是半拍，手掌上拍为半拍，一上一下加起来是一拍。节拍符号：前半拍 ↘ 后半拍 ↗ 一拍为 ↘↗ 节奏符号：用 **X** 表示，读音为da。

例1-4

$$1 = C \quad \frac{2}{4}$$

（注：上列中 $\frac{2}{4}$ 拍，表示四分音符为一拍每小节二拍。**X**表示四分音符，即一拍；**X**表示八分音符，即半拍，"**X**—"表示二分音符，即二拍）

4. 常见简谱符号：

（1）反复记号。

① ‖: :‖ 表示记号内的曲调反复唱（奏）一遍。如果从头反复，前面的 ‖: 可省略。

例如：A│B│C│:‖ D E F│‖实际唱（奏）为：A B C A B C D E F D E F。

② 反复跳跃记号：

记在曲调的结尾，表示这段曲调的两次结束不

相同：A│B│C│:‖ D │:‖ 实际唱（奏）：A B C A B D

③ D.C.记在乐曲的双纵线下。表示从头反复，然后到记在 Fine 或 ‖ 处结束。

注："Fine"是结束。"⌒"是自由延长记号，如果放在双纵线上则表示终止。

（2）装饰音。

装饰音的作用主要是用来装饰旋律，丰富韵味。

①倚音：指一个或数个依附于主要音符的音，倚音时值短暂。有前倚音、后倚音之分。

例如：$\overset{5}{6}$ 前倚音，实际唱（奏）$\underline{5\,6}\cdot\cdot$，$\overset{5}{6}$ 中的 5 要唱（奏）得非常短促，一带而过。$\overset{56}{1}$ 实际唱（奏）$\underline{5\,6\,\dot{1}}\cdot\cdot$，$\underline{5\,6}$ 仍然唱（奏）很短促。

②颤音：由主要音与其相邻的音快速均匀地交替演奏，颤音的标记用 *tr* 或 *tr*〜〜

例如："$\dot{2}$"音上的 *tr*〜〜 实际演奏：$\underline{2\,1\,2\,1\,2\,1\,2\,1\,2\,1\,2\,1\,2\,1\,2\,1\,2\,1\,2\,1}$

③滑音：主要音向上或向下滑向某个音.滑音分上滑音 ↗ 和下滑音 ↘ 两种。

④跳音：用▼标记在音符的上面，表示这个音要唱（奏）得短促、跳跃。

例1-5

（3）连音线。

用 ⌒ 标记在音符的上面，它有两种用法：

①延音线:如果是连接同一个音，在演唱或演奏时作为一个音符，它的时值长度等于所有这些音符的总和。如例1-6中旋律2（re）音上的连线应保持三拍;

② 连接两个以上不同的音，也称圆滑线。要求唱（奏）得连贯、圆滑即可，如例1-6中旋律的第二条连线。

例1-6

$1=C \quad \dfrac{2}{4}$

| 6· 3 | 2 — | 2 3·1 | 6· 5 | 6 7 7 ‖ |

（4）重音记号。

用 > 或 ∧ 或 *sf* 标记在音符的上面，表示这个音要唱（奏）得坚强有力。当 > 与 ∧ 两个记号同时出现时， ∧ 表示更强。

例1-7

$1=C \quad \dfrac{3}{4}$

5 5 5 ‖

（5）保持音记号。

用 – 标记在音符的上面表示这个音在唱（奏）时要保持足够的时值和一定的音量。

例1-8

$1=C \quad \dfrac{4}{4}$

5 5 3 1 | 2 3·1 5 — ‖

（6）延长号。

用 ⌒ 标记，延长记号表示可根据感情和风格的需要，自由延长音符或休止符的时值。

例1-9

$1=C \quad \dfrac{2}{4}$

6· 5 | 4 0 3 0 | 2 0 1 0 | 3 3 3 2 2 | 6 — ‖

（二）线谱中的音符与休止符的名称、时值与写法

1. 音符

五线谱音符的构成：符头、符干和符尾三部分。

五线谱中音符书写基本规则：单声部记谱时，当符头在第三线以上时，符干向下写在符头的左侧，如果是带有符尾的音符，符尾写在符干的右侧并朝向符头方向；当符头在三线以下时符干向上写在符头的右侧，如果是带有符尾的音符，符尾写在符干的右侧并朝向符头方向；当符头在第三线上时符干向上、向下均可，根据该音前后的音高而定。假如一条符干连着很多符头则以离三线最远的符头来确定符干向上或向下的方向。当许多音符组成一个单位拍时则用共同的符尾将其连接，符干的方向仍以离三线最远的音符来确定符干的方向。

不同的音符代表不同的长度。音符有以下几种：全音符、二分音符、四分音符、八分音符、十六分音符、三十二分音符、六十四分音符。

（1）全音符介绍。

形状：⬭　像鸭蛋唱四拍

拍子（时值）：唱四拍

全音符啊真可爱，空心符头没符干，长得像一大鸭蛋，小手上下划四拍，全音符我唱四拍。

例1-10

这4个音分别唱：5, i, 4, 6

1 2 3 4 5 6 7 i

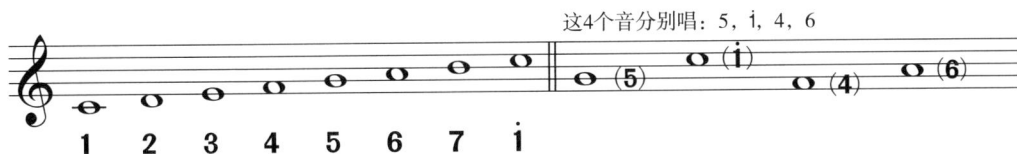

时值：每一个音唱四拍

（2）二分音符介绍。

形状：♩ = | 白色符头 ⬭ | + | 符干 | |

二分音符要看清，一根棒上一气球，一个二分音符里，四分音符有两个，四分音符为一拍，二分音符唱两拍。

时值：唱两拍（以四分音符为一拍）

（3）四分音符介绍。

形状：♩ = | 黑色符头 ● | + | 符干 | |

四分音符形状变，黑色符头加符干，符干朝下在左边，符干朝上在右边。

时值：唱一拍（以四分音符为一拍）

前半拍　　　　后半拍

17

节奏练习 $\frac{4}{4}$ 拍

吹　起　喇　叭，　嘀　嘀　嘀　嗒

（4）八分音符介绍。

形状：

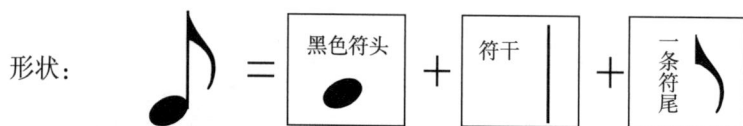

八分音符很有趣，黑色符头加符干，一条尾巴长又弯，尾巴永远在右面。

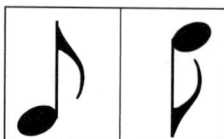

两个八分音符在一起，共用一条尾巴叫符杠。

归纳：学过的音符作比较，一个二分音符里，四分音符有两个，八分音符有四个。

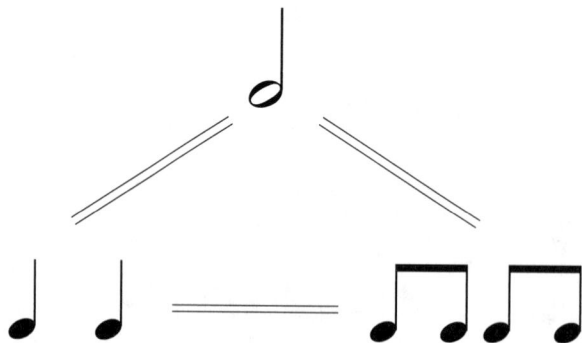

时值：

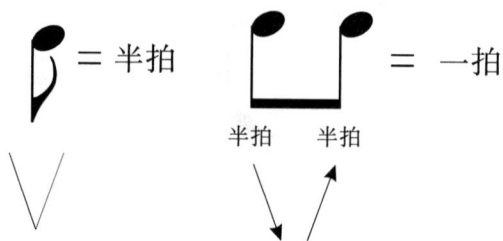

（5）十六分音符介绍。

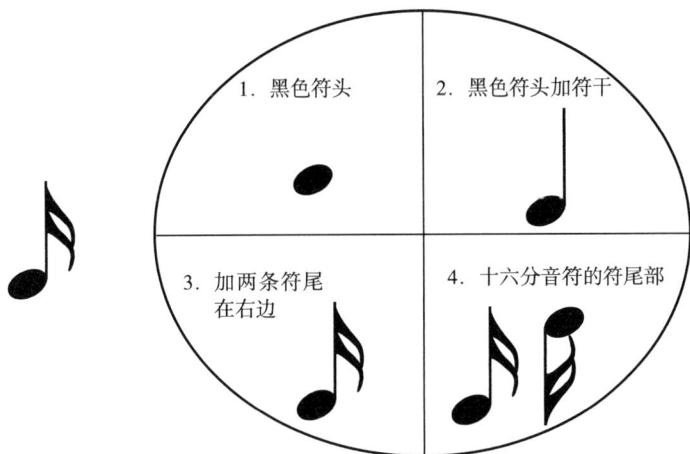

十六分音符很特别，黑色符头加符干，两条辫子黑又长，甩来甩去真漂亮。

十六分音符比八分音符多一条符尾，它有两条尾巴。

如果有多个十六分音符在一起，同八分音符一样，也可以用符干把他们连在一块。符干的条数和十六分音符本身尾巴的数目相同。

时值：

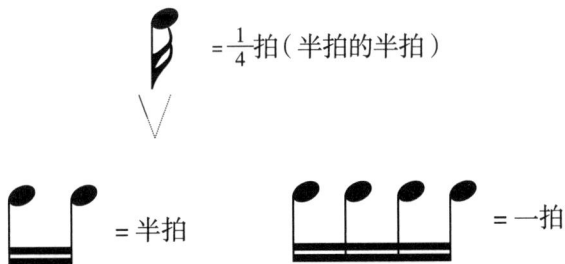

以四分音符为单位拍，一个十六分音符等于 $\frac{1}{4}$ 拍，四个十六分音符等于一拍。这种四个十六分音符组合而成的节奏型在音乐中出现较多，它是在一拍里平均唱四个音。要均匀，不能时快时慢。

2. 休止符

在乐谱上表示乐音休止的符号叫作"休止符"。在旋律进行中只要看到休止符音乐便要停止保持静默状态，这就是休止符的作用。休止符也是表达音乐情绪的一种方式。在音乐进行当中的休止符通常是有着特殊意境的，音乐虽然停止，但音乐意境仍在继续。可谓是"此时无声胜有声"，各种音符都有与其时值相等的休止符。

音符	休止符
𝅝	▬
𝅗𝅥	▬
♩	𝄽
♪	𝄾
♪	𝄿

还有一种休止符是表示整小节的休止。（完全小节休止）它们适用于各种拍子。

3. 五线谱其余知识点

小节线、终止线

（1）小节。

音乐总是跌宕起伏，强弱交替出现，这种交替出现不是杂乱无章的、随意的，而是遵循着节拍强弱规律交替循环来推动音乐不断向前发展的。按照节拍要求排成最小的、有规律的组织，为小节。例如，二拍子是一个强拍后面跟着一个弱拍；三拍子是一个强拍后面跟着两个弱拍。

（2）小节线。

根据节拍来划分音符时值的小竖线。每一个小节之间是由小节线来划分的，小节线是一条条与谱表相垂直的竖线，上面顶到第五线，下面画到第一线（上、下两边切记不可出线，以免与音符混淆）。

（3）终止线。

记录在乐曲的结束处，表明乐曲完全或阶段性终止。有两种记法：

‖完全终止：一个段落结束，或者在一个段落内，但需要转调时的临时终止线，也称段落线。

‖临时终止：（段落线）

（4）弱起小节。

一般情况下，乐曲开头部分都是从第一小节强拍开始，称为"强拍起小节"。有一种起拍不是由乐曲第一拍的正拍开始，而是由某小节的弱拍或弱位置开始的称为"弱起小节"。

例1-11

《国际歌》

例1-12

《义勇军进行曲》

这种弱起小节的结尾有两种：一种是完整的小节结束（也叫完全小节），还有一种是不完整的小节（也叫不完全小节）结束，不完全小节就是乐曲最后一小节的拍子与乐曲开始第一小节的拍子结合起来才是完整的小节。

例1-13

提示：在计算小节数时，应该以完整小节开始计算。

（三）音符在五线谱与简谱中的记谱方式

名称	音符	时值	简谱计法
全音符	𝅝	4拍	**5 — — —**
二分音符	𝅗𝅥	2拍	**5 —**
四分音符	♩	1拍	**5**
八分音符	♪	$\frac{1}{2}$拍	**5̲**
十六分音符	𝅘𝅥𝅯	$\frac{1}{4}$拍	**5̳**
三十二分音符	𝅘𝅥𝅰	$\frac{1}{8}$拍	**5̿**

简谱与五线谱休止符的对照表见下：

五线谱记谱	简谱记法	休止符名称
▬（第四线下）	**0 0 0 0**	全休止符
▬（第三线下）	**0 0**	二分休止符
𝄽	**0**	四分休止符
𝄾	**0̲**	八分休止符
𝄿	**0̳**	十六分休止符
𝅀	**0̿**	三十二分休止符

对于初学者来说，视识五线谱时看错行是很常见的，需要在熟练记忆中快速正确视读。简谱出错大多数则是在演奏时因指法不熟而按错键、孔或者弦造成的。

如果采用简谱学习，容易培养首调感，也较易建立起首调的听觉概念。以首调的方式来演奏国乐有助于演奏的准确。但是对于首调感不明确，临时记号多的曲子，简谱用起来就不是很方便了。另外，简谱的实际音高，没有线谱那么明确，尤其是碰到转调的时候，更容易出现不确定的情况。由此可见，简谱与五线谱各有其应用范围，也各有优缺点。由于国乐演奏的范围很大，形式也很多样化。因此，两种记谱形式都有其适合的曲目。在相当长的一段时间内，两种记谱形式仍可并存。

二、附点音符与附点休止符

（一）附点音符的时值、写法与特点

1. 附点音符

附属在音符后面来表现音符时值的小圆点，这个小圆点叫"附点"，其时值是前面音符时值的一半或二分之一。带附点的音符叫"附点音符"。附点音符在音符这个大家族里，属于"旁系亲属"。

例1-14

全音符附点　　二分音符附点　　四分音符附点　　八分音符附点　　十六分音符附点　　三十二分音符附点　　六十四分音符附点

例1-15

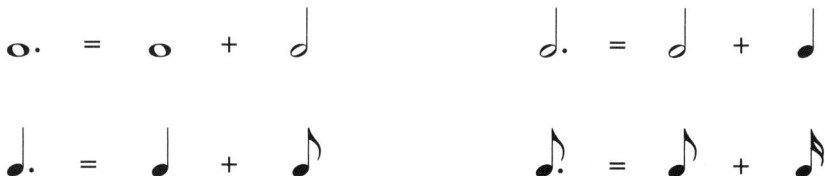

在 $\frac{4}{4}$ 拍里全音符唱四拍时，上面的附点全音符就要唱六拍。在 $\frac{3}{4}$ 拍里二分音符唱两拍，附点二分音符就要唱三拍，其他附点音符以此类推。

另外在写附点音符时，要注意：

（1）附点一定要记写在音符的后面。

（2）附点要靠近符头。

（3）附点音符的符头如果在间里，附点也要记写在间里；附点音符的符头在线上，附点要记写在音符右上方的间里。

例1-16

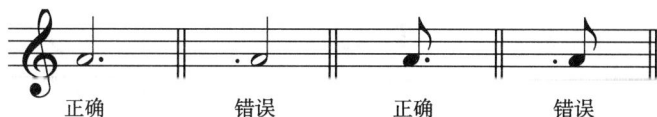

正确　　　　错误　　　　正确　　　　错误

例1-17

正确　　　错误　　　正确　　　错误　　　正确　　　错误　　　正确　　　错误

2. 复附点音符

复附点音符一般来说用的不是很多。在附点后面再加上一个附点，这种记法称为复附点，其时值是它前面附点音符时值的一半。这样两个圆点加起来的总时值，是音符原有时值的四分之三。

例1-18

3. 附点休止符

带附点的休止符并不常用，但是我们也要认识它。

例1-19

| 全附点休止符 | 二分附点休止符 | 四分附点休止符 | 八分附点休止符 | 十六分附点休止符 | 三十二分附点休止符 | 六十四分附点休止符 |

三、幼儿歌曲常见的几种演奏记号与省略记号

幼儿歌曲里常见的记号和术语 如：美丽的蘑菇帽——延长记号⌢；定位跳跃的小猴子——移动八度记号；休憩的表情——长休止符记号；魔术小斜线——震音记号；任劳任怨的情感小部落——反复记号；小滑梯——滑音记号；飞快地小神手——琶音记号等。正确理解和掌握各种记号和术语，对完美地表现音乐内容，准确地塑造音乐形象是十分重要的。

名称	定义	记法	实际演奏效果
倚音	一个或数个非常短的音构成的装饰音，在主要音之前弹奏。分长倚音和短倚音	长倚音 附点长倚音 短倚音	长倚音 附点长倚音 短倚音

续表

名称	定义	记法	实际演奏效果
波音	在主要音之间，加入其上方二度或下方二度辅助音而构成。波音的演奏时值算在主要音之内，波音的符号记在主要音的上方。常见：上波音，下波音，复波音	上波音 下波音	上波音 下波音
颤音	由主要音与其相邻的音快速而均匀地交替而形成的音型，用tr或tr～～表示		
回音	由四个音或五个音来回级进行而构成的旋律型。分顺回音		回音
断音	表示某些音或和弦要断续地演奏		
连音	演奏法用一条弧线来标记		表示连线内不同音高的音要奏得连贯流畅。
保持音	在演奏时保持强度并尽量保持该音的时值		
琶音	将和弦中各音由下而上很快地分散弹奏		
滑音	通常用曲线和箭头表示		

名称	定义	记法	实际演奏效果
移高八度	在五线谱上记上8-----的记号，表示虚线以内的音移动八度。记号在上移高八度，记号在下移低八度		
重复八度	用8（或con8……）写在音符的上方或下方，表示该音高八度或低八度		
长休止记号	表示休止3小节都用长休止记号来表示上面的数字代表休止的小节数		
段落反复记号	1. 段落反复记号 2. 反复跳跃记号 3. 从头反复记号 4. 从记号处重复记号D.S. 5. D. C表示从头反复到Fine结束。（略）		1. 2. 演奏顺序：12345678，123456910 3. 从头反复。 4. D.S.记号。从记号处重复。记号为"※"，从该记号处重复，至Fine记号结束。
其他记号	1. 延长音记号 2. 换气记号	1. ⌢ 2. V	⌢根据音乐情感的需要自由延长；V根据乐句的完整性和情感表达的需要进行换气。

第三节　实践拓展训练

一、视唱训练

无论是歌唱或是演奏，视唱是学习音乐培养准确视谱即唱能力的基础，它涵盖了对谱号、拍子、音程和调式等方面的感性认识与训练。

（一）五线谱视唱

1. 高音谱号

2. 低音谱号

（二）简谱视唱

二度、三度

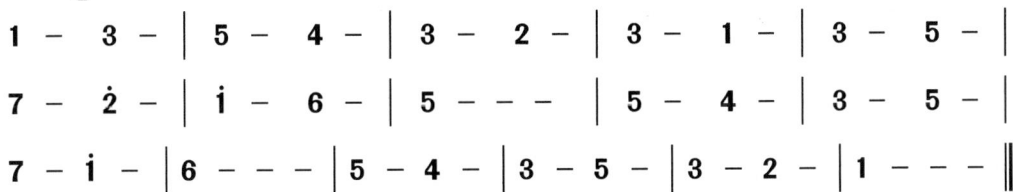

四度

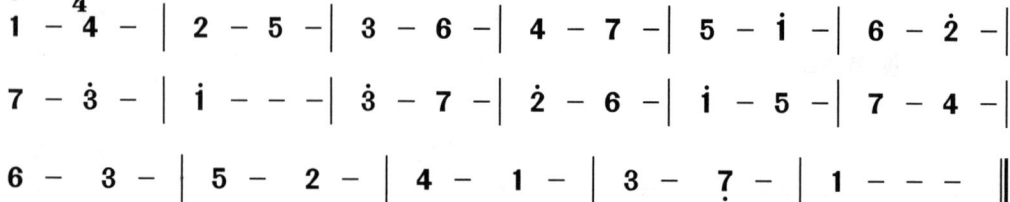

五度

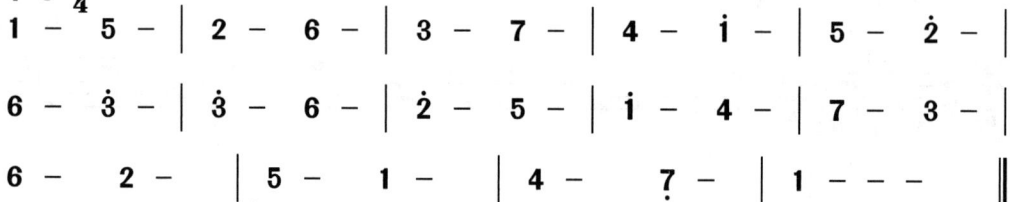

八度

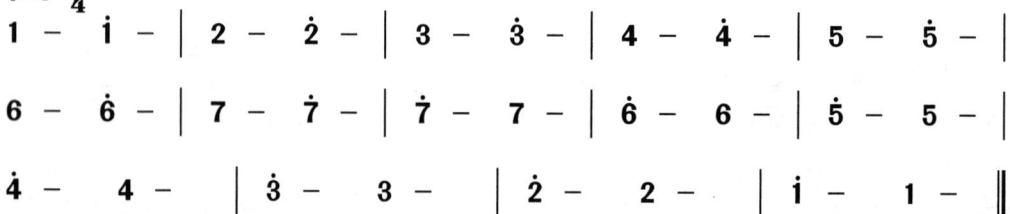

三度、四度、八度

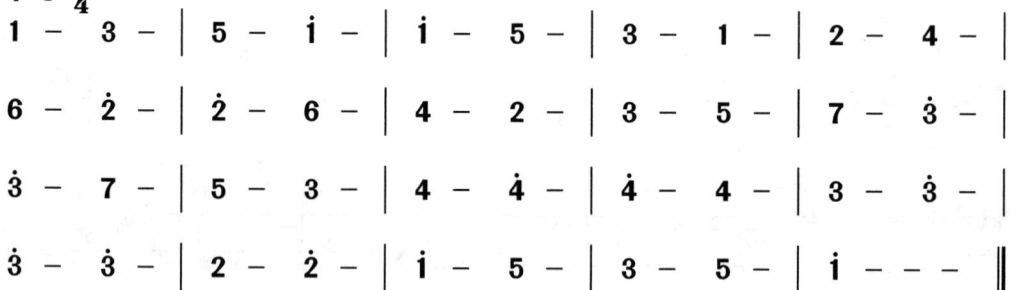

四度、五度、八度

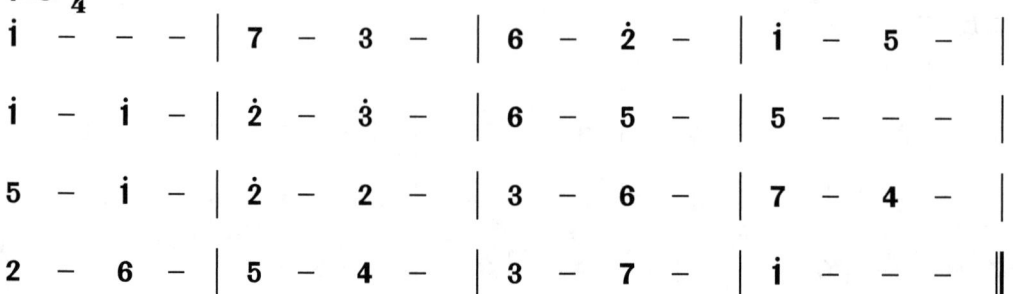

二、音符与节奏训练

（一）十六宫空格

十六格的应用比较灵活：一行画四个格，共画四行，每行的四个格代表四拍。在读法或打法的顺序，可以之字形正反读、空格，交叉等都可以。也可以将不同节奏型串联起来，鼓励练习者改变位置后立刻进行读或者打的练习，对训练识谱能力（节奏）和幼儿音乐反应能力效果都不错。针对幼儿的发展特点，注意把握游戏的趣味性，不能制定得太过复杂。如：可以在宫格里加入我们上面学过的四分音符、两个八分音符、四分休止符等。

练习：

空格表示四分休止。在练习之前请给出四组准确而匀速的单位拍，避免抢拍。

（二）教学案例《节奏HAPPY PARTY》（中班）

【活动目标】

1. 通过多种音乐形式来培养幼儿的节奏感。

2. 初步了解与掌握四分音符、八分音符及休止符的混合节奏型。

3. 在游戏的过程中寻找节奏的乐趣，潜移默化地培养幼儿反应敏捷及注意力集中的能力。

【活动准备】

教具：十六宫空格、四分音符、八分音符及休止符的图谱、日历簿一个、磁铁若干、小棍棒、音乐磁带、录音机、铃鼓、口哨、水果卡片、水瓶一个。

【活动过程】

1. 音乐律动。

（1）请幼儿歌唱《小天使之歌》，教师亲切提问幼儿是否喜欢此首音乐。

教师讲述音乐来源于生活，让幼儿了解音乐是一种美好的享受。

（2）介绍节奏，告诉幼儿节奏在生活中无处不在。

例如：拍手、走路、朗诵、手鼓所打出的节奏、钟表嘀嗒的声音及火车行驶的节奏。

2. 出示十六宫空格。

（1）出示十六宫空格的图片，让幼儿猜猜十六宫空格是用来做什么的。

（2）出示水果卡片，让幼儿将水果卡片放入十六宫空格中，然后让幼儿在装有磁铁的格子里拍一下手，同时音乐响起，并给只有一个水果卡片的格子取名，边拍边念。

（3）从十六宫空格里拿出部分磁铁，问幼儿没有磁铁的格子里要不要拍手？然后给没有磁铁的格子取名，再请幼儿随音乐边拍边念。

（4）请幼儿给水果卡片找朋友，再给有两个磁铁的格子取名，然后请小朋友跟着音乐边拍边念。

（5）问幼儿一个磁铁、两个磁铁、没有磁铁的格子各叫什么名字？

【教师小结、出示日历簿】

告诉幼儿一个水果、两个水果及没有水果的名字有两个，出示四分音符、八分音符、休止符，并向幼儿介绍。再做出总结。

【亲子活动游戏《节奏舞蹈》】

音乐开始，请家长同幼儿一起在场中自由起舞，同时引导幼儿随着节奏跳舞。

【结束】

播放《兔子舞》，带领幼儿和家长离开教室。

三、键盘实践——旋律分析与弹奏

钢琴的演奏要求学生聚精会神，听觉敏锐，专注。调动全身各个部位来充分地理解和展现音乐的美。初学的学生通常出现手指关节僵硬、手腕、手臂不协调，弹奏动作不够松弛、舒缓，缺乏自我控制力等问题，因此需加强训练。教法如下：

（一）分解法

分解法即分手、分句、分段、分声部弹奏，抽出乐曲中的难点部分来单练，并加以强化。在已弹好整体的前提下，对某一乐句音乐处理上、某一和声织体的音乐表现处理上、不同声部力度布局上进行精雕细琢地分解练习。这样可以促进双手弹奏的协调性，为更流畅的弹奏整曲节省了练习时间，达到事半功倍的效果。

（二）比较法

当学生弹奏钢琴时，音色生涩、美感不足、手臂、手指紧张，整个身体状态僵硬，弹奏的每个音力度同样重等问题。教师要在此时进行正确与错误的两种方法的弹奏示范，目的是让学生目睹、聆听、记忆、思考进行比较，找出问题所在，提高学生的判断力和感知力。

（三）衔接法

衔接法的基本原则是遵循节奏的韵律，将几个局部的弹奏技术、技巧连接起来，形成一条整体连贯的最佳弹奏状态。衔接法是在把握音乐审美的前提下，细致处理音与音、句与句、段与段之间的关系，提高整首乐曲弹奏质量。但要注意学生弹奏时出现的随意性，确保乐曲整体感与流畅性。

（四）迁移法

有意识地让学生倾听示范乐曲的旋律，培养其节奏感及音乐审美，激发学生内在情感，然后采用有效科学的触键方法，结合弹奏练习，将旋律从心中转移到手指上，使学生做到"心中有音乐，指尖有音乐"。歌曲音色的明暗处理，歌曲风格的把握需在触键上反映出来。因此，在学习过程中，学生要做好弹奏前的准备，对音乐的理解越深刻，对巩固和提高弹奏质量越有利。

试奏例1-20和例1-21两首乐曲。

学习提示：

1. 注意手在键盘上的位置以及调号与临时变音记号的作用。

2. 《小蜜蜂》是F大调，注意颤音、回音、滑音的弹法。

3. 把握四分音符和八分音符、休止符时值的区别。

4. 在《剪羊毛》的钢琴谱中高声部很多是音程，注意音程的演奏技法是两音同时弹奏。

例1-20

小 蜜 蜂

德国儿童歌曲
于 碚 译配
郝香才钢琴编配

例1—21

剪 羊 毛

澳 大 利 亚 民歌
杨 中 杰 译词
杨 中 信 配歌
郝香才 钢琴编配

河 那 边 草 原 呈 现
小 羊 你 别 发 抖 呀

白 色 一 片， 好 像 是 白 云 从 天 空 飘
你 别 害 怕， 不 要 担 心 你 的 旧 皮

第二章　幼儿音乐节奏、节拍与实践拓展

第一节　节奏、节拍、节奏型

一、节奏

节奏是指一些长短相同或者长短不同的音有机地组合在一起。在音乐中旋律是重要的基本要素，节奏是支撑旋律的骨干。但有时节奏可以离开旋律单独存在。例如，一些没有固定音高的打击乐器，可以独奏或者合奏。

二、节拍

节拍是指音乐中的强拍与弱拍按照一定的强弱关系，有规律地循环再现。

三、节奏型

节奏型是指一部分具有特性的节奏在音乐作品中反复出现。节奏与节拍以各种长短、强弱不同的音的形式贯穿于音乐作品中，并产生密切的关系。

第二节　常用拍子以及拍子的强弱特点

一、拍子

拍子是借用数学分数的形式来标记的。分数的分母是指以几分音符为一拍，分数的分子是指一小节有几拍。一小节内有几拍就称为几几拍。例如，以四分音符为一拍，每小节有三拍的拍子，应称为四三拍，其他拍子以此类推。

表示拍子的记号叫拍号。

乐谱中有强弱规律的若干个拍子构成了小节。小节是构成乐句、乐段的基本单位。

二、拍子的强弱特点

（一）抑扬顿挫的 $\frac{2}{4}$ 拍

1. $\frac{2}{4}$ 拍的定义与强弱特点

以四分音符为一拍，每小节两拍。第一拍是强拍，第二拍是弱拍。

2. 常用的 $\frac{2}{4}$ 拍节奏型

例2-1

X － ｜ X X ｜ X X X ｜ X X X ｜ X· X ｜ X X X X ｜ X X· ｜ X X X ‖

（二）强弱起伏的 $\frac{4}{4}$ 拍

1. $\frac{4}{4}$ 拍的定义与强弱特点

以四分音符为一拍，每小节四拍。第一拍是强拍，第二拍是弱拍，第三拍是次强拍，第四拍是弱拍。

2. 常用的 $\frac{4}{4}$ 拍节奏型

例2-2

X － － － ｜ X － － X ｜ X X － － ｜ X － X － ｜

X X － X ｜ X － X X ｜ X X X － ｜ X X X X ｜

X X X X － ｜ X X X X － ｜ X X X － ｜ X － X － ｜

X X X X X ｜ X X X X X X X ｜ X X X X X ｜ X X X X X X ‖

（三）旋转的 $\frac{3}{4}$ 拍

1. $\frac{3}{4}$ 拍的定义与强弱特点

以四分音符为一拍，每小节三拍。第一拍是强拍，第二拍和第三拍是弱拍。

2. 常用的 $\frac{3}{4}$ 拍节奏型

例2-3

X － － － ｜ X － X ｜ X X － ｜ X － X X ｜

X X X － ｜ X X X X ｜ X X X X ｜ X X X X ｜

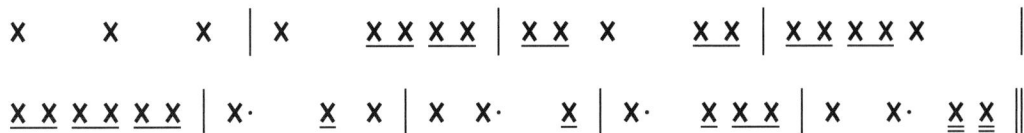

（四）欢快的 $\frac{3}{8}$ 拍

1. $\frac{3}{8}$ 拍的定义与强弱特点

以八分音符为一拍，每小节三拍。第一拍是强拍，第二拍和第三拍都是弱拍。

2. 常用的 $\frac{3}{8}$ 拍节奏型

例2-4

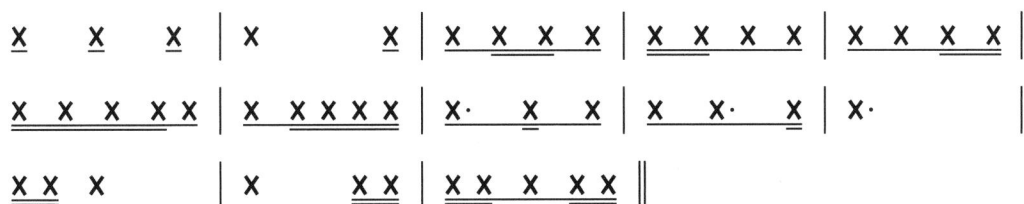

（五）流畅、连绵起伏的 $\frac{6}{8}$ 拍

1. $\frac{6}{8}$ 拍的定义与强弱特点

以八分音符为一拍，每小节六拍。第一拍是强拍，第二、三拍是弱拍，第四拍是强拍，第五、六拍也是弱拍。指挥图示是六个小拍，或者是两大拍，以三拍为一个音群。两大拍的图示类似 $\frac{2}{4}$ 拍。

2. 常用的 $\frac{6}{8}$ 拍节奏型

例2-5

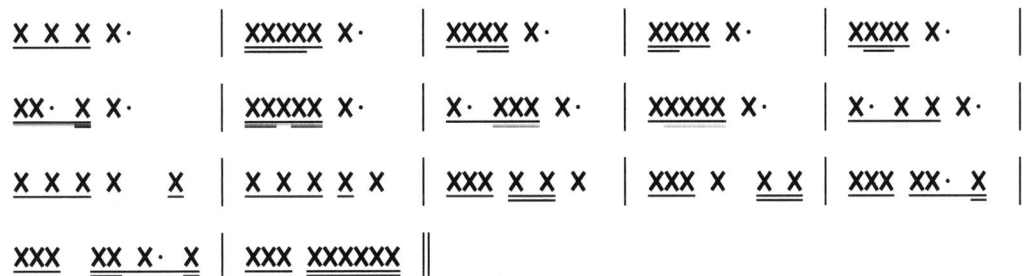

第三节　实践拓展——儿歌与节奏组合以及教学案例

一、$\frac{2}{4}$拍各种节奏、视唱练习与幼儿律动游戏

（一）$\frac{2}{4}$拍不同节奏型的组合练习

例2-6

1. X　　－　｜　X　　X　｜　X　　X X　｜　X X　X　‖

　哒　　啊　　　哒　　哒　　哒　　哒 哒　　哒 哒　哒

2. X　　X　｜　X　　X X　｜　X X　X　｜　X　　－　‖

　哒　　哒　　　哒　　哒 哒　　哒 哒　哒　　嗒　　啊

要求学生：念节奏通常用中速，念时速度要均匀。初始练习时可以先用慢速，待达到一定的熟练程度后再换成中速练习，练习方式有如下几种。

（1）常规念法。

每一个二分音符念"哒啊"，四分音符念"哒"八分音符念时值为半拍，短促的"哒"音。

（2）击拍法。

强拍时双手击掌，弱拍时右手食指点左手的掌心。还可以左手在下方，右手一拍一下自上向下击打左手掌。击拍手势以四分音符为一拍，右手掌向下击左手掌为前半拍，抬起右手掌为后半拍。前后半拍加起来是一拍整。

击拍手势见下图：

X　　－　　　　X　　　　　　X

嗒　　啊　　　　嗒　　　　　嗒

↓ ↑　↓ ↑　　　↓ ↑　　　　↓ 或 ↑

两拍（手势）　　一拍（手势）　　半拍（手势）

（3）律动法。

强拍时用力跺右脚，弱拍时双手分别击两腿的两侧。

（4）指挥法。

$\frac{2}{4}$拍指挥图示见下图。

图2-1

（二）教师与学生互动游戏：

1. 儿歌《小青蛙》

例2-7

小 青 蛙

$$ \times\times \; \times \; | \; \times\times \; \times \; | \; \times\times \; \times\times \; | \; \times\times \; \times \; \| $$

（老师）	小青	蛙，	小青	蛙，	你在	池塘	干啥	呢？
（学生）	呱呱	呱，	呱呱	呱，	看见	害虫	把它	抓。
（齐）	小青	蛙，	真勤	劳，	我们	大家	把它	夸。

（1）方法一：用手拍节奏。老师按照节奏大声念第一行歌词用捻指捻出每一小节的第一个强拍，弱拍不捻指。练习学生倾听的能力，不出声念词。强拍时先把手平摊开，弱拍时双手轻拍。锻炼学生对节奏强弱拍的掌控能力。

（2）方法二：师生将乐器分组敲节奏。老师大声念第一行歌词，同时用铃鼓、双响筒等小型乐器敲出歌词的节奏。学生大声念第二行的歌词，同时用木鱼、蛙鸣板敲出歌词的节奏。第三行老师和学生一起整齐地念出歌词，并且用各自手中的打击乐器敲出节奏。

（3）方法三：师生互换，学生用乐器敲节奏，老师念。学生念一至三行歌词时用三角铁、木鱼或者铃鼓等敲出强拍，弱拍不敲。老师念歌词，强拍把手平摊开，弱拍双手轻拍节奏。

2. 儿歌《在哪里》

例2-8

在 哪 里

顾晓华创编

$$ \times\times \; \times\cdot\times \; | \; \times\times \; \times \; | \; \times\times \; \times\cdot\times \; | \; \times\times \; \times \; \| $$

（老师）	小猫	小猫	在哪	里？	（学生）	喵喵	喵喵	在这	里。
	小鸡	小鸡	在哪	里？		叽叽	叽叽	在这	里。
	小鸭	小鸭	在哪	里？		嘎嘎	嘎嘎	在这	里。
	小羊	小羊	在哪	里？		咩咩	咩咩	在这	里。
	老牛	老牛	在哪	里？		哞哞	哞哞	在这	里。

（1）方法一：用手击节奏。老师按照节奏大声念每一小节的节拍重音，用捻指捻出每一小节的第一个强拍，弱拍不捻指，练习学生倾听的能力。

（2）方法二：师生将乐器分组敲节奏。老师大声念第一句歌词，同时用铃鼓、双响筒等小型乐器敲出歌词的节奏。学生大声念第二句的歌词，同时用木鱼、蛙鸣板敲出歌词的节奏。第三行老师和学生一起整齐地念出歌词，并且用各自手中的打击乐器敲出节奏。

（3）方法三：师生互换，学生用乐器敲节奏，老师念词。学生念一至三行歌词时用三角铁、木鱼或者铃鼓等敲出强拍，弱拍不敲。老师念歌词，强拍把手平摊开，弱拍双手轻拍节奏。

（4）方法四：老师带领学生边念歌词，边模仿做各种小猫、小鸡、小羊、老牛的动作。

（三）带词的节奏练习

1. 儿歌《座钟的声音》

例2-9

座钟的声音

X	X X	X	X X	X X	X X	X	—
铛	嘀 嗒	铛	嘀 嗒	嘀 嗒	嘀 嗒	铛	昂。

X	—	X	X	X X	X X	X	—
铛	昂	铛	铛	嘀 嗒	嘀 嗒	铛	昂。

老师播放一段生活中所见到的大座钟的视频，要求幼儿模仿它的时针与秒针的声音念词，将二分音符念成"铛昂"、四分音符念成"铛"、八分音符念成"嘀嗒"声等。

2. 儿歌《北京民谣》

例2-10

北京民谣

X X X X	X X X	X· X X X	X X X	X X X X	X X X	X
金 箍 勒 棒，	烧 热 炕，	爷 爷 打 鼓	奶 奶 唱，	一 唱 唱 到	大 天	亮。

（四）含有四分、八分休止符的 $\frac{2}{4}$ 拍节奏练习与视唱

1. 节奏练习

例2-11

（1）X X | X 0 | X X X X | X 0 | X X 0 | X X 0 | X X X | X — ‖

（2）X — | 0 X X | X X | X X X X | 0 X X 0 | X X 0 X | X | X — ‖

2. 视唱练习

例2-12

（1）

小 蜜 蜂

德国儿童歌曲

嗡 嗡 嗡，飞 吧 小 蜜 蜂，我 们 决 不 伤 害 益 虫，
嗡 嗡 嗡，飞 吧 小 蜜 蜂，我 为 采 花 蜜 辛 勤 劳 动，
嗡 嗡 嗡，飞 吧 小 蜜 蜂，花 蜜 采 得 又 多 又 香，

快 快 飞 到 大 森 林 中，嗡 嗡 嗡，飞 吧 小 蜜 蜂。
为 采 花 蜜 辛 勤 劳 动，嗡 嗡 嗡，飞 吧 小 蜜 蜂。
花 蜜 采 得 又 多 又 香，嗡 嗡 嗡，飞 吧 小 蜜 蜂。

（2）

垃圾倒哪里

顾晓华曲

垃圾 垃圾 倒 哪 里？　垃圾 倒 哪 里？

倒 到 垃圾 桶 里去，　垃圾 桶 里 去。

电 池、　纸 张、　塑料、　玻 璃，

垃 圾　要 分 离，　回 收 要 牢 记，

小 朋 友 们 爱 环 境，　地 球 多 欢 喜。

（五）$\frac{2}{4}$拍幼儿儿歌与教学案例

例2-13

1. 儿歌《小白兔》

小 白 兔

幼儿儿歌

小 白 兔，　白 又 白，　两 只 耳 朵 竖 起 来，

爱 吃 萝 卜 爱 吃 菜，　蹦 蹦 跳 跳 真 可 爱。

要求学生：

（1）按照常规念法"哒"念节奏。

（2）按照已掌握的节奏念歌词。

（3）老师要求学生在掌握歌词的基础上，按照$\frac{2}{4}$拍的节奏，边拍手击打节奏边念出每小节第一拍的歌词重音。

（4）在老师的带动下学生边按照歌词念节奏，边用手势形容兔子的耳朵、萝卜、白菜以及做蹦蹦跳跳的动作表演。

2. 儿歌《鸡蛋》

老师讲述"每天早晨小朋友都要吃一个熟鸡蛋以保证营养"，然后老师出示几张鸡蛋的图片，给幼儿讲一个鸡蛋的故事，并教给幼儿拿鸡蛋（从装鸡蛋的小筐里）、洗鸡蛋（去除鸡蛋上的污迹）、打鸡蛋（将鸡蛋打在碗里）、煎鸡蛋（要在锅里放点油）、盛鸡蛋（盛在小碗里）、吃鸡蛋的整个过程。在老师的带领下，幼儿开始边学儿歌《鸡蛋》，边做动作。

例2-14

鸡 蛋

X X	X	X X	X	X X	X	X	X	X	—
拿 鸡	蛋，	拿 鸡	蛋，	小 朋	友	拿	鸡	蛋。	
洗 鸡	蛋，	洗 鸡	蛋，	小 朋	友	洗	鸡	蛋。	
打 鸡	蛋，	打 鸡	蛋，	小 朋	友	打	鸡	蛋。	
煎 鸡	蛋，	煎 鸡	蛋，	小 朋	友	煎	鸡	蛋。	
吃 鸡	蛋，	吃 鸡	蛋，	小 朋	友	吃	鸡	蛋。	

延伸练习：发挥幼儿的想象力，结合生活经验，用以上儿歌做替换歌词练习。例如，洗手绢、穿衣服、刷牙齿、上学校等，老师引导幼儿即兴编创出与歌词相配的动作。

教学案例《小兔乖乖》（小班）

◆ 音乐、社会、语言

【活动目标】

1. 能理解歌曲《小兔乖乖》的内容，并根据歌曲内容扮演有关角色。

2. 引导幼儿不要给陌生人开门，加强幼儿自我保护的安全意识。

【活动重点、难点】

1. 重点：本次活动是让幼儿能够理解歌曲《小兔乖乖》的内容，并学会唱这首歌。

2. 难点：教师引导幼儿根据歌曲内容扮演有关的角色。

【活动准备】

1. 视频中的歌曲《小兔乖乖》以及律动音乐《小兔跳》。

2. 小兔子头饰若干，兔妈妈、大灰狼头饰若干、蘑菇、草地、鲜花、大树、篮子等。

【活动过程】

1. 导入过程。

（1）播放律动音乐《小兔跳》，老师扮演兔妈妈和班上的小朋友戴上小兔子的头饰扮演兔宝宝，跟随音乐做小跑步与双脚跳的律动进入教室。

（2）发声练习。

例2-16

师：小 兔 怎样 跳？ 学生：蹦 蹦 蹦蹦 跳。

2. 情景表演与互动学习。

（1）情景表演。

教师事先把教室布置成一个兔子们的家，有房子、花园、草坪、大树等。开始为大家表演一个故事。老师戴上兔妈妈的头饰提着小篮子对兔宝宝说："乖宝宝们，妈妈要出去采蘑菇了，你们要关好门，听到妈妈敲门说话才能开门哦。"

播放歌曲《小兔乖乖》的前半部分，老师表演兔妈妈采完蘑菇回来，一边轻轻地敲门喊：兔宝宝们，妈妈回来了。让幼儿注意听歌曲中的歌词："就开就开我就开，妈妈回来了，我就把门开。"一边做开门的动作。

另外一位带班老师扮演大灰狼，换上大灰狼的头饰，用较粗的声音演唱歌曲的后半段，模仿大灰狼的样子来敲门："兔宝宝们快开门，妈妈回来了。"老师让幼儿注意听歌曲的后半段"不开不开我不开，妈妈没回来，谁来也不开"，并和兔宝宝们表演把门抵得死死的，不让大灰狼进来。

（2）老师组织幼儿看一遍歌曲《小兔乖乖》的视频，引导幼儿初步了解歌曲内容。

然后提问：

① 第一位老师扮演的是谁呀？故事里有谁在唱歌？

② 第二位老师扮演的是谁呀？

（3）学唱歌曲。

① 兔妈妈唱的是什么？小兔怎样回答的？

② 大灰狼唱的是什么？小兔是怎样回答的？

③ 幼儿跟随音乐学习边做动作边唱歌。

老师提问：

① 兔妈妈应该用什么声音唱？

② 大灰狼应该用什么声音唱？

③ 分析角色的唱法，请个别幼儿来演唱，然后再集体演唱。

（4）分角色演唱。

① 老师戴上头饰扮演大灰狼，幼儿扮演小兔。

② 老师戴上头饰扮演兔妈妈，幼儿扮演小兔。

③ 角色互换，选几位幼儿分别扮演大灰狼与兔妈妈，老师带领其他幼儿扮演小兔。然后再集体表演。

（5）结合现在社会的不安全因素。

老师提问：

① 小兔能给大灰狼开门吗？结果会怎么样？

② 怎么样区分大灰狼和小兔？它们的耳朵、身体、毛发、尾巴等有什么明显的特征吗？

③ 小朋友可以给陌生人开门吗？为什么？

老师点评：引导幼儿独自一人在家时一定不要给陌生人开门，加强幼儿自我保护的安全意识。

3. 结束游戏。

幼儿唱着《小兔乖乖》集体走出教室。

【课后反思与总结】

这是一堂气氛非常活跃的课。歌曲的内容与角色扮演让幼儿很感兴趣，加上以欢快的音乐和游戏的形式为线索展开课堂教学，给幼儿留下了深刻的印象。大部分幼儿都能很好地学唱这首歌曲，并能理解其中的教育意义，知道不能随便给陌生人开门，因为不安全。也有个别幼儿因为比较内向和胆小，没有参与到活动中，老师应提前与幼儿沟通好，给予自信心，鼓励幼儿大胆尝试，不害怕。从而使每位幼儿都能融入快乐的音乐活动中。

【活动延伸】

1. 在图书区，再次和幼儿一起观看视频歌曲《小兔乖乖》。请幼儿简单复述一下《小兔乖乖》的故事，锻炼幼儿语言表达能力。

2. 在音乐区，帮助幼儿理解歌曲内容、复习歌曲，还可与其他幼儿互换角色，分别扮演大灰狼、兔妈妈与兔宝宝，增强幼儿学习的兴趣。还可将故事改编成音乐童话剧，帮助幼儿用歌表演的形式表现出来。

3. 在表演区，老师带领幼儿将这个故事内容进行改编，变换场景以及增加故事讲述人、其他小动物等角色，激发幼儿的创造与想象力，老师在旁边进行辅助与指导。

4. 在美术区，老师引导小朋友发挥自己的想象力给小兔子和大灰狼的简笔画涂出不同颜色。

5. 据不同班级幼儿的认知程度在手工区完成小兔子和大灰狼等动物的造型，在教室内外的特定区域进行展示。

附：例2-17

小兔乖乖

中速

小 兔子 乖乖，把 门儿 开开，快点儿 开开，

（第一遍兔妈妈唱）
（第二遍大灰狼唱）

我 要 进 来。（幼儿齐唱）就 开 就 开 我 就 开，
不 开 不 开 我 不 开，

妈 妈 回 来 了， 这 就 把 门 开。
你 是 大 灰 狼， 不 能 把 门 开。

（六）视唱练习

要求学生：在已学过的节奏基础上，进一步自学新乐谱，老师从旁进行指导。

1. 不带歌词的视唱

例2–18

（1）

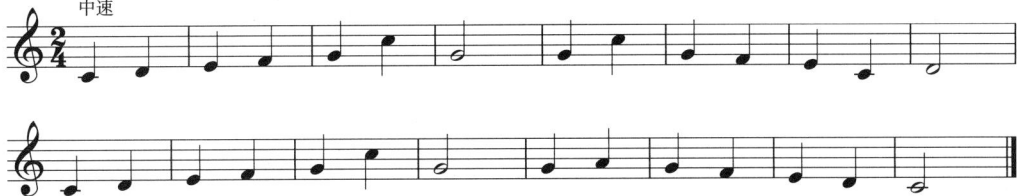

（2）

（3）

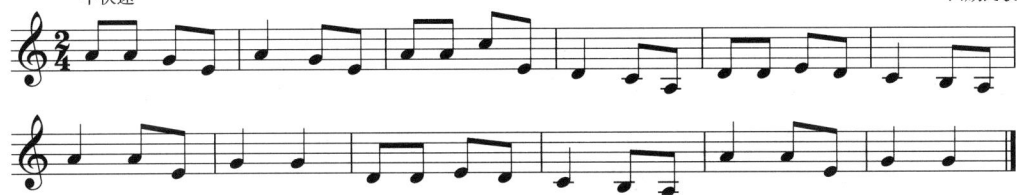

（4）

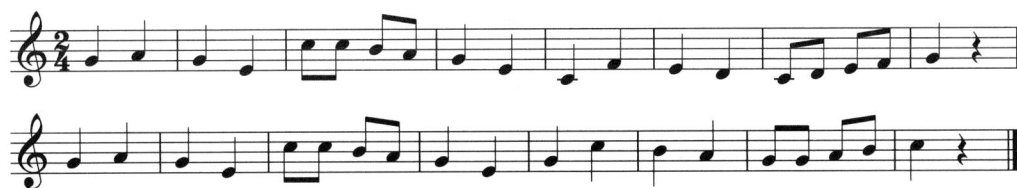

（5）

（6）

中速　　　　　　　　　　　　　　　　　　　　　　　　　哈萨克民歌

2. 带歌词的视唱

例2-19

（1）

大象老鼠比唱歌

顾晓华词曲

大　象　老　鼠　比　唱　歌，　一　起　来　比　唱　歌，　大　象　唱　歌
大　象　老　鼠　比　唱　歌，　一　起　来　比　唱　歌，　老　鼠　唱　歌

嗓　门　大，　吼　吼　吼，　吼　吼　吼。　吱　吱　吱　吱　吱。
小　声　音，

① 带歌词的乐曲视唱，具有一定的难度，要求学生：

第一步：学生要慢速练习唱乐谱，掌握基本的节奏。

第二步：掌握基本节奏后再尝试加入歌词的视唱。

第三步：掌握一定的视唱技巧后，再逐步尝试视谱即唱。

② 力度对比的训练：

第一段后半部分的歌词"大象唱歌嗓门大，吼吼吼，吼吼吼"，可以尝试让小朋友放开音量，感受一下强音量乐句的感觉。

第二段后半部分的歌词"老鼠唱歌小声音，吱吱吱吱吱"，要求学生轻声唱，感受一下弱音量乐句的感觉。强调学生要注意倾听，比较强弱乐句的区别。

（2）

小 花 猫

中速

喵　呜　喵　呜，　小　花　猫，

喵　呜　喵　呜，　老　鼠　抓　住　了。

要求学生：

① 带歌词的视唱曲要先练习唱乐谱，掌握基本节奏后，再慢速加入歌词进行视唱。

② 注意乐句的呼吸，在有逗号"，"的地方，要学习快吸气，并准时在下一个重音出现时唱出歌词。

（3）

I can say my ABC

A　B　C　D　E　F　G，　H　I　J　K　L　M　N，

O　P　Q　R　S　T，　U　V　W　X　Y　Z，

X　Y　Z　Now you　see，　I　can　say　my　A　B　C。

二、$\frac{4}{4}$拍各种节奏练习与幼儿律动游戏

（一）$\frac{4}{4}$拍的不同节奏型组合练习

例2-20

1. X　—　—　—　| X　X X X　—　| X X X X X　—　| X　X　—　—　‖

2. X　X　X　X　| X　—　X　—　| X X X　X　—　| X　X　X　—　‖

3. X　—　X　X　| X　X　—　X　| X　X　X X X　| X　X　X　—　‖

4. X　—　—　X　| X　X　X　X X X　| X　X X X X X X　| X　—　—　—　‖

要求学生：

$\frac{4}{4}$拍的强弱特点依次是强拍、弱拍、次强拍、弱拍。$\frac{4}{4}$拍比$\frac{2}{4}$拍稍微复杂一点、长一些，要求学生用中速或中慢速念节奏，速度要均匀。对初学者可先用慢速，待熟练后再替换成中速练习。练习方式有如下几种。

（1）常规念法。

每一个全音符念"哒啊啊啊"，二分音符念"哒啊"，四分音符念"哒"八分音符时值为半拍的"哒"音。击拍手势为：

X	—	—	—
哒	啊	啊	啊
↑↓	↓↑	↓↑	↓↑

四拍（手势）

（2）击拍法。

第一拍强拍时双手击掌，第二拍弱拍时右手食指点左手的掌心，第三拍次强拍时右手中间三个手指尖点左手的掌心，第四拍弱拍时右手食指再点一次左手的掌心。

（3）律动法。

① 强拍时用力跺右脚，弱拍时双手击两腿的两侧，次强拍时双手击掌，再一次弱拍时双手击两腿的两侧。使学生能运用四肢的动作充分区分和感受$\frac{4}{4}$拍的强弱特点。

② 第一拍强拍时用力跺右脚，第二拍弱拍时右手捻指，第三拍次强拍时双手击掌，第四拍弱拍时再一次右手捻指。使学生能充分锻炼身体大小肌肉群的协调运动，敲打出各种有强弱特点的节奏。

（4）指挥法。

$\frac{4}{4}$拍指挥图示见图2-2。

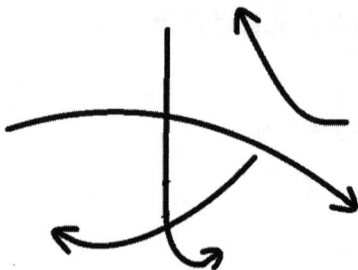

图2-2

（二）教师与学生互动游戏

1. 儿歌《小闹钟与小青蛙》

例2-21

小闹钟与小青蛙

顾晓华创编

（木鱼）						（双响筒）						
X	X	X	—	X	X	X	0	X	X	X	X	X	X	X	—

小	青	蛙，	你	别	叫，	呱	呱	呱	呱	把	我	闹，
洗	洗	脸，	刷	刷	牙，	宝	宝	晚	上	要	睡	觉。
小	闹	钟，	起	得	早，	嘀	嘀	嘀	嘀	把	我	叫，
小	朋	友，	快	起	床，	背	起	书	包	上	学	校。

（1）节奏训练法。

老师用捻指捻强拍，同时念歌词，其他次强拍和弱拍手不动。学生第一拍强拍念词手不动。第二拍弱拍、第三拍次强拍以及第四拍弱拍，依次分别用右手食指轻击左手掌心、中间三个手指、再用右手食指轻击左手掌心。培养学生的内心听觉和对休止符的控制能力，速度要均衡。

（2）打击乐器训练法。

老师用木鱼敲出第一、二行的第一、二小节的节奏，学生用双响筒（左右敲击各一下），敲出第三、四小节的节奏。老师用蛙鸣板敲出第三、四行第一、二小节的节奏，学生用双响筒（左右敲击各一下），敲出第三、四小节的节奏。通过让学生敲击小型乐器，锻炼手臂、手腕和手指的协调性以及充分感受 $\frac{4}{4}$ 拍的强弱特点。

2. 儿歌《早发白帝城》

例2-22

早发白帝城

李白

X	X	X	X	X·	X	X		X·	X	X	X	X	X
（老师）朝	辞	白	帝	彩	云	间，		（学生）千	里	江	陵	一	日还 。

X	X·	X	X	X·	X	X		X·	X	X	X·	X	X
（老师）两	岸	猿	声	啼	不	住，		（学生）轻	舟	已	过	万	重	山。

（1）击拍法。

① 老师边击打节奏边示范念一遍这首唐诗。

② 学生全体模仿老师边念诗，边按 $\frac{4}{4}$ 拍的强弱次序用双手拍强拍，右手食指轻击左手掌心拍弱拍，中间三个手指敲左手掌心拍次强拍，再用右手食指轻击左手掌心拍弱拍。培养学生的内心听觉和对节奏韵律的感受。

（2）打击乐器训练法。

① 老师用木鱼敲出第一、三小节的节奏，学生用单响筒敲出第二、四小节的节奏。

② 老师用响板敲出第一、三小节的节奏，学生用双响筒（左右分别各敲一下）敲出第二、四小节的节奏。通过练习敲击小型乐器，锻炼学生对乐器音色、性能的掌控能力并充分感受 $\frac{4}{4}$ 拍的强弱特点。

（三）带词的节奏练习

1. 儿歌《咏鹅》

例2-23

咏 鹅

骆宾王

| X X X － | X X X X X － | X X X·X X － | X X X·X X － ‖

鹅 鹅 鹅， 曲 项 向 天 歌。 白 毛 浮 绿 水， 红 掌 拨 清 波。

要求学生：

（1）念出 $\frac{4}{4}$ 拍的节拍重音，并注意念清楚四分附点音符。

（2）背诵唐诗，师生互动，老师念第一、三句，学生念第二、四句。同时拍手击打 $\frac{4}{4}$ 拍的四个不同强弱拍点，念出歌词。

2. 儿歌《小放牛》

例2-24

小 放 牛

河北儿歌

| X X X X | X X X X － | X X X X | X X X X － |

问：赵 州 桥 来 什 么 人 修？ 玉 石 栏 杆 什 么 人 留？

| X X X X X | X X X X | X X X X | X X X X X |

什 么 人 骑 驴 桥 上 走？ 什 么 人 推 车 压 了 一 趟 沟？

| X X X X | X X X X X － | X X X X | X X X X X － |

答：赵 州 桥 来 鲁 班 爷 爷 修， 玉 石 栏 杆 圣 人 留，

| X X X X X | X X X X | X X X X | X X X X X － ‖

张 果 老 骑 驴 桥 上 走， 柴 王 爷 推 车 压 了 一 趟 沟。

要求学生：

（1）老师示范。老师带领学生从头到尾双手击拍，按照歌词的节奏念一遍儿歌。

（2）师生分组。师生一问一答，老师按节奏念前半部分歌词，学生念后半部分节奏，同时注意强调念出歌词的强弱特点。

（四）含有二分、四分、八分休止符的 $\frac{4}{4}$ 拍节奏与视唱练习：

1. 节奏练习

例2-25

（1）X － － － | X X X 0 X | X X X X 0 0 | X X － － ‖

（2）X X X X | X O X — | O X X — | X X X — ‖

（3）X — X X | X X — O | X X O X X | X X X X — ‖

（4）X — — X | X X X X X | X X O X X X X O | X — — — — ‖

2. **视唱练习**

例2-26

找 朋 友

慢速   顾晓华曲

找呀找， 找呀找， 找到一个好朋友， 敬个礼， 握握手，
找呀找， 找呀找， 找到朋友多快活， 来唱歌， 去跳舞，

我们 都 是 好朋友。 你 好！（划X处念词） 你 好！
我们 游戏 快乐 多。 加 油！ 加 油！

要求学生：

（1）节奏训练法。

第一步：按照谱例中的四分和八分音符节奏念不同长短的"哒"音。

第二步：按照已掌握的节奏型念出歌词。

第三步：要求学生在掌握歌词的基础上，按照 $\frac{4}{4}$ 拍的强弱特点，将每一小节的第一拍念出节拍重音并用手拍出。

（2）律动训练法。

第一步：分组互动。将学生分成二人一组，面对面站好。在老师的带领下，边念歌词，边做拍手的动作。第一拍和第三拍自己拍手，第二拍交叉动作，伸出右手与对面学生的右手对拍，第四拍伸出左手与对面学生的左手对拍。

第二步：所有的学生手拉手，随着音乐原地踏步，要求一拍踏一步，从慢速开始练习。先抬自己的左腿，再抬右腿。

第三步：将歌曲分成以下几个步骤做动作。

① 在唱"找呀找呀找朋友，找到一个好朋友"时，左右腿替换，先迈左腿，在老师的带领下，随着音乐转圆圈，要求一拍走一步。

② 在唱"敬个礼，握握手"时，跟自己身体右侧的学生互相敬礼和握手，注意抓住每一个乐句的重音，动作一定要在"敬"和第一个"握"字的同时整齐地做出来。在唱完"手"字的时候，要及时将手放下，因为后半拍是休止符，并且做好继续绕圈子走的准备。

③ 唱到"我们都是好朋友"时，还是先迈左腿，随着音乐转圆圈，一拍走一步。唱到"友"字时，要立定站稳。"

④唱到第一个"你好"时，跟身体右侧的学生挥两下右手，一拍挥一下。在后两拍音乐中的休止符出现时，向身体左侧转身，面向圆圈站好。唱第二个"你好"时，向圆圈对面的所有学生挥手二下。第二次休止符出现时，跟两侧的学生手拉手准备好继续歌唱。老师带领学生将歌曲反复唱三至五遍，以使每个人都能逐步适应队形和动作的变化，越来越好地参与游戏与歌唱。

（五）$\frac{4}{4}$拍幼儿儿歌与教学案例

1. 儿歌《小号手与小鼓手》

例2-27

小号手与小鼓手

顾晓华改编

X X X X X —	X X X X X —	X X X X X —	X X X X X —
吹起小喇叭，	嘀嘀嘀嘀嗒，	打起小铜鼓，	咚隆咚隆咚，

X X X X X —	X X X X X —	X X X X X —	X X X X X —	X X X X X —
哥哥和妹妹，	别看年纪小。	人小志气大，	学做解放军，	长大保国家。

要求学生：

（1）节奏训练法。

第一步：按常规念法将谱例中的二分和四分音符念成不同长短的"哒"音。

第二步：按照已掌握的节奏型念出歌词。

第三步：老师要求学生在掌握歌词的基础上，按照$\frac{4}{4}$拍的强弱特点，将每一小节的第一拍念成重音，并用手拍出重音。

（2）律动训练法。

让学生自己分成两大组，在老师的带领下，边念歌词，边分别做吹喇叭、打铜鼓、学做解放军端枪保卫国家的动作。

2. 儿歌《小老鼠上灯台》

例2-28

小老鼠上灯台

顾晓华改编

X X X —	X X X —	X X X —	X X X —
小 老 鼠，	上 灯 台，	偷 油 吃，	下 不 来。

X X X X X X X	X X X X —	X X X X X X X X X X X
哭着 喊着 叫奶 奶，	奶奶 不 来，	叽里咕噜叽里咕噜 滚 下 来。

要求学生：

（1）节奏训练法。

第一步：按常规念法用"哒"念出节奏。

第二步：按照已掌握的节奏念出歌词。

第三步：要求学生在掌握歌词的基础上，按照 $\frac{4}{4}$ 拍的节拍重音，念出歌词重音。

（2）律动法。

第一步：边念歌词，边学做小老鼠踮着脚尖蹬上灯台的动作。

第二步："偷油吃，下不来"，脸上焦急的表情配合摆手的动作。

第三步："哭着喊着叫奶奶"，向远处着急地招手叫人来帮忙。

第四步：用左右小臂快速从前向后画圆圈的动作，模仿小老鼠"叽里咕噜叽里咕噜滚下来"的样子。

（3）创新法。

鼓励学生开动脑筋，自己创编小老鼠上灯台的各种动作。

3. 儿歌《睡觉》

例2-29

睡　觉

顾晓华改编

X X X	X X X	X X X X X X X	X	X	X	X	X	X	X —
小朋友，	我问你，	什么睡觉睁着眼？	鱼	儿	睡	觉	睁	着	眼。
小朋友，	我问你，	什么睡觉倒着腿？	蝙	蝠	睡	觉	倒	着	腿。
小朋友，	我问你，	什么睡觉站着睡？	小	马	睡	觉	站	着	睡。
小朋友，	我问你，	什么睡觉贴着耳？	小	狗	睡	觉	贴	着	耳。

要求学生：

（1）节奏训练法。

第一步：按照谱例用"哒"念出节奏。

第二步：按照已掌握的节奏念出歌词。

第三步：要求学生在掌握歌词的基础上，按照 $\frac{4}{4}$ 拍的节奏重音，念出第一拍的歌词重音。

（2）启发与延伸法。

老师启发并提问学生，还有什么小动物睡觉闭着眼？学生回答：小猫。还有其他的小动物也是这样吗？请学生回去观察生活中或者在动物园、电视上所能看见的小动物，如：小鸟、小鸭子、小牛、小羊、小乌龟、大灰狼、长颈鹿等。不常见到的动物要在父母、朋友的帮助下利用网络找寻图片资料、视频和答案，并在下次课时与大家分享学习资源。

（3）创新法。

老师启发学生自己创新用动作模仿所见过的小动物。

教学案例《两只老虎》（小班）

◆ 音乐、社会、语言

【活动目标】

1. 通过情景表演，帮助幼儿熟悉歌词，学唱歌曲。

2. 能在老师的引导下尝试仿编歌词。

3. 使幼儿喜欢歌唱活动，体验音乐活动带来的乐趣。

【活动重点、难点】

1. 重点：本次活动是让幼儿能够理解歌曲的内容，并会唱这首歌。

2. 难点：教师引导幼儿根据歌曲内容扮演角色。

【活动准备】

1. 视频歌曲《两只老虎》。

2. 小木偶丁丁、老虎的头饰、视频、图片等。

【活动过程】

1. 导入过程。

（1）老师手拿小木偶，小朋友们，今天老师给你们带来了一个小朋友，他是一个小画家，他的名字叫丁丁。丁丁给大家带来了一个谜语，看看谁先把谜语的答案猜到，他就请谁去他家做客。

谜语：生在林中满山跑，身穿斑斓黄皮肤，百兽之中它称王，威风凛凛性暴躁。

老师：有的小朋友真聪明，一下子就猜到了，他就是森林大王——老虎。

下面，老师请小朋友们看一个视频看看在大自然里的老虎是什么样呀？请小朋友用自己的语言描述一下老虎的样子，头、眼睛、耳朵、嘴巴、鼻子、尾巴、皮肤的颜色等。

（2）丁丁说小朋友们太聪明了，他邀请大家去他家做客。助理老师放《粗心的小画家》的音乐，主讲老师带领小朋友随音乐用小跑步，手做动作绕场一周，然后坐在小椅子上。

2. 情景表演与互动学习。

（1）情景表演。

小朋友们快快来，我们已经到了丁丁的家。老师事先把教室的一个角落布置成一个家，有房子、花园、草坪等，老师拿出小木偶对大家说："小朋友们，丁丁今天在家画了一整天的画，现在他终于画完了，他说要拿给大家欣赏，你们想看吗？"。

幼儿：想看……

助理老师放视频歌曲《两只老虎》。主讲老师出示没有眼睛和耳朵的两只老虎的图片。

（2）老师提问。

① 刚才我们看到的是丁丁画的一幅小动物的画，但是他太粗心了，没有画完。大家仔细看看粗心的丁丁画的是什么呀？

幼儿：老虎。

② 刚才歌曲里唱的跟丁丁画的都是老虎，但是丁丁少画了什么呀？

幼儿：没有眼睛和耳朵。

老师：原来丁丁画的老虎没有眼睛和耳朵呀，他真是太粗心了。

（3）学唱歌曲。

① 老师今天给大家带来了一首新歌，这首歌好像就是在说刚才丁丁画画的事情，真是太有意思了，小朋友们想不想学唱这首歌呀？

幼儿：想……

老师：好，现在老师唱一句，大家学一句。

② 刚才老师教给大家唱的这首歌的名字叫《两只老虎》，请小朋友告诉老师歌里的两只老虎在做什么？

幼儿：老虎在比赛谁跑得快。

③ 非常正确，下面老师再请小朋友看一遍歌曲《两只老虎》，我们一起跟着音乐边做动作边唱歌。

（4）分角色表演唱。

① 老师戴上头饰扮演小画家丁丁，幼儿分组扮演两只小老虎。

② 老师戴上头饰扮演小老虎，找几位幼儿扮演小画家丁丁。

③ 角色互换，然后集体表演。

3. 结束游戏。

今天我们一起学唱了歌曲《两只老虎》，下面我们一起到幼儿园的动物区看看还有哪些我们没有见过和观察过的小动物呢？小朋友集体随老师走出教室。

【课后反思与总结】

这是一堂气氛活跃的课。以猜谜语为线索学唱歌曲，将歌曲的内容与图片、视频相结合的教学方式，加深了幼儿对歌曲内容的理解。加上以欢快的音乐和形象的表演形式展开课堂教学，给幼儿留下了深刻的印象，使每位幼儿都能快乐地融入有趣的音乐活动中。

【活动延伸】

1. 请幼儿在语言区简单复述一下《两只老虎》的故事，锻炼幼儿语言表达能力。

2. 在音乐区帮助幼儿理解歌曲内容、复习歌曲，还可与其他班的幼儿互换角色，分别扮演两只老虎和粗心的小画家丁丁。

3. 在美术区老师引导下，区分不同小动物的眼睛和耳朵的形状，小朋友发挥自己的想象力给两只老虎的眼睛和耳朵涂上不同颜色。

4. 根据不同班级幼儿的认知程度在手工区用不同花色的布或彩色纸完成老虎和其他小动物的造型粘贴。

附：例2-30

两只老虎

两 只 老 虎，两 只 老 虎，跑 得 快， 跑 得 快，

一 只 没 有 眼 睛，一 只 没 有 耳 朵，真 奇 怪， 真 奇 怪。

（六）视唱练习

要求学生：在已学过的节奏基础上，进一步自学新乐谱，老师从旁进行指导。

1. 不带歌词的视唱

例2-31

（1）

中速　　　　　　　　　　　　　　　　　　　　　　　　　顾晓华曲

要求学生：

① 唱准大、小二度、大、小三度与纯四度音程。

② 右手可以用击拍法，分别用手掌、食指尖、中间三个手指、食指尖击打左手心，区别并体会 $\frac{4}{4}$ 拍的强弱特点。

（2）

内蒙古民歌

要求学生：

① 唱准大二、小三度、纯四、五度和小七度音程。

② 右手用击拍法，体会 $\frac{4}{4}$ 拍的强弱特点。

2. 带歌词的视唱

例2-32

（1）

排 排 坐

佚名词曲

排排坐，　吃果果，　幼儿园里朋友多，

朋友多，　爱唱歌，　唱起歌来多快活。

要求学生：

① 唱准大二度、大小三度、纯四度音程。

② 先熟悉乐谱和掌握基本节奏，再尝试慢慢加入歌词。

③ 要求学生用击拍法，先下后上击打四拍，体会和掌握 $\frac{4}{4}$ 拍的强弱特点。

（2）

太　阳

四川民歌

可　爱　的　太　阳，　高　高　挂　在　天　　上，　放　出　万　丈　光　　芒，

照　得　到　处　都　光　亮　　可　爱　的　太　阳，　高　高　挂　在

天　　上，　光　芒　照　耀　四　方，　照　得　大　家　暖　洋　洋。

要求学生：

① 唱准大二度、小三度与纯四、五度音程。

② 唱带歌词的视唱曲要求学生慢速熟悉乐谱和掌握基本节奏，再尝试加入歌词。将来逐步尝试视谱即唱。

③ 可以模仿老师的指挥手势，学习边唱边打 $\frac{4}{4}$ 拍的指挥图示。

（3）

春风春风吹着我

中速稍快

顾晓华词曲

春风　春风　吹着　我，花儿　对我　笑，　爸爸　妈妈　陪着　我，来到　幼儿　园，

太阳　太阳　亮光　光，鸟儿　对我　叫，　它说　我已　长大　了，要做　好宝　宝。

要求学生：

① 唱准大二度、大小三度、纯四度、大六度音程。

② 先熟悉乐谱和掌握基本节奏，再尝试慢速加入歌词。

③ 模仿老师的指挥手势，学习边唱边打 $\frac{4}{4}$ 拍的指挥图示。

（4）

蒲 公 英

中速　　　　　　　　　　　　　　　　　　　　　　　　　　顾晓华曲

草地上，　风儿吹，　蒲公英，　打瞌睡，

梦见怀里小宝宝，　变成伞兵，　满天飞。

要求学生：

① 唱准大二度、小三度、纯四度音程。

② 先熟悉乐谱和掌握基本节奏，再尝试慢慢地加入歌词。

③ 模仿老师的指挥手势，学习边唱边打 $\frac{4}{4}$ 的指挥图示。

（5）

送 别

中速　　　　　　　　　　　　　　　　　　　　　　　　　　李叔同　词
　　　　　　　　　　　　　　　　　　　　　　　　　　　　奥特威　曲

长亭外　古道边，　芳草碧连天，

晚风拂柳笛声残，　夕阳山外山。

天之涯，　地之角，　知交半零落，

一觚浊酒尽余欢，　今宵别梦寒。

要求学生：

① 唱准大小二度、小三度、纯四度、纯五度、减五度、大六度音程。

② 纯五度和减五度音程可以先在五度的中间加上一个三度音，再自下而上地构唱三度音程，唱准后再撤去中间音，从而达到唱准纯五度和减五度音程的目的。大六度可在低音上方连续加两个三度，最后一个唱大二度。

③ 先熟悉乐谱和掌握基本节奏，再尝试慢速加入歌词。

④ 练习指挥手势，培养边唱边打 $\frac{4}{4}$ 拍指挥图示的能力。

（6）

可爱的家

J.培恩词
R.比肖普曲 邓映易译配

1. 纵 然 游 遍 美 丽 的
2. 当 我 漫 游 在 荒 野，
3. 任 何 荣 华 富 贵，

宫 殿，享 尽 富 贵 荣 华， 但 是 无 论 我 在 哪 里 都
月 亮 皎 洁 清 朗， 像 看 见 我 的 母 亲 把
难 动 我 游 子 心 弦， 只 要 让 我 能 回 到 我

依 恋 我 的 家。 好 像 天 上 降 临 的 声 音，向 我 亲 切 召
爱 儿 思 念。 她 正 站 在 茅 屋 门 前 也 望 着 月
简 陋 的 家 园。 那 些 听 我 召 唤 的 小 鸟，快 飞 回 我 跟

唤， 我 走 遍 海 角 天 涯，总 想 念 我 的 家。
亮， 那 家 门 前 的 香 花，我 再 也 看 不 见。
前， 让 我 重 温 平 静 的 生 活，比 一 切 都 香 甜。

家 家 啊！可 爱 的 家， 我 走 遍 海 角

天 涯，总 想 念 我 的 家。 2.当 我 家。
3.任 何

要求学生：

① 唱准大小二度、大小三度、纯四度、纯五度音程。

② 注意弱起乐句的重音在下一个小节的第一拍，并且呼吸要在有换气记号"∨"的地方换气。

③ 边唱边打 $\frac{4}{4}$ 拍的指挥图示，注意乐段的反复。

三、$\frac{3}{4}$拍各种节奏练习与幼儿律动游戏

（一）$\frac{3}{4}$拍的不同节奏型组合练习

例2-33

（1）X X X ｜ X X X X X X ｜ X X X — ｜ X X X X ‖

（2）X — X ｜ X X X X ｜ X X X ｜ X — — ‖

（3）X X X — ｜ X· X X ｜ X X X X X ｜ X — X ‖

（4）X X X X ｜ X X X X ｜ X X X X X ｜ X X X — ‖

（5）X — X X ｜ X· X X ｜ X X X X· XX ｜ X — — ‖

要求学生：

（1）常规念法。

每一个二分附点音符念"哒啊啊"，二分音符念"哒啊"，四分音符念"哒"八分音符念时值为半拍的"哒"音。击拍手势为：

X — —

↓↑ ↓↑ ↓↑

三拍（手势）

强 弱 弱

（2）击拍法。

第一拍强拍时双手击掌，第二拍与第三拍弱拍时右手食指依次点左手的掌心两次。

（3）律动法。

① 第一拍强拍时用力跺右脚，第二拍与第三拍弱拍时双手分别击两腿两侧两次。

② 第一拍强拍时用力跺右脚，第二拍与第三拍弱拍时右手捻指。

③ 第一拍强拍时用右手捻指，第二拍与第三拍弱拍时右手食指轻点左手手掌心。

（4）指挥法。

$\frac{3}{4}$拍指挥图示见下图。

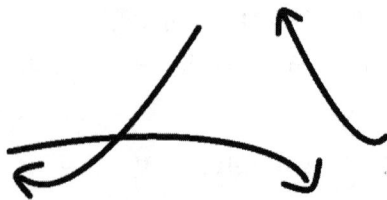

图2-3

（二）教师与学生互动游戏

例2-34

小 柳 树

| X | X | X | X X X | — | X | X | X | X X X | — |

| 小 | 柳 | 树， | 排 成 行， | | 伸 | 伸 | 臂， | 弯 弯 腰， | |

| X X | X X | X X | X | — | — | X X X | X | X X X | — |

| 随 着 | 春 风 | 做 操 | 忙， | | | 小 河 笑 | 着 | 来 照 相。 | |

要求学生：

（1）击拍法。

第一拍强拍时双手击掌，第二拍与第三拍弱拍时右手食指依次点左手的掌心两次。

（2）律动法。

随歌词做动作。

① 念"小柳树，排成行"时，老师像身体两侧平伸展出双臂，念到"伸伸臂，弯弯腰"时学生双手同时向上伸伸臂，向下弯弯腰。

② 念"随着春风做操忙"，边握拳伸双臂像身体两外侧做扩胸运动。

③ 念到"小河笑着来照相"时，双腿下蹲抬双臂，双手做照相的动作。

④ 师生互换动作。

（三）带词的节奏练习

例2-35

放 牛

顾晓华编

| X | X | X | X X X | — | X | X | X | X X X | — |

| 老 | 水 | 牛， | 水 中 游， | | 小 | 牧 | 童， | 骑 上 头， | |

| X X | X | X | X X X | — | X | X | X X | X X X | — |

| 手 握 | 竹 | 笛 | 吹 山 歌， | | 水 | 牛 | 听 了 | 乐 悠 悠。 | |

要求学生：

（1）击拍法。

第一拍强拍时双手击掌，第二拍与第三拍弱拍时右手食指依次点左手的掌心两次。

（2）打击乐器法。

① 老师可带领学生边念歌词，边用沙锤敲击节奏。左手拿重音沙锤敲出重音，右手

拿弱音沙锤，敲出弱拍节奏。强调 $\frac{3}{4}$ 拍的强弱特点是强、弱、弱。

② 老师用铃鼓敲出节拍重音，学生右手拿沙锤敲出弱拍。

③ 师生共同念歌词并互换打击乐器敲出强弱拍。

（四）含有四分、八分休止符的 $\frac{3}{4}$ 拍节奏与视唱练习

例2-36

1. 节奏练习

（1）X　X　X ｜ X X　－ ｜ X X 0　X ｜ X　－　－ ‖

（2）X　－　X ｜ X X　0 X ｜ X　X X X ｜ X　－　－ ‖

（3）X X X　－ ｜ X·　X X ｜ 0 X X　X X ｜ X　－　0 ‖

（4）X X X　X ｜ X 0 X　X ｜ 0　X X X X ｜ X X X　－ ‖

（5）X　－　X X ｜ X·　X 0 X ｜ 0　X· X X ｜ X　－　－ ‖

2. 视唱练习

例2-37

小浪花

欢快地　　　　　　　　　　　　　　顾晓华曲

哗啦啦，　哗啦啦，　我是一朵小浪花，

风儿弹琴我唱歌，　大海就是我的家。

（五）$\frac{3}{4}$ 拍幼儿儿歌与教学案例

例2-38

新年好

X X X　X ｜ X X X　X ｜ X X X　X ｜ X X X　－ ｜

新年好 呀，　新年好 呀，　祝贺大 家　新年好，

X X X　X ｜ X X X　X ｜ X X X　X ｜ X X X　－ ｜

我们唱 歌　我们跳 舞，　祝贺大 家　新年好！

要求学生：

（1）击拍法。

按照谱例念节奏，同时双手击出强弱拍。

（2）按照已掌握的节奏念出歌词。

（3）要求学生在掌握歌词的基础上，按照$\frac{3}{4}$拍的节奏重音，念出歌词重音。

（4）指挥法。

唱出儿歌《新年好》的旋律，同时在老师的带领下，学会打$\frac{3}{4}$拍的指挥图示。

例2-39

新 年 好

新年好呀，　新年好呀，　祝贺大家　新年好，

我们唱歌，　我们跳舞，　祝贺大家　新年好！

教学案例《小蜜蜂》（小班）

【活动目标】

1. 通过优美的音乐和动听的故事培养小朋友对艺术的欣赏和对音乐内涵的理解能力。

2. 通过节奏、律动、挂图和视频等各种活动来培养小朋友游戏和演唱歌曲的兴趣。

3. 通过音乐活动培养小朋友从小热爱劳动的好习惯。

【活动准备】

1. 场景布置：布置好有小树、小草、栅栏、鲜花、花篮的花园环境。

2. 不同版本的《小蜜蜂》的视频和歌谱，以及《山谷的早晨》录音带。

3. 老师备好讲故事时用的小花猫和蜜蜂妈妈的头饰，小朋友们每人一个小蜜蜂的头饰。

4. 根据歌词绘制的三幅挂图。

5. 钢琴以及奖励小朋友用的小红花等。

【活动过程】

1. 组织进入教室。

老师要求小朋友们倾听《小蜜蜂》的视频背景音乐，跟随并模仿老师的样子拍拍手、点点头、叉腰与小跳步、招招手等进入教室，静静地坐在花园中的小凳子上。

音乐：

嗡嗡嗡，嗡嗡嗡，大家一起 勤做 工，来匆 匆，去匆 匆，做工趣味 浓，

天暖花好 不做 工，将来哪里 好过 冬，嗡嗡嗡，嗡嗡嗡，别学懒惰 虫。

2. 故事导入。

（1）老师请小朋友轻轻地闭上眼睛，仔细地听听是谁来了？师：戴上小花猫的头饰，模仿小花猫的叫声喵~喵，我是谁呀？幼：小花猫。师：请小朋友睁开眼睛看看我是不是小花猫啊？幼：是小花猫。师：咱们小班的小朋友耳朵真灵，小花猫啊特别高兴，它给小朋友带来了一个很好听的故事，小朋友们想吗？幼：想听。（故事内容自编）

（2）助教老师放《山谷的早晨》录音带，小花猫（老师）在音乐的伴奏下，绘声绘色地给大家讲了一个小蜜蜂的故事。

（3）师提问：刚才小花猫讲的是谁的故事？幼：蜜蜂。师：蜜蜂在干什么？幼：采蜜。师：为什么？幼：准备过冬。小蜜蜂边采蜜边干什么？幼：边唱歌。师：小朋友回答得太好了，那么小朋友和老师一起来学学小蜜蜂和小花猫唱歌好吗？幼：好。

（4）发声练习：老师在钢琴上从中央C至小字一组f音区，带领小朋友一句一句从低至高做发声练习，为唱歌做准备。

（老师唱第一句，小朋友唱第二句）

例2-40

（5）学唱歌曲：刚才老师给小朋友讲了一个蜜蜂的故事，下面我们一起来学一首关于小蜜蜂的新歌，小朋友想听吗？幼：想。老师边弹钢琴边范唱新歌《小蜜蜂》。

例2-41

（6）老师把这首歌画成了两幅画。请小朋友们边看挂图便跟唱几遍歌曲。（根据歌词画的挂图，加强了小朋友对故事的联想记忆，并且帮助他们理解歌词大意。）

（7）老师从花篮里拿出小红花奖励表现突出和表现能力有进步的小朋友，增强他们的信心和参与音乐活动的积极性。

（8）结束活动。老师和小朋友戴上小蜜蜂的头饰，老师扮演蜜蜂妈妈，小朋友扮演小蜜蜂，在助教老师钢琴弹奏新歌曲《小蜜蜂》的音乐伴奏下，跟随妈妈去小花园采花蜜。（张开双手学蜜蜂飞翔，踮着脚尖和老师随着音乐走出教室）。

【课后反思】

本节音乐活动打破了常规的音乐教学模式，选材新颖，紧紧围绕着小蜜蜂的主题，即符合小班幼儿的年龄特点，又寓教于乐，使小朋友在学中玩、玩中学。在教学过程中始终能保持积极、愉快的情绪，教学效果比较好。

【课后延伸】

1. 下节课小朋友可在老师的带领下给小蜜蜂、小花猫、鲜花等简笔画涂上心中喜欢的颜色。

2. 可在表演区给其他班的小朋友讲一个小蜜蜂采花蜜的故事，锻炼小朋友的语言能力。

3. 还可以做一个小动物的运动会，邀请小朋友们分别戴上头饰扮演小蜜蜂、小花猫、小燕子、小狗、小兔子等参赛，可以分成两人组、小组、分班赛，看谁跑得快。

教学案例《小白船》（大班）

【活动目标】

1. 体验感受歌曲中的优美意境，能用连贯、优美的声音演唱歌曲。

2. 鼓励幼儿在音乐的感染下用自己的肢体动作表现歌曲。

【活动重点、难点】

1. 重点：记住歌词，用连贯的声音演唱歌曲。

2. 难点：能够掌握好歌曲的节奏和 $\frac{3}{4}$ 拍的韵律。

【活动准备】

节奏型图板、与歌词相关联的图片、视频。

【活动过程】

1. 以情景表演导入，激发幼儿的兴趣。

师：小朋友们，今天我们班请来了一位小客人，你们想知道它是谁吗？

学生：想。

师：看，她乘着她的小白船来啦！（放《小白船》的音乐，教师戴着小白兔的头饰驾着纸制的小白船表演歌曲）

2. 教授新歌《小白船》。

（1）介绍歌曲。

师：小朋友们，刚才这首歌好听吗？

学生：好听。

师：小朋友们想不想学？

学生：想。

师：那好，今天我们就来学一首很好听的歌曲，请小朋友们注意听，它的名字叫《小白船》。

（2）教师范唱，介绍歌词。

师：下面，请小朋友们仔细听老师唱一遍这首歌，老师唱完之后你要告诉老师这首歌叫什么名字，在蓝蓝的天空银河里，都有哪些东西呢？

学生：小白船、小兔子……

（3）熟悉歌曲的主要节奏，朗读歌词。

① 老师边朗诵歌词，边拿出事先备好的三幅图片，第一、二乐句各一幅，第三、四句乐各一幅画，给小朋友观看。

② 老师展示写好节奏型的图板，带领幼儿念节奏并逐步熟悉歌曲的节奏型，要求按照节奏谱先念"哒"或者"啊"再学念歌词。

例2-42

节奏谱1：

X	—	X X	X	—	X	X	—	X	X	—	—
哒	啊	哒 哒	哒	啊	哒	哒	啊	哒	哒	啊	啊
蓝		蓝 的	天		空	银		河	里	。	

例2-43

节奏谱2：

X	—	X	X	—	X	X	—	X	X	—	—
哒	啊	哒	哒	啊	哒	哒	啊	哒	哒	啊	啊
船		上	有		棵	桂		花	树	。	

③ 教师提示幼儿注意节奏谱1与节奏谱2在第一小节节奏上的区别，带领幼儿一起做动作。

A. 第一遍边拍手边念节奏"哒"或"啊"，注意强调 $\frac{3}{4}$ 拍的强弱特点。第一拍双手要拍得重，后两拍要轻。

B. 第二遍小朋友每人发一个手铃戴好，边念节奏边甩或转手铃。每小节第一拍要将手甩一下并举过头顶，转动手腕，发出重一点的音响。第二、三拍将手轻轻旋转并往下放，其他小节与此相同。

C. 第三遍老师带领小朋友按照节奏念歌词。（见上面节奏谱例）并加入手铃的动作。

④ 教唱新歌：分句教唱，教师教唱一句，幼儿学唱一句。

⑤ 复习歌曲：从头到尾完整地演唱歌曲。

幼儿和教师边看视频，边共同演唱歌曲，老师要求小朋友歌唱时要声音优美、连贯。

（4）创编动作：教师引导幼儿在熟悉歌曲的基础上分组创编动作。

（5）幼儿表演：教师请每组幼儿上教师前面边唱歌曲边表演。

【活动反思与总结】

针对大班这个年龄段的幼儿，老师采用了情景表演作为导入来激发幼儿的兴趣，帮助幼儿理解歌词内容。在节奏的学习上，教师采用了念节奏、拍手击节奏、运用手铃甩出节奏强弱等方法，帮助幼儿感受 $\frac{3}{4}$ 拍的节奏韵律。因此，课堂气氛活跃，幼儿都能够积极参与，充分融入课堂当中。

【活动延伸】

1. 学习了《小白船》的课程后，幼儿对小白船有了一定的兴趣，为了提高幼儿的动手能力。教师可展开一次手工折纸课。

（1）事先准备好手工折好的小白船作品。

（2）各种颜色的彩纸。

（3）《小船》的制作步骤示意图。

培养幼儿能看折纸示意图完成折纸作品的能力。教师可示范给幼儿基本的折纸方法，教幼儿认识折线（_____），箭头（↑）的含义，再在幼儿观察模仿和探索的基础上，辅导幼儿顺利完成《小白船》的折纸过程，从而更好地建立幼儿的自信心。

2. 将不同的材料折成《小船》，并画上幼儿自己心中的图案或颜色。

3. 在科学课中，可将不同材质、大小的小船放入小盆水中，带领小朋友观察什么情况下小船会顺利飘到彼岸，什么情况下会沉没等。

4. 布置作业，请小朋友课后自编一个关于《小船》的童话故事，下节课讲给大家听，从而培养小朋友的语言表达能力。

附：例2-44

小 白 船

中速 优美地　　　　　　　　　　　　　　　　　　　　　　朝鲜童谣

1. 蓝 蓝 的 天 空 银 河 里，　有 只 小 白 船，
2. 渡 过 那 条 银 河 水，　走 向 云 彩 国，

船 上 有 棵 桂 花 树，　白 兔 在 游 玩。
走 过 那 个 云 彩 国，　再 向 哪 儿 去？

桨 儿 桨 儿 看 不 见，　船 上 也 没 帆，
在 那 遥 远 的 地 方，　闪 着 金 光，

飘 呀 飘 呀，　飘 向 西 天。
晨 星 是 灯 塔，　照 呀 照 得 亮。

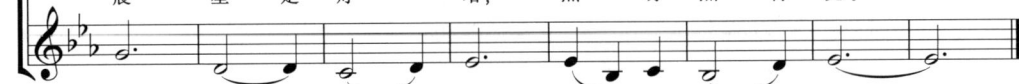

（六）视唱练习

要求学生：在已学过的节奏基础上，自学新的乐谱，老师从旁进行辅导。

1. 不带歌词的视唱

例2-45

（1）

春 之 歌

中速

汤普森曲

（2）

波 兰 民 歌

中快速

2. 带歌词的视唱

例2-46

（1）

小鼓响咚咚

中速

刘燕及词
李重光曲

我的小鼓响咚咚，　我说话儿它都懂，
哎呦呦，　这不行，　妹妹睡在小床中，

我说小鼓响三下，　我的小鼓咚咚咚。
我说小鼓别响了，　小鼓说声懂懂懂。

要求学生：

① 掌握好 $\frac{3}{4}$ 拍节奏的强弱特点，第一拍要唱出节拍重音。

② 注意第三行第一小节第二拍后面的附点音符时值要唱够拍，不能抢拍。

（2）

沂蒙山小调

中速　　　　　　　　　　　　　　　　　　　　　　　　　　　　　　　　　　　山东民歌

人人那个都说嗨　　沂蒙山好，
青山那个绿水嗨　　多好看，
高粱那个红嗨　　豆花香
咱们那个共产党　　领导好，

沂蒙那个山上哎　　好风光。
风吹那个草低嗨　　见牛羊。
万石那个谷子嗨　　堆满仓。
沂蒙山的人民嗨　　喜洋洋。

要求学生：

① 注意强调民歌旋律的起伏与分句，这首歌曲应该在第三、六、九小节后呼吸，要快吸气慢呼气，气息要均匀，歌唱要抒情、优美。

② 注意第二行第四小节第一拍后面的附点音符时值要唱够拍，不能抢拍。

（3）

牧羊小唱

捷克儿童歌曲

在　那　青　青　的　草　原　上，

我　在　看　守　我　的　群羊。

要求学生：

① 唱准大小二度、大小三度、纯四度音程。

② 先熟悉乐谱和掌握基本节奏，再尝试慢慢地加入歌词。

③ 模仿老师的指挥手势，学习边唱边打 $\frac{3}{4}$ 的指挥图示。

（4）

桔 梗 谣

朝鲜民歌

桔梗哟 桔梗哟 桔梗哟 桔梗，

白 白的 桔梗哟 长满 山野，

只要 挖出 一两 颗，

就可以 满满地装上 一大 筐。

哎嗨哎哟哟 哎嗨哎嗨哟 哎嗨 哟，

这多么 美 丽，多么可 爱 哟，

这也是 我们的 劳动 生产。

要求学生：

① 唱准大二度、大小三度、纯四度、纯五度音程。

② 注意四分附点音符的唱法，在所在音符的后半拍，勿抢拍。

③ 模仿老师的指挥手势，学习边唱边打 $\frac{3}{4}$ 的指挥图示。

④ 让幼儿跟随音乐转圆圈跳舞，强拍时用左脚后跟着地，弱拍时先用右脚再左脚替换着用脚尖着地走。下一小节强拍再换过来，用右脚后跟着地，弱拍时先用左脚再右脚替换着用脚尖着地走，其他小节与此相同。使幼儿能充分感受 $\frac{3}{4}$ 拍的强弱特点。

四、$\frac{3}{8}$拍各种节奏练习与幼儿律动游戏

（一）$\frac{3}{8}$拍的不同节奏型组合练习

例2-47

1. X   X   X | X   X | X X X X | X· ‖

2. X   X | X   X   X X | X   X X X | X· ‖

3. X X X | X·   X X | X X X   X X X | X   X ‖

4. X X X   X | X   X X X   X X X | X X X X X | X X X ‖

5. X   X X | X·   X X X | X X X·   X | X· ‖

要求学生：

（1）常规念法。

以八分音符为一拍，每小节三拍。每一个八分附点音符念"哒啊啊"，四分音符念"哒啊"，八分音符念"哒"，十六分音符念时值为半拍的"哒"音。击拍手势为：

X·

↓↑   ↓↑   ↓↑
强   弱   弱

三拍（手势）与$\frac{3}{4}$拍手势相同，单位拍时值不同。

（2）击拍法。

第一拍强拍时双手击掌，第二拍与第三拍弱拍时右手食指依次点左手的掌心两次。

（3）律动法。

① 第一拍强拍时用力跺右脚，第二拍与第三拍弱拍时双手分别击两腿两侧两次。

② 第一拍强拍时用力跺右脚，第二拍与第三拍弱拍时右手捻指。

③ 第一拍强拍时用右手捻指，第二拍与第三拍弱拍时右手食指轻点左手手掌心。

④ 指挥法：$\frac{3}{8}$拍指挥图示见图2-4。

图2-4

（二）教师与学生互动游戏

儿歌《红绿灯》

例2-48（$\frac{3}{8}$）

红 绿 灯

顾晓华编

X X X	X· X X	X X X X	X· X X
红 绿 灯,	亮 晶 晶,	十 字 路 口	大 眼 睛,

X X X 0	X X X	X X X X	X X X
大 卡 车,	小 汽 车,	看 见 行 人	把 笛 鸣。

X X X 0	X X X	X X X X X X	X·
红 灯 停,	绿 灯 行,	走 走 停 停 看 分	明,

X X X 0	X· X X	X X X	X X X 0
摩 托 车,	自 行 车,	遇 见 情 况	把 车 停。

X X X X	X· X X	X X X X X X	X 0 0
脚 下 马 路	长 又 多,	小 朋 友 们 要 当	心,

X X X X	X· X X	X X X X X X	X 0 0
从 小 遵 纪	又 守 法,	美 丽 家 乡 任 我	行。

要求学生：

（1）击拍法。

原地不动，第一拍强拍时双手击掌，第二拍与第三拍弱拍时右手食指依次点左手的掌心两次。

（2）指挥图示法。

边按节奏念儿歌，边练习打 $\frac{3}{8}$ 拍的指挥图示，老师提示大家 $\frac{3}{8}$ 拍与 $\frac{3}{4}$ 拍的指挥图示虽然一样，但是基本速度不同，要快一些。在学生熟悉节奏前先慢速念，熟悉后加快速度念成中速。

（3）律动法。

① 老师将学生分成两人一组，跟随老师，一步一步往前走，一边按照节奏念儿歌。

② 结合生活实际，老师事先在地面上铺设好大马路和斑马线、弯曲路的图片以及站立的红绿灯灯杆，当从头念到"红绿停"时，老师左右手各拉着一位学生，在斑马线前停住。当老师念到"绿灯行"时，再带领学生迈步往前走。

③ 念到"遇见情况把车停、小朋友们要当心"和最后一句"美丽家乡任我行"时，教导学生在休止符时停住脚步，左右扭头各看一下有没有其他行人和车辆再通过。

④ 师生互换角色。请学生自己分成三组按老师规定的路线，边走边念节奏。

第一组戴上大卡车与小汽车的头饰，两人一排，念到"大卡车，小汽车，看见行人把笛鸣"时，原地站住做司机按喇叭的动作，然后再继续行走。

第二组戴上摩托车与自行车的头饰，两人一排，在念到"摩托车，自行车，遇见情况把车停"时，原地站住做捏住车闸停车的动作后，再继续前行。

第三组的学生两人一排，在念到"红灯停，绿灯行"时，边念儿歌，边带领大家练习停止与前行的动作，注意避让车辆后，一起过红绿灯。

⑤ 老师组织大家评选最佳小组，请他们为大家表演，并鼓励大家向他们学习。

（三）带词的节奏练习

1. 儿歌《赶牲灵》

例2-49（$\frac{3}{8}$）

赶 牲 灵

山西民歌　　　　　　　　　　　　　　　　　　　　　　　　　　　顾晓华改编

X X X　　X	X X X X X	X X X　　X	X X X
走 头 头 的	那 个 骡 子 哟，	三 盏 盏 的	那 个 灯；

X X X X X	X X X X X	X X X　　X	X X X　　0
哎 呀 带 上 得	那 个 铃 子 哟，	噢 哇 哇 得	那 个 声。

X X X　　X	X·　　X X	X　　X·　X	X　　　0
白 脖 子 的	哈 巴 哟，	朝 南 得	咬；

X　　X　X X	X　　X　X	X　　X X	X·
赶 牲 灵 的	那 个 儿 哟，	过 呀 过 来	了。

要求学生：

（1）击拍法。

第一拍强拍时双手击掌，第二拍与第三拍弱拍时右手食指依次点左手的掌心两次。

（2）打击乐器法。

① 老师可带领学生边念歌词，边用沙锤敲击节奏。左手重音沙锤敲一下，右手弱音沙锤敲两下，敲出强弱弱 $\frac{3}{8}$ 拍的节奏特点。

② 老师用铃鼓或者小鼓敲出节拍重音，学生用沙锤敲出弱拍。

③ 鼓励学生分组，自选乐器敲打节奏，然后分组表演.

（3）总结与反思。

老师帮助大家总结 $\frac{3}{8}$ 拍的特点，和学生共同评选出最佳表演学生和方式，请他们为大家进行表演，展示学生自己的风采。

2. 儿歌《枫桥夜泊》

例2-50（$\frac{3}{8}$）

枫桥夜泊

顾晓华改编

X X XX	X· XX	X X X X	X· XX
月 落 乌啼	霜 满天，	江 枫 渔 火	对 愁眠。

X X X X	X X X	X· X X X	X· X X
姑 苏 城 外	寒 江 寺，	夜 半 钟 声	到 客 船。

要求学生：

（1）击拍法。

第一拍强拍时双手击掌，第二拍与第三拍弱拍时右手食指依次点左手的掌心两次。

（2）打击乐器法。

① 老师可带领学生边念歌词，边用木鱼敲击节奏重音。体会 $\frac{3}{8}$ 拍的节奏特点。

② 学生分组边朗诵诗词，边用三角铁或木鱼敲出节拍重音，体会不同打击乐器带来的音色感受。

（3）总结与反思。

老师帮助大家总结 $\frac{3}{8}$ 拍与 $\frac{3}{4}$ 的区别和特点，请学生共同评选出最佳表演组，请他们为大家进行表演。

（四）含有四分、八分、十六分休止符的 $\frac{3}{8}$ 拍节奏与视唱练习

1. 节奏练习

例2-51

1. | X X X | X X 0 | X X X X X | X· |

2. | X X | X X XX | X X X X | X 0 |

3. | XX X X | X· XX | X X X 0 X | X X |

4. | XX X X | X X X X | 0 XXXX | X X X |

5. | X XX | X· X X X | X X X· X | X 0 |

2. 视唱练习

例2-52

中速 愉快地　　　　　　　　　　　　　　　　　　　　　　德伯希夫

(五) $\frac{3}{8}$ 拍幼儿儿歌与教学案例

1. 儿歌《小花狗》

例2-53 ($\frac{3}{8}$)

小 花 狗

顾晓华改编

X	X	X	X	X	X	X X	X	X	X	X
小	花	狗，	坐	门	口，	看见 宝 宝	往	家	走，

X	X	X	X	X	X	XXXXX X	X·
摇	摇	尾，	舔	舔	手，	他两一对好朋	友。

要求学生：

（1）按照谱例念会节奏。

（2）按照已掌握的节奏念出歌词。

（3）老师要求学生在掌握歌词的基础上，按照 $\frac{3}{8}$ 拍的节奏重音，边拍手边念出第一拍的歌词重音。

（4）在老师的带动下学生边按照歌词念节奏，边用手势形容小花狗的耳朵和小狗蹲坐在门口的样子，念到"看见宝宝往家走"时，学生保持蹲坐的样子，头从左往右看。念到"摇摇尾，舔舔手"时，要摆动屁股，假装用舌头舔手的动作，念到最后一句"他两一对好朋友"时，与右手边的同学互相看，并且向对方伸出大拇指。

2. 儿歌《小蝌蚪》

例2-54 ($\frac{3}{8}$)

小 蝌 蚪

X	X	X	X	X	X	X X X	X	X	X
小	蝌	蚪，	脑	袋	大，	摇着 尾 巴	找	妈	妈。

X X	X	X	X	X	X X X	X	X	X
妈妈	趴	在	荷	叶	上，	看见 蝌 蚪	叫	呱	呱。

要求学生：

（1）常规念法。

① 按照谱例念节奏。

② 按照已掌握的节奏念出歌词，并且进一步以八分音符为一拍，用较快的速度念歌词。

（2）击拍法。

老师要求学生将歌词按照 $\frac{3}{8}$ 拍的强弱特点，边拍手边念出歌词重音。

（3）律动法。

① 在老师的带动下学生边按照歌词念节奏，边用手势形容小蝌蚪的大脑袋。

② 念到"摇着尾巴找妈妈"时，学生右手在身前，左手手腕放在身后模仿蝌蚪的尾巴左右摆动的样子。

③ 念到"妈妈趴在荷叶上"时，弯腰，歪头轻轻放在右手的手背上。

④ 念到最后一句"看见蝌蚪叫呱呱"时，伸出双手放在嘴的两边仿佛是在叫小蝌蚪的姿势。

教学案例《小青蛙，你唱吧》（大班）

【活动目标】

1. 让幼儿充分感受旋律的优美和韵律，能用连贯、优美的声音演唱歌曲。

2. 鼓励幼儿用自己的肢体语言在音乐的感染下表现歌曲内容。

【活动重点、难点】

1. 重点：理解歌词，能用连贯、优美的声音演唱歌曲。

2. 难点：能够比较准确地掌握好 $\frac{3}{8}$ 拍歌曲的韵律与呼吸。

【活动准备】

节奏型图板、与歌词相关联的图片、视频。

【活动过程】

1. 以儿歌《小蝌蚪》导入，激发幼儿的兴趣。

师：小朋友们，上节课我们学习了儿歌《小蝌蚪》，大家还记得吗？

学生：记得。

师：下面，我们来一起复习一遍这首儿歌。

刚才我们一起念了儿歌《小蝌蚪》，有谁来告诉老师后来小蝌蚪找到妈妈了吗？

学生：找到啦。

师：小蝌蚪后来长大了，长大了以后它都干什么呀？你们想不想知道？

学生：想。

老师：下面呀，我们一起来听一听这首歌里告诉我们小蝌蚪长大以后的故事。

2. 教授新歌曲《小青蛙，你唱吧》。

（1）介绍歌曲（助教老师放歌曲《小青蛙，你唱吧》的音乐）。

师：小朋友们，刚才这首歌好听吗？

学生：好听。

师：你们猜一猜小蝌蚪长大后，变成什么啦？

学生：小青蛙。

师：小朋友回答得非常准确，对了，小蝌蚪变成了小青蛙。歌里告诉我们长大后的小青蛙都干了些什么事情呢？

学生：唱歌，还有抓害虫。

师：大家说得非常好，那你们想不想来学这首歌？

学生：想。

师：好，今天老师就带大家来学这首好听的歌，请小朋友们注意，它的名字叫《小青蛙，你唱吧》。

（2）教师范唱，介绍歌词

师：下面，请小朋友们仔细听老师唱一遍这首歌好吗？老师提示大家它一共有三段歌词。

学生：好。

（3）熟悉歌曲的主要节奏，朗读歌词

① 师：小朋友们，我们一起来想一想每一段歌词都说了什么？老师边朗诵歌词，边拿出事先备好的三幅图片给小朋友观看。

第一幅：小青蛙低着头轻声地唱。第二幅：小朋友们在轻轻跟小青蛙说话，鼓励它大声地唱。第三幅：小青蛙勇敢地再捉害虫。

② 老师展示写好节奏型的图板，带领幼儿念节奏并逐步熟悉歌曲的节奏型，要求按照节奏谱先念"哒"或者"啊"再学念歌词 。

例2-55

节奏谱1：

X	X	X	X	X	X	X	X	X·
哒	哒	哒	哒	啊	哒	哒	哒	哒　啊　啊
在		湖	边	的	花	丛	里，	

例2-56

节奏谱2：

X	X	X	X	XX	X	X	X	X·
哒	哒	哒	哒	啊	哒哒	哒	哒	哒　啊　啊
有	一	只	可	爱	的	小	青	蛙。

③ 教师提示幼儿注意节奏谱中四分附点、四分、八分、十六分音符的区别，带领幼儿一起念节奏。

A. 第一遍边拍手边念节奏"哒"或"啊",注意强调 $\frac{3}{8}$ 拍的强弱特点。第一拍双手要拍得重,后两拍要轻。

B. 第二遍小朋友每人发一个双响筒,左边敲强拍,右边敲两下弱拍,老师念节奏学生敲双响筒。

C. 第三遍老师带领小朋友按照节奏边念歌词,边敲双响筒。

(4)教唱新歌。

分句教唱。教师教唱一句,幼儿学唱一句。

(5)复习歌曲。

从头到尾完整地演唱歌曲。

幼儿和教师边看视频,边共同演唱歌曲,老师要求小朋友歌唱时用中等音量,声音要优美、连贯。

(6)创编动作。

教师引导幼儿在熟悉歌曲的基础上分组创编动作。

(7)幼儿表演。

教师请每组幼儿上教师前面边唱歌曲边表演。

【活动反思与总结】

大班这个年龄段的幼儿有丰富的想象力,老师采用已学过的儿歌导入课程来激发幼儿的兴趣,并进一步帮助幼儿理解歌词内容。在节奏的学习上,教师采用了念节奏、拍手击节奏、用双响筒敲出节奏强弱等方法,帮助幼儿感受 $\frac{3}{8}$ 拍活泼、欢快的节奏韵律。因此,课堂气氛活跃,幼儿都能够快乐地参与到音乐学习中来。

【活动延伸】

1. 学习了《小青蛙,你唱吧》的课程后,幼儿对小青蛙有了浓厚的兴趣。为了鼓励幼儿探索学习,教师可以在美术课中对比小青蛙与小蝌蚪的区别,并请小朋友发挥自己的想象力,画一幅小蝌蚪找妈妈的画。

(1)事先准备好小蝌蚪与小青蛙的画片作品,请小朋友们找区别。

(2)各种颜色的彩纸。

(3)自由创作一幅小蝌蚪找妈妈的画。

2. 在语言课中,请小朋友事先与爸爸妈妈查阅好各种关于小青蛙的资料,然后课上自编一个关于《小蝌蚪找妈妈》的童话故事,讲给大家听,从而培养小朋友的语言表达能力。

附:例2-57

小青蛙,你唱吧

金 波 词
新声、书杰 曲

花　丛里，　有一只绿色的小　青蛙，它见
别　害怕，　你是个可爱的小　青蛙，老师
夏　天里，　可爱的小青蛙功劳大，你为

我们走来很　害怕。　小青蛙　小青蛙，它在低声
告我们要爱护你。　小青蛙　小青蛙，请你大声
我们忙着捉害虫。　小青蛙　小青蛙，我们愿和你

叫　着，　叫着，　咕儿呱，　咕儿呱，　咕儿咕儿呱。
唱　着，　唱着，　咕儿呱，　咕儿呱，　咕儿咕儿呱。
一　起，　歌唱，　咕儿呱，　咕儿呱，　咕儿咕儿呱。

（六）视唱练习

要求学生：

1. 在视唱 $\frac{3}{8}$ 拍的乐谱时，要注意不要与 $\frac{3}{4}$ 拍的基本时值混淆。以前学过的四分音符唱一拍，现在要唱两拍，四分附点音符唱三拍，八分音符唱一拍。

2. 在初步接触 $\frac{3}{8}$ 拍要慢速识谱，然后要逐渐加速唱成 $\frac{3}{8}$ 拍稍快的、欢快的速度。

3. $\frac{3}{8}$ 拍与 $\frac{3}{4}$ 拍最大的区别：基本单位拍时值不同， $\frac{3}{8}$ 拍时值短， $\frac{3}{4}$ 拍时值长，因此 $\frac{3}{4}$ 拍比 $\frac{3}{8}$ 拍的速度要更快、更流畅、华丽一些。

4. $\frac{3}{8}$ 拍与 $\frac{3}{4}$ 拍的相同点：每小节都是三拍子，因此指挥的图示一样。请学生自己识谱后，尝试边视唱边打指挥图示。

例2-58

（1）

稍快　　　　　　　　　　　　　　　　　　　　　拜厄练习曲

（2）

稍快　　　　　　　　　　　　　　　　　　　　　　　布雷德纳

（3）

中快速　　　　　　　　　　　　　　　　　　　　　　陕西民歌

（4）

优美的　　　　　　　　　　　　　　　　　　　　　　藏族民歌

（5）

行板　　　　　　　　　　　　　　　　　　　　　　　　俄罗斯民歌

（6）

中慢速　歌颂地　　　　　　　　　　　　　　　　　内蒙古鄂伦春民歌

（7）

活跃地　　　　　　　　　　　　　　　　　　　　　西班牙民歌

（8）

活泼地　　　　　　　　　　　　　　　　　　　　捷克斯洛伐克民歌

五、$\frac{6}{8}$拍各种节奏练习与幼儿律动游戏

（一）$\frac{6}{8}$拍不同节奏型的组合练习

例2-59

1. X X X   X· XX ｜ X X XX X X ｜ XXXXX X XXX ｜ X   X X· ‖

2. X XXXX X   X ｜ XXXXXX X· ｜ XXX· X XXX ｜ X X· XX X ‖

3. XXX X X X· X｜ XXX XX X   ｜ X· XXX X X ｜ X X X XX X‖

4. X   XX X XXX ｜ X XXXX XX X ｜ X X X X· XX｜ XXX X X· ‖

当六拍子分成两大音群时，念成：

X·   X·

六拍（手势）

↓↑   ↓↑   ↓↑   ↓↑   ↓↑   ↓↑

哒   啊   啊   哒   啊   啊

强   弱   弱   次强   弱   弱

当六拍子是六个小拍子时，念成：

X   X   X   X   X   X

哒   哒   哒   哒   哒   哒

$\frac{6}{8}$拍与$\frac{3}{8}$拍单位拍时值相同，拍子不同。$\frac{3}{8}$拍是单拍子只有一个重音，$\frac{6}{8}$拍是复拍子，有两个重音（强拍与次强拍）

要求学生：

（1）常规念法。

每一个四分附点音符念"哒啊啊"，四分音符念"哒啊"，八分音符念"哒"，十六分音符时值为半拍的"哒"音。击拍手势为：

当六拍子分成两大音群时，念成：

X·   X·

六拍（手势）

↓↑   ↓↑   ↓↑   ↓↑   ↓↑   ↓↑

哒   啊   啊   哒   啊   啊

强   弱   弱   次强   弱   弱

当六拍子是六个小拍子时，念成：

X	X	X	X	X	X
哒	哒	哒	哒	哒	哒

（2）击拍法。

第一拍强拍时双手击掌，第二、三拍弱拍时右手食指依次点左手的掌心两次。第四拍次强拍时，右手中间三个手指尖点左手掌心，第五、六拍时右手食指依次点左手的掌心两次。

（3）律动法。

① 第一拍强拍时用力跺右脚，第二拍与第三拍弱拍时双手分别击两腿两侧两次。第四拍双手击掌，第五、六拍双手分别击两腿两侧两次。

② 第一拍强拍时用力跺右脚，第二拍与第三拍弱拍时右手捻指。第四拍双手击掌，第五、六拍双手分别击两腿两侧两次。

③ 第一拍强拍时用双手击掌，第二拍与第三拍弱拍时右手食指轻点左手手掌心。第四拍次强拍右手捻指，第五、六拍右手食指轻点左手手掌心。

（4）指挥法。

$\frac{6}{8}$拍指挥图示见图2-5。

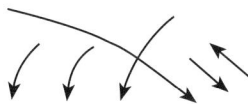

图2-5

（二）教师与学生互动游戏

唐诗《绝句》

例2-60（$\frac{6}{8}$）

绝　句

杜　甫　词
顾晓华改编

X	X	X X	X	X	X	X	X X	X	X·	X	X	X·	X X	X X	X	X

两　个　黄鹂　鸣　翠　柳，　一　行　白鹭　上　青　天。　窗　含　西岭　千秋　雪，

X·	X	X X	X	X	X	X

门　泊　东吴　万　里　船　。

要求学生：

（1）简易击拍法。

以八分音符为一个单位拍时，师生一起念歌词，双手击掌慢速拍出$\frac{6}{8}$拍的六个小拍点。

（2）感受强弱的击拍法。

师生集体合作。第一拍强拍时老师双手击掌,第二拍与第三拍弱拍时学生右手食指依次点左手的掌心两次。第四拍次强拍时老师用右手中间三个手指点左手的掌心,第五、六拍弱拍时学生右手食指依次点左手的掌心两次。击打节奏的同时念歌词。学生要注意控制内心听觉,打出的节奏速度要均匀、统一。不能抢拍子、赶速度。

（3）乐器击拍法。

师生合作,学生分组。老师大声数出拍子,给标准速度,第一拍强拍时老师左手抓住铃鼓,右手击打铃鼓,敲出重音。第二拍与第三拍弱拍时一组学生右手执沙锤上下抖动,敲出弱拍。第四拍次强拍时老师用右手略重地敲打铃鼓。第五、六拍弱拍时另外一组学生左手执单响筒右手拿敲击棒轻敲节奏两次。强调学生要注意倾听,敲击尽量要整齐。

（4）指挥图示法。

学生分组 $\frac{6}{8}$ 拍有两种指挥图示。

第一种: $\frac{6}{8}$ 拍可以以三拍为一个音群的形式,按照两大音群来划指挥图示。指挥图示同 $\frac{2}{4}$ 拍类似。边按节奏念歌词,边练习划指挥图示。老师提示大家 $\frac{3}{8}$ 拍与 $\frac{6}{8}$ 拍有别, $\frac{3}{8}$ 拍是单拍子,只有一个重音。 $\frac{6}{8}$ 拍是复拍子,有两个重音（第一拍的强拍与第四拍的次强拍）,念时要强调重音。

第二种: $\frac{6}{8}$ 拍按照六小拍来划指挥图示,老师提示大家重拍的指挥动作要划的大一些,弱拍的指挥动作要划小一些。

（5）评选法。

老师与大家讨论并推荐最佳学生小组,表扬优点,指出不足,请他们为大家表演,并鼓励大家向他们学习。

（三）带词的节奏练习

谜语《小白兔》

例2-61（ $\frac{6}{8}$ ）

小 白 兔

X X X X· X X ｜ X X X X X· X X ｜ X X X X X X X X ‖

短 尾 巴, 长 耳 朵, 红 眼 睛 白 绒 绒, 温 柔 胆 小 又 机 警,

X X X X X X X ｜ X X X X X X· X X ｜ X X X X X X X X 0 ‖

不 会 走 来 只 会 跳, 爱 吃 白 菜 和 萝 卜, 它 是 可 爱 的 小 白 兔。

要求学生:

（1）击拍法。

第一拍强拍时双手击掌,第二拍与第三拍弱拍时右手食指依次点左手的掌心两次。第四拍中间三个手指点左手的掌心一次,第五、六拍右手食指依次再点左手的掌心两次。

（2）打击乐器法。

① 老师可带领学生边念歌词，边用单响筒敲击第一和第四拍重音节奏，敲出强弱弱次强弱弱 $\frac{6}{8}$ 拍的节奏特点。

② 老师用铃鼓或者小鼓敲出强拍和次强拍，学生用沙锤敲出弱拍。

③ 鼓励学生分组，自选乐器敲打节奏，然后分组表演。

（3）师生合作法。

学生分组，和老师共同念节奏和敲击节奏。

（4）总结与反思。

老师帮助大家总结 $\frac{6}{8}$ 拍的强弱特点，比较 $\frac{6}{8}$ 拍和 $\frac{3}{8}$ 拍的区别。

（四）含有四分、八分、十六分休止符的 $\frac{6}{8}$ 拍节奏与视唱练习

1. **节奏练习**

例2-62

2. **视唱练习**

例2-63

（五） $\frac{6}{8}$ 拍幼儿儿歌与教学案例

儿歌《上学校》

例2-64

上 学 校

顾晓华编

清 晨 起，鸟 儿 叫，　　背 起 书 包 上 学 校，　见 到 老 师 问 声 好，

老 师 夸 我 有 礼 貌。

要求学生：

（1）击拍法。按照谱例念节奏，同时用手击出强弱拍。

（2）按照已掌握的节奏念出歌词。

（3）要求学生在掌握歌词的基础上，按照 $\frac{6}{8}$ 拍的节奏重音，念出歌词重音。

（4）指挥法。唱出儿歌《上学校》的旋律，同时在老师的带领下，学会用双手打 $\frac{6}{8}$ 拍的指挥图示。

教学案例《我是草原小骑手》（大班）

【活动目标】

1. 让幼儿充分感受 $\frac{6}{8}$ 拍歌曲优美的旋律，能用流畅、抒情的声音演唱歌曲。

2. 鼓励幼儿在音乐的感染下用自己的肢体语言来表现歌曲的内容。

【活动重点、难点】

1. 重点：理解歌词，能用流畅、抒情的声音演唱歌曲。

2. 难点：能够比较准确地掌握好 $\frac{6}{8}$ 拍歌曲的韵律与呼吸。

【活动准备】

节奏型图板、与歌词相关联的图片、视频。

【活动过程】

1. 以歌曲《骏马奔驰保边疆》的音乐为背景音乐，老师带领小朋友做单手、双手勒缰绳、脚踩小踏步，弯腰骑马的律动动作进入教室，激发幼儿的兴趣。

师：小朋友们，刚才我们随着蒋大为叔叔歌唱草原的歌声一起进入了教室，这首歌的音乐好不好听呀？

学生：好听！

师：今天呀，我们也来学唱一首好听的歌唱草原小骑手的歌好不好呀？

学生：好！

2. 教授新歌曲《我是草原小骑手》。

（1）介绍歌曲。

助教老师弹歌曲《我是草原小骑手》的钢琴伴奏，老师范唱一遍。

师：小朋友们，刚才这首歌好听吗？

学生：好听！

师：你们谁能说一说歌里草原小骑手是怎么表现的呀？

学生：拉满弓射箭、骑马奔驰，还有会摔跤，能把牛、马摔在地上。

师：小朋友回答得非常准确。好，今天老师就带大家来学这首好听的歌，好吗？

学生：好！

师：请小朋友们注意了，歌曲的名字叫《我是草原小骑手》。

（2）教师范唱，介绍歌词。

师：下面，请小朋友们仔细听老师唱一遍这首歌好吗？老师提示大家它一共有三段歌词。

学生：好!

（3）熟悉歌曲的主要节奏，朗读歌词。

① 师：小朋友们，我们一起来想一想每一段歌词都说了什么？（老师边朗诵歌词，边拿出事先备好的三幅图片给小朋友观看）

第一幅：小骑手在马上奔驰的图片，请小朋友们用自己的语言来表述。

第二幅：小骑手在马上拉弓射箭，飒爽英姿。再请小朋友们用自己的语言来表述。

第三幅：小骑手还是什么能手？

学生：还是草原勇敢的摔跤手。

② 老师展示写好节奏型的图板，带领幼儿念节奏并逐步熟悉歌曲的节奏型，要求按照节奏谱先念"哒"或者"啊"再学念歌词。

例2-65

节奏谱1：

哒　啊　哒　　哒　啊　哒　　哒　哒　哒　　哒　啊　啊
我　　是　草　原　　小　骑　　手。

例2-66

节奏谱2：

哒　啊　哒　　哒　啊　哒　　哒　啊　哒　　哒　啊　啊
牧　马　鞭　儿　拿　在　手。

③ 教师提示幼儿注意节奏谱中四分附点、四分、八分音符的区别，带领幼儿一起念节奏。

A. 第一遍边拍手边念节奏"哒"或"啊"，注意强调 $\frac{6}{8}$ 拍的强弱特点。第一拍双手要拍的重，后两拍要轻。

B. 第二遍小朋友每人发一个双响筒，每小节左边敲强拍，右边敲两下弱拍，再重复一遍。老师念节奏学生敲双响筒，注意控制好节奏不能抢拍。

C. 第三遍老师带领小朋友按照节奏边念歌词，边敲双响筒。

（4）教唱新歌：分句教唱。教师教唱一句，幼儿学唱一句。

（5）复习歌曲：从头到尾完整地演唱歌曲。

幼儿和教师边看草原优美风景的视频，边共同演唱歌曲，老师要求小朋友歌唱时用中等音量，节奏要稳定、均匀，声音要流畅、抒情。

3. 创编动作。

教师引导幼儿在熟悉歌曲的基础上分组创编射箭、骑马等动作。

4. 幼儿表演。

教师请每组幼儿上教室前面边唱歌曲边表演。

【活动反思与总结】

大班这个年龄段的幼儿比中班和小班的幼儿对音乐有着更好的感受能力，老师用草原音乐做背景带领幼儿做律动，既可以活跃气氛，又符合幼儿活泼的性格。很容易将幼儿带入到新的音乐内容学习的氛围中。新歌与背景歌曲在音乐上有着较多的相似性，因而很容易激发幼儿的兴趣，并进一步帮助幼儿理解歌词内容。在节奏的学习上，教师采用了念节奏、拍节奏、用双响筒敲节奏强弱、学唱新歌等方法，深化了幼儿对 $\frac{6}{8}$ 拍活泼、欢快的节奏以及流畅的音乐的感受。因此，课堂气氛活跃，幼儿都深受感染，深深地沉浸在音乐的氛围中，提升了课堂学习效果。

【活动延伸】

1. 学习了《我是草原小骑手》的课程后，幼儿对美丽的草原和小骑手有了浓厚的兴趣。为了鼓励幼儿探索学习，教师可以在美术课中展示一幅骑马或者关于马的画，讲一讲马的特征。请小朋友发挥自己的想象力，也画一幅画。

（1）老师准备好马与小毛驴、骆驼的画作，请小朋友们找特征与区别。

（2）掌握技巧，跟老师学习画各种草原上的动物画。

（3）回家与家长一起搜集关于草原上的动物、植被、牧民的服装等资料，下节课大家选出优秀的资料展示，并自由创作一幅关于草原的画。

2. 在语言课中，请小朋友根据事先与爸爸妈妈查阅好的各种关于草原的资料，然后课上自编一个关于《草原》的童话故事，讲给大家听，从而培养小朋友的语言表达能力。

3. 在表演区，可以让小朋友在老师播放的各种草原音乐的伴奏下，表演唱歌或者舞蹈。

附：例2-67

我是草原小骑手

刘雅华 词
顾晓华 曲

我 是 草 原 小 骑 手，牧 马 鞭 儿 拿 在 手，
我 是 草 原 小 骑 手，拉 满 弓 儿 显 身 手，
我 是 草 原 摔 跤 手，头 上 裹 着 绿 彩 绸，

马 儿 带 我 向 前 飞，风 儿 在 我 身 边 吼。
大 雁 见 我 绕 道 飞，黄 羊 见 我 躲 着 走。
推 倒 一 匹 小 马 驹，扳 倒 一 头 小 花 牛。

（六）视唱练习

要求学生：在已学过的节奏基础上，自己进一步学习新的乐谱，老师从旁进行指导。

1. 不带歌词的视唱

例2-68

（1）

洗 衣 歌

选自《儿童钢琴初步教程》

流畅地

拜厄曲

（2）

《浪漫曲》主题

行板

贝多芬曲

（3）

主 题

李斯特曲

2. 带歌词的视唱

例2-69

（1）

天上星数不清

小快板　流畅地

1. 天 上 星 数不清， 你最 喜欢 哪颗 星？
2. 地 上 城 数不清， 你最 喜欢 哪座 城？

妈妈 提问 我回 答， 我最 喜欢 北斗星！
妈妈 提问 我回 答， 我最 喜欢 北京城！

（2）

坐 船 去

流畅地　　　　　　　　　　　　　　　　　　英国儿童歌曲

我 坐 上 小帆 船， 在蓝色 海洋 上，

我 坐 上 小帆 船， 你也去好 不 好？

（3）

乘着歌声的翅膀

海涅诗
门德尔松曲

1. 乘 着这歌声的 翅 膀，亲爱的 随我 前 往，
2. 紫 罗兰微笑地 耳 语，仰望着 明亮 星 星，

去到那恒 河的 岸 旁，最美丽的 好 地 方； 那
玫瑰花悄 悄地 讲 着，她芬芳的 心 情； 那

花园里开满了红花，月亮在放射光辉，玉
温柔而可爱的羚羊，跳过来细心倾听，玉远

莲花在那儿等待，等她的小妹妹。玉
处那圣河的波涛，发出了喧嚣声。远

莲花在那儿等　　　待，等她的小妹妹。
处那圣河的波　　　涛，发出了喧嚣声。

紫　　让我们在棕树底下，静静地躺下休

息，享受着爱情和安静，憧憬着幸福的

梦，　憧憬着幸福的梦，

幸　福　的　梦。

（4）

摇篮曲

稍慢　　　　　　　　　　　　　　　　　弗利斯曲

安睡吧，我的宝贝，　小鸟儿早已安睡，

花园里多么寂静，　蜜蜂儿不再采蜜，

月亮的银色光芒，　透过了白色纱窗，

89

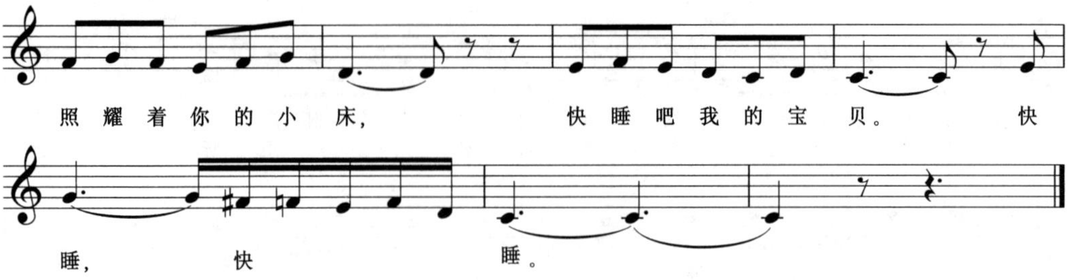
照 耀 着 你 的 小 床，
快 睡 吧 我 的 宝 贝。
快
睡，
快
睡。

第三章　优美的二声部——音程

第一节　顽皮的音程小伙伴

一、音程的概念

音程是指两个音级在音高上的相互关系。先后弹奏的两个音形成旋律音程，同时弹奏的两个音形成和声音程。下方位置音为根音，上方位置音为冠音。

例3-1

例3-2

旋律音程依照进行的方向分为上行、下行和平行三种。

例3-3

二、音程的构成与识别

（一）音程的构成条件

音程的名称及性质是由音程的"度数""音数"而决定的。各个音程属性的确定，要通过两个条件来判断。音程所包含的音级数；音程所包含的半音的个数。其中度作为音程的单位，由两个音符之间包含自然音音名的数量来决定的（包括根音和冠音）。c^1到e^1之间包含c^1、d^1、e^1三个基本音级数量单位，因此是三度关系。例如c^1到g^1是五度关系。

例3-4

一度　　　　　五度　　　　　二度　　　　　三度

音数则是音程中两音之间包含的全音和半音的数目。全音用1表示，半音用½表示。如e^1到f^1之间有½个全音。因此，它们之间的音数是一个半音。识别音程，必须根据音程的音数和度数两方面，缺一不可。

（二）音程的识别

1. 音数为0的一度叫纯一度，如C-C、D-D、F-F等

例3-5

2. 音数为½的二度叫小二度，如E-F、B-C

例3-6

3. 音数为1的二度叫大二度

例3-7

4. 音数为1½的三度叫小三度

例3-8

5. 音数为2的三度叫大三度

例3-9

6. 音数为2½的四度叫纯四度

例3-10

7. 音数为3的四度叫增四度

例3-11

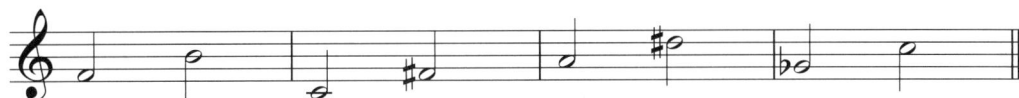

8. 音数为3的五度叫减五度

例3-12

9. 音数为3½的五度叫纯五度

例3-13

10. 音数为4的六度叫小六度

例3-14

11. 音数为4½的六度叫大六度

例3-15

12. 音数为5的七度叫小七度

例3-16

13. 音数为5½的七度叫大七度

例3-17

14. 音数为6的八度叫纯八度

例3-18

以上这些音程，包括了纯音程、大音程、小音程、增四度和减五度，它们都是自然音程。一切增减音程（增四度、减五度除外）和倍增、倍减音程都叫作变化音程。

三、音程的转位

（一）定义

音程的根音和冠音相互颠倒，叫作音程转位。音程的转位可以在一个八度内进行，也可以超过八度。音程转位时可以移动根音或冠音，也可以根音、冠音一起移动。

例3-19

根音移高八度　　　　　冠音移低八度　　　　　同时移动

（二）音程的转位的规律

- 改变性质（除纯音程外）改变名称改变度数如大二度转位后为小七度。
- 纯音程转位后仍为纯音程。如纯四度转位后为纯五度。
- 原位音程度数与转位音程度数之和为"9"。

四、协和音程与不协和音程

音程根据给人的听觉感受分为协和音程与不协和音程。

（一）协和音程

听起来悦耳、和谐的音程叫作协和音程。

- 极完全协和音程：纯一度、纯八度。
- 完全协和音程：纯四度、纯五度。
- 不完全协和音程：大小三度、大小六度

（二）不协和音程

听起来比较刺耳，彼此不和谐的音程叫作不协和音程。大小二度、大小七度以及增减音程和倍增倍减音程都属于不协和音程。

第二节 音程在音乐中的表现与作用

一、音程的表现

我们知道，孤立的一个音、一个和弦是不能完全表达音乐思想的，但两个音结合在一起，在一定的节奏和音色中，却能表现出一定的情感。因此，音程是音乐表现的基本要素之一。

音程的旋律形式与和声形式在音乐表现中是有一定区别的。旋律音程对旋律的运动有着重大的意义；而和声音程中的协和性与稳定性决定该和声音程的表现。

（一）旋律音程的多样表现

根据两音之间的距离音程被分为狭音程与广音程，狭音程包括一度、二度、三度，广音程包括四度、五度、六度、七度、八度等。不同度数的旋律音程起不同的表现作用。旋律中应用最多的是狭音程，给人以平和稳定的感觉，而广音程构成的旋律给人以开阔跳跃的感受。旋律音程是指先后弹奏的两个音形成的旋律。

（二）和声音程的丰富表现

和声音程是指同时弹奏的两个音形成的和声。

纯音程有一种纯粹的、温和的性质；大音程具有强健有力、开朗的性质；小音程有紧缩感，有相当的压抑、忧郁的性质，适用于忧伤的乐句上；增音程有扩张、紧张不协和的性质，给乐思的运行以紧迫急促之感；减音程有最显著的悲哀忧郁的性质，常给音乐的画面染上戏剧性、悲剧性的色彩。

二、谱例

1.《蝴蝶》

例3-20

蝴　蝶

优美地

蝴蝶 蝴蝶 生得真美丽，　头戴着金冠 身穿花花衣，

你爱 花儿 花也爱你，　你会 跳舞 她有甜蜜。

《蝴蝶》这首歌曲，旋律音程以二度、三度进行为主，给人以安静、舒适的音乐感受。

2.《小白船》

例3-21

小　白　船

中速 优美地　　　　　　　　　　　　　　　　　　　　　　　朝鲜童谣

1. 蓝 蓝 的 天 空 银　河 里，　有 只 小 白 船，
2. 渡 过 那 条 银　河 水，　走 向 云 彩 国，

船 上 有 棵 桂　花 树，　白 兔 在 游 玩。
走 过 那 个 云　彩 国，　再 向 哪 儿 去？

《小白船》中的主要音程有大三度和大六度。整体音响是一种明朗开阔的感觉，同时又有小三度、小六度等作为辅助，又使乐曲具有相对安静的气氛。

第三节　实践拓展

一、儿童合唱知识与训练

儿童对于音程的最初了解来源于合唱，合唱知识的普及以及欣赏合唱名曲，对于发展

儿童听辨能力以及对音乐的感知能力有很重要的作用。下面向大家介绍儿童歌唱方法及训练要点，以便教师在教学中参考。

（一）儿童歌曲演唱方法简介

儿童音乐具有综合性与多样性的特点，其中歌唱最容易提高儿童感知音乐、表达情感的能力。在日常教学中，应给予他们唱歌技巧的训练，训练的内容包括：唱歌的姿势、呼吸、发声和咬字等各方面的要求，这里我们做简要的介绍。

1. 歌唱姿态

在训练时，应该养成良好的演唱习惯，做到两眼平视有神，下颌内收，脊柱挺直，小腹微收，腰部稳定。

头部正确姿势　　　　　　　头部不正确姿势

图3-1

2. 歌唱的呼吸

吸气：先做好正确的演唱姿势，保持腰背挺直，胸肩松宽，头自如，直视前方，口腔稍打开，像打哈欠一样地让气流自然流畅地运行。

呼气：不能过深，支撑腰部与小腹部的力量，慢慢呼出。

3. 发声练习

学习唱歌必须从基本的发声练习开始，在正确的吸气中体会吸气与声音的配合，让自己兴奋起来，具有积极的演唱状态。口腔打开，上、下颌放松，舌尖轻轻地抵住下牙，以自如的状态发出圆润通畅的自然声音。这里列举几个儿童发声练习曲。

例3-22

这首练习曲需要对"呜"（u）进行细致的练习训练。上、下颌分开，自然地用气息清楚的模仿火车的声音，接近生活，产生兴趣，有助于建立正确的发声状态和歌唱欲望。

例3-23

	我	爱	我	的	小	猫，	小	猫	怎	么	叫？	喵	喵
	我	爱	我	的	小	羊，	小	羊	怎	么	叫？	咩	咩
	我	爱	我	的	小	狗，	小	狗	怎	么	叫？	汪	汪

这首练习曲以儿童的兴趣为出发点，在模仿小动物的过程中练习正确的发声。小猫的叫声"喵"及小羊的叫声"咩"都属于闭口音的范畴，要注意不要太白话，嘴微张，下巴放松，自然演唱，有趣味的体会闭口音的演唱。小狗的叫声"汪"则是开口音，又是跳音，需要小腹部用气，将音弹跳起来。

4. 咬字

必须要注意咬字、吐字的清晰，将歌曲曲调与咬字吐字结合起来练习。练唱时，将每个字有感情地朗读几遍，再结合发声练习，以字带声，力求做到字正腔圆，声情并茂。

（二）合唱知识与训练概述

1. 合唱知识概述

（1）定义。

合唱是集体演唱多声部声乐作品的艺术。它要求歌唱群体按作品与指挥者二度创作理念高度统一与协调，是普及性最强、参与面最广的音乐演出形式之一。在表达音乐作品中的思想情感，激发听众的情感共鸣方面具有独特的魅力。

（2）分类。

依据人声的分类合唱可分为童声合唱、女声合唱、男声合唱、混声合唱。

2. 儿童合唱的训练策略

儿童合唱应该从趣、能、德、情等方面入手，挖掘幼儿音乐的特殊潜在教育价值，在训练过程中不断提高幼儿欣赏音乐的能力，从心灵深处陶冶幼儿的性情。这里我们简要介绍一下幼儿二声部训练的一些策略。

第一，兴趣法。兴趣是学习的基础，也是最好的老师，兴趣是幼儿学习的原动力。因此在开展合唱教学活动中，教师应选择幼儿喜欢的、有兴趣的歌曲。因此，在选择合唱歌曲时，要充分考虑到幼儿的年龄特点、生活经验等方面特征，并且音域合适，曲调流畅，结构相对简单的歌曲。如小班歌曲《吹泡泡》、大班歌曲《柳树姑娘》《大母鸡》《小乌鸦爱妈妈》，都是孩子们日常生活中玩过、看过的非常熟悉的事物，孩子们学起歌来会很得心应手，兴趣浓厚。

第二，从欣赏入手，让幼儿充分感受合唱的美。幼儿获得音乐感受的很重要的方法就是聆听，教会儿童欣赏歌曲的基本情绪的艺术风格，将音乐渗透在幼儿的一日生活中。自然而有意识地引导幼儿倾听音乐与周围自然界的声音，培养他们的倾听能力。感受合唱中优美和谐的音色及其独特的艺术魅力，提高对音乐的感知能力和审美能力。

第三，综合运用绘画、语言等艺术形式帮助幼儿理解歌曲含义，更加丰富表现音乐的感受。使活动变得生动、形象、富有趣味性，能帮助幼儿更好地表情达意。

第四，在歌唱活动中发挥孩子的主动性和创造性，在自主探索中学习二声部。在音乐教学中，教师是组织者、引导者，教师引导和启发孩子自己用倾听、讨论、表现等方法为歌曲创编二声部的演唱形式，并利用肢体动作、声势演绎二声部，这不仅满足了孩子自我创作的快乐，同时孩子也能很快地学会二声部的演唱。如在《柳树姑娘》的合唱教学中，引导幼儿在学习歌曲前充分利用肢体动作、声势创造性地感知二声部的节奏特点，孩子在充分的表现后很快地学会歌曲的二声部的歌唱。

第五，运用游戏训练二声部。游戏是幼儿在幼儿园的主要活动，也是幼儿最乐意接受的形式，为了提高音乐教学活动趣味性，在歌唱活动中也可以将游戏渗入其中。可以在音乐活动开始处进入游戏，如小班歌曲《吹泡泡》，教师把歌曲的内容设计成一个游戏，活动开始以吹泡泡的游戏让幼儿在游戏过程中熟悉歌词、旋律、风格、形象等，然后教师有目的地让幼儿进行演唱。让孩子在快乐中学习歌唱。

第六，运用表演来表达音乐情感。在歌曲演唱活动中配以简单形象的动作、姿态、表情，用此来表达歌词的内容和音乐形象。边唱边做动作不仅可以大大提高幼儿学习的积极性，对帮助幼儿记忆歌词、促进（表演）动作发展、增强节奏感，在感情的表达上都有一定的好处。例如，小班歌曲《走路》，每个小动物配以适合的动作，让孩子们直观地感受到音乐所表现的动物特征，而且通过走路的快慢和强弱体会着音乐的形象。

另外，老师应为幼儿设计简练、明朗的指挥手势，使幼儿尽快了解和熟悉常用的指挥手势，养成看指挥手势演唱的良好习惯，发挥指挥在合唱教学中的作用。

（三）幼儿二声部训练

在幼儿园开展合唱教学，使二声部歌曲可以循序渐进深入地到孩子们的音乐学习中，不仅能让幼儿充分感受到音乐的美，更重要的是培养了孩子们听辨二声部音乐的能力。同时，它对培养幼儿团队、合作意识与集体荣誉有着重要的作用。著名教育家陶行知先生说过："集体生活是学生自我向社会化道路发展的推动力，为儿童发展所必需，一个不能获得这种正常发展的儿童，可能终生是一个悲剧。"

下面为大家列举一些谱例。

例3-24

叮叮当当

《叮叮当当》可以让儿童在简单的歌曲中感知二声部歌曲快乐的魅力，既有趣味又能听出两个声部的和谐。

例3-25

春 晓

孟浩然诗词
谷建芬 曲

《春晓》是一首广为流传的儿童二声部合唱歌曲，两个声部节奏完全一致，因此需要注意音程关系的准确性，尤其是低声部与旋律声部相差比较大音程距离，此处要表达清楚。

例3-26

小乌鸦找妈妈

孙牧 词
何英 曲

飞 来 一 只 小 乌 鸦。
躺 在 屋 里 飞 不 动。
多 可 爱 的 小 乌 鸦。

不 吵 闹 呀 不 玩 耍 呀。
小 乌 鸦 呀 叼 来 虫 子。
飞 来 飞 去 不 忘 记 呀。

急 急 忙 忙 赶 回 家。
一 口 一 口 喂 妈 妈 妈。
妈 妈 把 它 养 育 大。

　　《小乌鸦找妈妈》是一首经典的儿童歌曲，二声部音程以三度音程为主。在演唱这首乐曲时，需要心中牢记三度音程的音响效果，以及大小三度的音程和谐度，训练的时候引导学生听辨与另一个声部的和谐效果。另外，在学唱过程中设计相应的趣味动作效果会更好。

例3-27

银色的马车从天上来

张东辉 词
蒋维达 曲

稍快

银 色 的 马 车 从 天 上 来 啦，

车上坐着小雪花，

带来了冬爷爷的礼物，

送给你，送给我，送给他。

祝 天下的小朋友，

勇敢锻炼意气风发，

银 色的马车来啦，

快去迎接小雪 花，

快去迎接雪 花， 快去迎接雪 花

快去迎接 小 雪 花。

　　这是一首篇幅较短的二声部合唱作品，和声以三度、四度关系为主，和谐平稳，充满了童话色彩的想象力，不但适合欣赏，而且也是训练和唱的好作品。

　　例3-28

数 鸭 子

玉嘉祯 词
胡小环 曲

中速、富有表情的

门前大桥 下，游过一群 鸭，
赶鸭老爷爷，胡子白花 花，

快来快来数一 数，二四六七 八， 咕嘎 咕嘎 真呀真多 呀，
唱呀唱着家乡戏，还会说笑话。 小孩，小孩， 快快上学校，

咕 嘎， 咕 嘎

《数鸭子》是一首耳熟能详的儿童歌曲，在演唱中二声部学习鸭子的叫声为一声部做陪衬，突出表现了小鸭子活泼的形象，让孩子们在演唱中感知不同声部的合作。作品真实的画面感，是儿童歌曲的典范。

二、音乐教学案例

教学案例《闪烁的小星》（中班）

【活动目标】

1. 引导幼儿感受夜晚的星空闪烁、小星星时而安静时而活泼的意境，启发幼儿用合唱形式表现不同情绪的小星星。

2. 运用打击乐器巩固加深幼儿对二声部合唱的印象。

3. 通过学习合唱来培养幼儿在集体歌唱活动中的合作态度与能力。

【活动准备】

歌曲光盘、三角铁、撞铃等乐器、节奏卡。

【教学过程】

1. 老师带幼儿听音乐，模仿各种动物的动作愉快地进活动室。

2. 讨论式导入：（创设情境，激发兴趣）小朋友们，在晴朗的夏夜里，每当你们仰望浩瀚的夜空，你都看到了些什么呢？（幼儿发言）

小结：是啊，夜空非常的美丽而且神奇，今天啊，老师就带你们进行一次星空之旅，去夜空中参观游览，好吗？

准备好了吗？现在出发啦！请小朋友跟着老师一起飞吧。我们来到了夜空中了，快睁大眼睛看看，夜空中有什么呢？

（星星、月亮、卫星……）

3. 新歌教学。

（1）谁能说一说夜空中的星星是什么样子的吗？

（2）谁能用动作学一学星星发光的样子吗？

（3）为幼儿播放《闪烁的小星（一）》和《闪烁的小星（二）》（见例3-30以及3-31）

讨论：这两首歌里唱到的小星星有什么不同？

　　a. 静静的夜空小星星们排着队出来了，向小朋友平时排队一样，很整齐地出来（引导学生用慢的速度来唱）播放《闪烁的小星（一）》，教师可请幼儿起立，双手举过头顶，做捏拢放开的动作，模仿小星星眨眼睛的样子，同时跟唱。

　　b. 小朋友们在妈妈的怀抱里一摇一摇睡着了，小星也在哄我们睡觉呢。播放《闪烁的小星（二）》例3-31，请小朋友面对小椅子，蹲下，双臂放在小椅子上，头枕双臂，闭上眼睛模仿小星星睡着的样子，同时用"u"跟唱。

　　3. 合唱。

　　幼儿分为两组，一组唱主旋律，一组唱衬词，在教师的指挥下进行合唱。

　　讨论：用什么样的声音演唱眨眼睛的小星星？用什么样的声音演唱睡觉的小星星？

　　用例3-30演唱可以表现欢快跳跃的美丽天空，伴唱声部用跳音唱法演唱"叮"；用例3-31演唱可以表现安静柔和的神秘天空，伴唱声部用连音唱法演唱"呜"。

　　4. 学习节奏乐《小星星》。

　　（1）出示挂图1（活泼调皮的星星）。

　　老师引导幼儿说出要用轻快、跳跃的唱法来表现闪烁的星星。

　　师："我们可以用什么节奏型来表现轻快、跳跃的小星星"（引导幼儿尝试用身体各部位拍出×× | × ×|的节奏。

　　（2）出示挂图2（安静柔美的星星）。

　　引导幼儿用舒缓、连贯的唱法表现累了的小星星。

　　师："现在我们又可以用什么节奏型来表现玩累的小星星？（引导幼儿拍出×—|×—的节奏型）

　　（3）引导幼儿听音乐进行节奏练习。

　　a. 先请一组小朋友拿乐器敲出星星笑的节奏型，另外一组小朋友可以演唱主旋律。

　　b. 再请一组小朋友拿乐器敲出星星睡觉的节奏型，另外一组小朋友可以演唱主旋律。

　　5. 两组幼儿一起配乐器，为歌曲《闪烁的星星》伴奏。

【活动延伸】

　　引导语：小星在天空中一闪一闪的，都在看着我们，你看这位小朋友正拿着画笔让自己坐在月亮上看小朋友跳舞呢。（出示布景，一位小朋友坐在月亮上）

　　引导语：那小朋友们能不能把星空打扮得更漂亮呢？（让全班小朋友们分组讨论后，再上来直接画在背景布上。（通过唱、跳、画演等不同的方式，感受艺术美，体验成功的喜悦）

【结束语】

　　引导语：今天我们游览了夜空，认识了闪闪发光的小星，其实夜空中的神奇还很多，等着我们去发现和探索。

　　播放乐曲《摘星星》学生随音乐自由动作。

　　在音乐中结束活动。

【活动反思】

　　本活动过程基本保证了活动目标的顺利完成，幼儿能根据音乐做出合适的情绪反映，在轻松愉快的音乐情境中感受星空的美丽与奇妙。在教学环节上较为紧凑，使幼儿在活动中积极互动，表达自己对音乐的感受。

附：例3-30

闪烁的小星（一）

法国童谣
陈鹤琴、屠哲梅译配

一闪一闪亮晶晶，　满天都是小星星。

叮叮叮叮　叮叮叮，　叮叮叮叮　叮叮叮。

挂在天空放光明，　好像许多小眼睛

叮叮叮叮　叮叮叮，　叮叮叮叮　叮叮叮，

一闪一闪亮晶晶，　满天都是小星星。

叮叮叮叮　叮叮叮，　叮叮叮叮　叮叮叮。

例3-31

闪烁的小星（二）

法国童谣
陈鹤琴、屠哲梅译配

一闪一闪亮晶晶　满天都是小星星。

呜　　　　　呜

挂 在 天 上　放 光 明　好 像 许 多　小 星 星
呜　　　　　　　　　　呜

一 闪 一 闪　亮 晶 晶　满 天 都 是　小 星 星。
呜　　　　　　　　　　呜

教学案例《法国号》（大班）

【活动目标】

1. 能用自然、舒畅的歌声演唱歌曲《法国号》。

2. 用动作及乐器体会三拍子的强弱规律，拓展音乐感知能力。

3. 初步了解几种常见西洋乐器。

4. 通过轮唱的形式让幼儿加强合作的意识与能力。

【活动准备】

音乐光盘，多媒体课件，法国号，挂图，鼓。

【活动过程】

1. 课前活动。

引导语：让我们一起随音乐做律动。在刚才的歌曲当中出现了哪些小动物？

小鸡、小鸭、小青蛙。今天又有一种小动物想加入到我们当中。是谁呢？猜一猜。

大象来了，它的孩子可急了，嚷着也要来。你们欢迎吗？象妈妈和它的孩子听了可高兴了，看它们还给你们带了礼物呢！

2. 体会三拍子的特点。

引导语：你们能根据这些脚印来模仿象走路吗？大家一起模仿。你们还能想到哪些方式表现这种强弱弱的声音吗？用你喜欢的方式随音乐感受。

3. 学习歌曲。

引导语：让我们有节奏地读一读歌词。随琴轻声演唱歌词。纠正错误及难点。

引导语：你知道歌曲中唱到的法国号是什么吗？（出示课件）

小结：它是一种乐器。它的管身是圆形的，所以也叫它圆号。让我们听一听它的音色。歌中的"嗡巴巴"就是模仿了法国号的音色。"嗡"模仿了低音区，要唱得低沉饱满。"巴巴"模仿了中音区，要唱得明快。

4. 分组进行合唱活动。

重点是以孩子们的对唱接唱形式完成二声部合唱的，教师需要提示的是节奏的变化，并且示范▼表示顿音，欢快跳跃的法国号的声音模仿，使孩子们能抓住歌曲特点，正确有趣地进行轮唱。

5. 知识拓展。

欣赏两段音乐，介绍钢琴、小提琴。

6. 总结。

好了，孩子们让我们唱起法国号，跳起华尔兹，让我们在愉快的音乐声中结束我们这节课吧。

【教学反思】

在教学活动中孩子们既欣赏又演唱，参与体验歌曲带来的美好感受，激发了幼儿的学习热情。

附：例3-32

法 国 号

莱茵河民歌

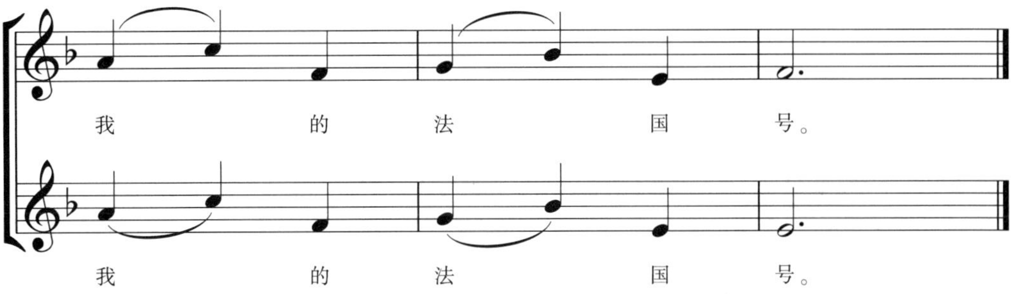
我 的 法 国 号。
我 的 法 国 号。

第四章　团结友爱的集体——和弦

第一节　色彩各异的三和弦与七和弦

在多声部音乐中，由三个或三个以上的音按三度关系叠置起来形成的音的结合叫作和弦，通常有三和弦、七和弦、九和弦等。

例4-1

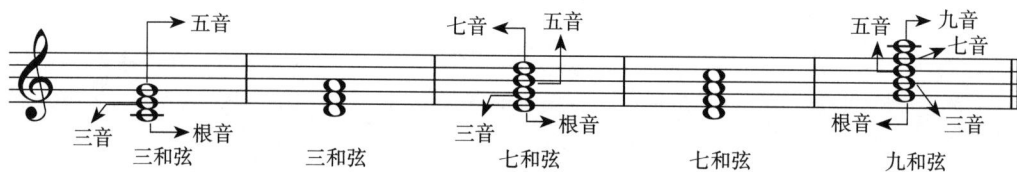

一、三和弦的定义与构成

（一）三和弦的定义

由三个音按照三度关系叠置起来的和弦，叫作三和弦。

（二）三和弦的构成

1. 大三和弦

根音到三音是大三度，三音到五音是小三度，根音到五音是纯五度。大三和弦具有明亮的特征。

例4-2

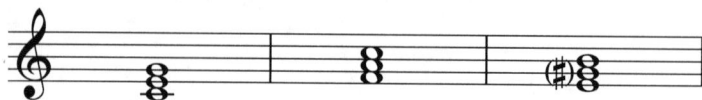

2. 小三和弦

根音到三音是小三度，三音到五音是大三度，根音到五度音是纯五度。小三和弦具有柔和、暗淡的色彩。

例4-3

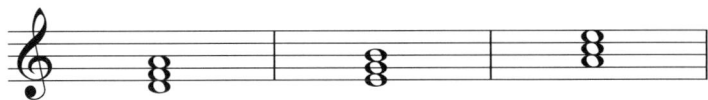

3. 增三和弦

根音到三音是大三度，三音到五音是大三度，根音到五音是增五度。增三和弦具有向外扩张的特征。

例4-4

4. 减三和弦

根音到三音是小三度，三音到五音是小三度，根音到五音是减五度。减三和弦具有向内紧缩的特征。

例4-5

二、七和弦的定义与构成

（一）定义

由四个音按照三度关系叠置起来的和弦叫作七和弦。第四个音与根音相距七度，因此叫作七度音。

例4-6

| 七和弦 | 根音 | 三音 | 五音 | 七音 |

（二）七和弦的构成

七和弦有大小七和弦、小小七和弦、小大七和弦、减小七和弦等。由此可知七和弦的名称是根据所包含的三和弦的类型以及根音与七音的音程关系而定的。即七和弦的第一个字表示根音、三音、五音构成何种三和弦，第二、三个字表示根音到七音为何种七度关系。

这里我们学习四种较常用的七和弦的构成。

1. 大小七和弦

例4-7

2. 小小七和弦

例4-8

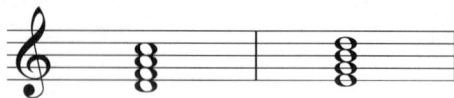

3. 减小七和弦

例4-9

4. 减减七和弦

例4-10

第二节 活泼好动的转位和弦

一、三和弦原位及转位

三和弦的三个音分别作低音而构成的和弦为原位和弦、六和弦（第一转位）、四六和弦（第二转位）。

例4-11

原位和弦　　　　　　第一转位　　　　　　 $\frac{6}{4}$ 第二转位

二、七和弦原位及转位

七和弦的四个音分别作低音而构成的和弦为原位七和弦、五六和弦（第一转位）、三四和弦（第二转位）、二和弦（第三转位）。

例4-12

大小 **7** 和弦　　　大小 $\frac{6}{5}$ 第一转位　　　大小 $\frac{4}{3}$ 第二转位　　大小 **2** 第三转位

第三节　知识拓展

一、儿童歌曲即兴伴奏

三和弦以及七和弦在我们的学习中运用最广泛的就是歌曲即兴伴奏。作为幼儿园教师更应该了解和掌握基本的幼儿歌曲伴奏的技能，创建培养孩子们正确的听音辨律的能力。

（一）幼儿歌曲即兴伴奏知识

1. 儿童歌曲即兴伴奏的特点

（1）符合儿童心理特点和审美特点。

（2）伴奏要简洁明了，不能过于复杂。

（3）尽可能用带旋律的伴奏。

2. 幼儿歌曲伴奏常用和弦

正三和弦：在大小调和声中，分别在调式（音阶）中的主音（T）、下属音（S）、属音（D）上构成的三和弦，分别代表着和声的三个功能，是调性音乐中最为重要的三个和弦。在大调中，这三个和弦是大三和弦，符合大调明亮、开放的音响色彩。

例4-13

T　　　　　　　S　　　　　　　D

主三和弦　　　　下属三和弦　　　　属三和弦

在自然小调中，正三和弦恰恰是小三和弦，符合小调暗淡、柔和的特性。

例4-14

T　　　　　　　S　　　　　　　D

主和弦　　　　下属三和弦　　　　属三和弦

在和声小调中，由于七级音是升高的，因此属和弦为大三和弦，这样柔和的小调式中略带来了一点开放明亮的音乐色彩，在实际运用时可以多关注运用。

例4-15

T　　　　　　　S　　　　　　　D

主三和弦　　　　下属和弦　　　　属和弦

在初级儿歌伴奏的过程中，用正三和弦可为儿童歌曲进行简单的编配。随着对和弦和声的深入，可以再加入副三和弦或七和弦为歌曲伴奏。还有一个和弦比较常用的是属七和弦，它是以属音为根音构成的七和弦，通常用在终止处式上。由于属七和弦加入了一个七度音，因此这个音急需解决到主音上，这样造成的音乐紧张与不和谐感会更加深厚与强烈，和声的效果更加丰富多彩。

例4-16

C大调属七和弦　　　a和声小调属七和弦

（二）儿童歌曲常用伴奏音型

伴奏音型是根据旋律的内容、情绪等设计，选择适当的伴奏织体是即兴伴奏成功与否的关键。因此，伴奏者应掌握各种风格、各种情绪的伴奏织体，常用的儿童歌曲伴奏音型大致有以下类型。

1. 柱式和弦式音型

三个音或四个音的和弦同时弹奏。一般用于进行曲、队列歌曲，可产生坚定有力、庄严雄伟、安静平稳以及恬静深沉的效果。谱例：

例4-17

2. 完全分解和弦式音型

将和弦以单音的形式弹奏出来，称为全分解和弦音型。这是一种比较流动的织体手法，常常用于抒情性较强的歌曲伴奏之中，如《摇篮曲》等。当旋律出现长音或休止时，伴奏可用歌曲中的音调、音阶、分解和弦等音型来将旋律进行填充。

例4-18

摇 篮 曲

例4-19

看 星

幼儿园教材
王颖配伴奏

天 上 多 少

星 星 亮 晶 晶， 一 二 三 四 五 六

数 不 清， 一 闪 一 闪 好 像 小 眼

睛。 我 要 问 你 明 天 天 可 晴?

3. 半分解和弦式音型

将和弦以单音和双音的形式弹奏出来，称为半分解和弦音型。一般用于圆舞曲以及一些欢快风格、节奏性较强的轻快活泼的乐曲之中。

例4-20

钢琴即兴伴奏编配在儿童音乐教育中是最实用，最简洁的配置手法，也是必用的教学手段。它能在儿童音乐教育中辅助性替代教师的语言导向，用以启示儿童对音乐的理解和表现。若要更好地对儿童歌曲进行即兴伴奏，需要从钢琴技巧、和声知识、曲式分析上进行更深入的研究。教师也需要提高自己的欣赏水平和鉴赏能力，要善于摸索和创新，使得自己的钢琴即兴伴奏水平得到提高。

（三）幼儿歌曲伴奏的步骤及方法

当我们拿到一首儿童歌曲时，首先应该进行以下分析：

1. 歌曲的题材与内容

幼儿歌曲的题材多种多样，例如：进行曲、劳动歌曲、圆舞曲等。针对每一首歌曲应该反复演唱以分析确定歌曲的伴奏音型与特点。

2. 明确歌曲的调式调性

简单来说，我们拿到一首歌要分析它的调式调性，以确立歌曲的和弦选用以及音高位置。

3. 正确把握歌曲的风格

在分析过程中还要体会本首歌曲的音乐风格，如欢快活泼、抒情婉转、铿锵有力等音乐特征，为伴奏织体设计做好准备。

（四）儿童歌曲伴奏谱例

优秀的儿童歌曲数不胜数，每一首都具有自己的特点，我们进行伴奏也是多种多样，这里列举几个简单的伴奏谱例，真正的进步还要在不断的练习与分析中完成。

例4-21

我爱我的幼儿园

佚名词曲

例4-22

洋娃娃和小熊跳舞

Allegretto 小快板

波兰儿歌

洋 娃 娃 和　小 熊 跳 舞,跳 呀 跳 呀 一 二 一,

他 们 在 跳　圆 圈 舞 呀,跳 呀 跳 呀 一 二 一,

小 熊 小 熊　点 点 头 呀,点 点 头 呀, 一 二 一,

小 娃 娃 呀　笑 起 来 啦,笑 起 来 啦 哈 哈 哈!

例4-23

家

樊发稼 词
王以卓 曲

legato

蓝色的　大　　海是鱼　　儿的　家，
深深的　大　　地　下是石　　油的　家，

黑色的　云　　朵是大　　雨的　家，
密密的　森　　林是大　　蘑菇的　家，

嗨啦啦啦，　嗨啦啦啦，　啦啦啦啦啦啦　啦，　小朋友呀
嗨啦啦啦，　嗨啦啦啦，　啦啦啦啦啦啦　啦，　小朋友呀

去玩耍，可别忘了回　家。
去玩耍，可别忘了回　家，啦啦。

二、音乐教学案例

教学案例《美丽的黄昏》（大班）

【活动目标】

1. 通过欣赏歌曲能够感受黄昏的美丽景色，以及对钟声的节奏的辨别。

2. 能够了解听辨出二部轮唱，对合唱的概念有进一步的体会。

3. 引导幼儿运用打击乐器为歌曲伴奏。

【活动准备】

多媒体课件、钢琴、三角铁、撞铃。

【活动过程】

1. 情境导入：听《美丽的黄昏》，请小朋友说出自己的感受。

2. 课件展示黄昏的美丽景象，同时再听歌曲《美丽的黄昏》。

3. 引导幼儿感受歌曲与一般的歌曲的区别（有两个声部在进行轮唱）。

4. 教师运用钢琴弹奏，让孩子们分别用三角铁和撞铃在钟声敲响时为歌曲配伴奏，深入体会悠扬的钟声以及打击乐器的特征。

【活动反思】

歌曲《美丽的黄昏》，运用轮唱的形式表现了黄昏时刻安静祥和的特点。教师在钢琴弹奏时运用和弦及其转位和弦的交替的表现手法，节奏与歌曲相一致，丰富了歌曲的表现力，营造出美妙钟声下美丽的黄昏景色。

附：例4-24

美丽的黄昏

欧美民歌

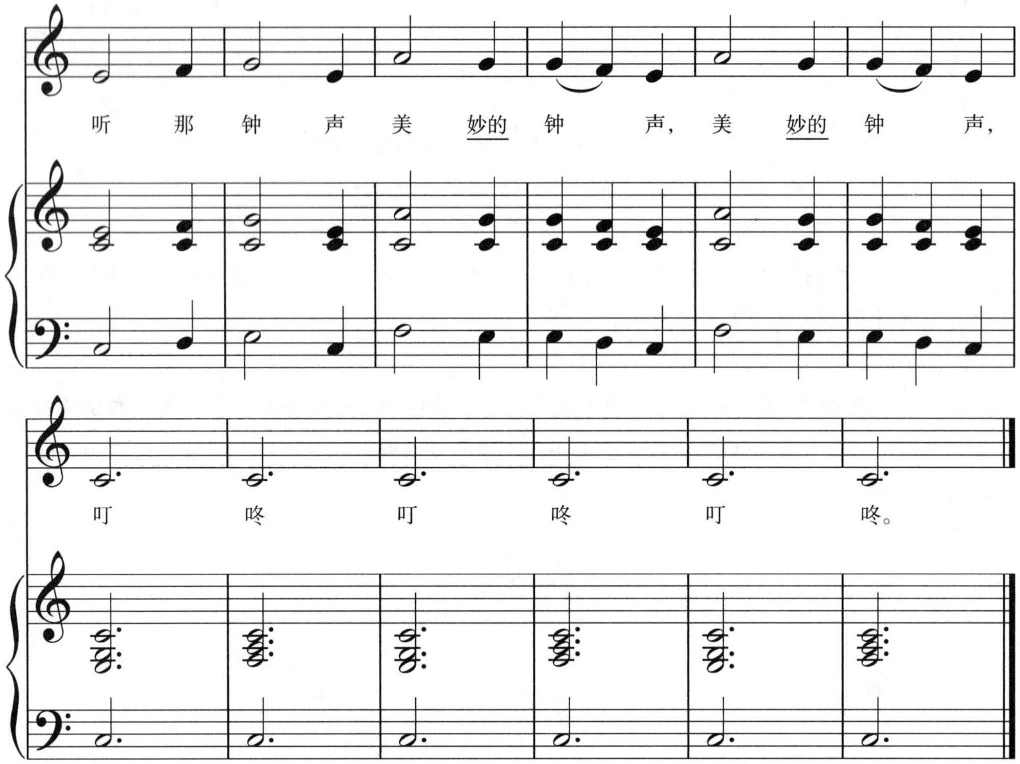
听 那 钟 声 美 妙的 钟 声， 美 妙的 钟 声，
叮 咚 叮 咚 叮 咚。

第五章　情感多变的大小调式与充满魅力的幼儿指挥训练

在音乐中，孤立的一个音或一个和弦很难塑造出音乐所要表达的形象，但将不同的音，按照一定关系组织在一起并以一个音为核心，构成的体系就是调式。将旋律中出现的音，按照高低顺序排列起来就是调式音阶。我们在演奏或演唱乐曲开始处都会看一个谱号，在谱号后面有两种变化记号即升记号和降记号。记写在五线谱谱号后面的按照"下四上五"或"上四下五"这样音程关系书写的变化记号就是调号（调）。简谱中的1=C或1=F等表示记号即调。什么是调？调是旋律中主音的音高位置。调式分为大调式、小调式、民族调式和特种自然大小调等。民族调式分为五声民族调式、六声民族调式和七声民族调式。各种调式中，一、三、五级音为稳定音级，在稳定音级上构成的和弦为稳定和弦。

第一节　大小调式的特性解析

一、明朗奔放的大调式

由七个音组成的一种调式，其中该调式中的一级音、三级音和五级音叠置起来构成为一个大三和弦。大调式调的主音与其上方音构成为一个大三度，这是决定大调式旋律具有的明朗、开放、宽阔色彩的主要音程。大调式分为三种：自然大调、和声大调、旋律大调。现以C大调为例进行学习。

（一）自然、和声和旋律的大调式音乐

1. C自然大调

C自然大调是其他两种大调音阶的基础，其相邻音的音级结构为：全　全　半　全　全　全　半。

例5-1

C自然大调音阶

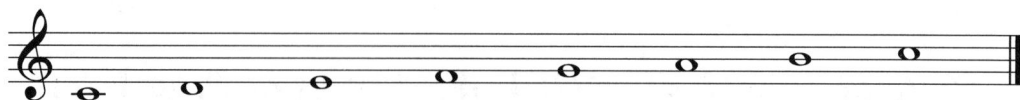

2. C和声大调

将自然大调中的第六级音降低，此时与第七级音形成增二度关系。（三个半音）

例5-2

C和声大调音阶

3. C旋律大调

降低自然大调中六、七级音，下行旋律时六、七级还原。

例5-3

C旋律大调

（二）儿歌 唱奏 谱例

例5-4

校园的早晨

欢快地 ♩=96

高枫词 谷建芬曲

沿 着 校 园

熟 悉 地 小 路，　清 晨 来 到

树 下 读 书，　　初 升 地 太 阳

照 在 脸 上　　也 照 着 身 旁

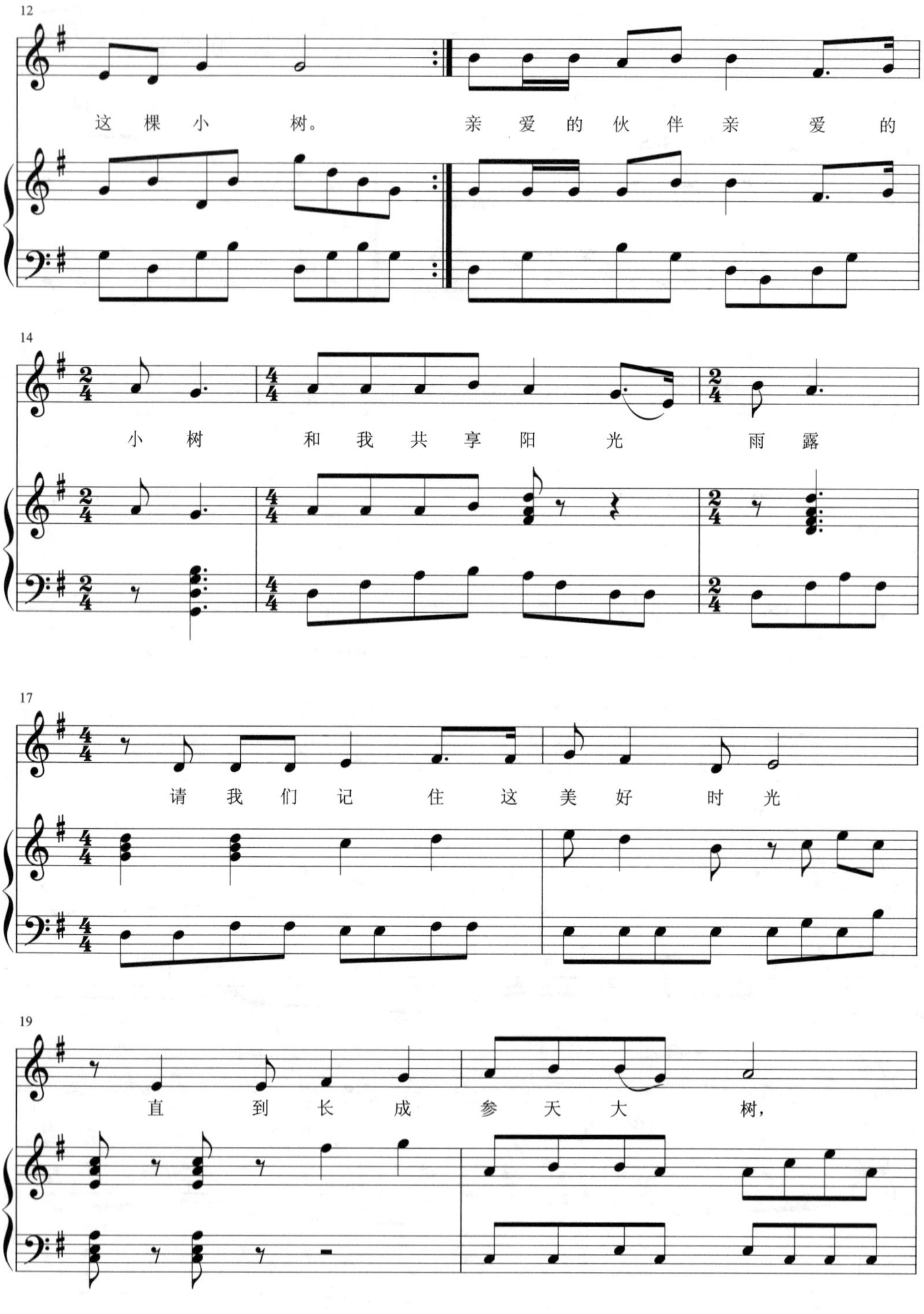
12
这 棵 小 树。 亲 爱 的 伙 伴 亲 爱 的
14
小 树 和 我 共 享 阳 光 雨 露
17
请 我 们 记 住 这 美 好 时 光
19
直 到 长 成 参 天 大 树，

请我们记住这美好时光

直到长成参天大树。

沿着校园熟悉地小路

清晨来到树下读书

初升地太阳 照在脸上

也照着身旁 这棵小树

初升地太阳 照在脸上

也照着身旁 这棵小树。

这首儿歌展现了孩子们快乐学习的心情和立志长大成为国家栋梁的决心。开始两个乐句连续两个大六度跳跃将孩子们那种活泼调皮的年龄特征表现得淋漓尽致，紧接着下行音的进行将刚刚跃起的动作转为跑步的场景。

二、欢快、忧伤暗淡的小调式

小调式和大调式一样，通常由七个音组成，其中稳定音级叠置起来成为一个小三和弦。小调式的主音与其上方三音构成小三度，小调式旋律具有的忧伤、暗淡、紧缩、欢快等色彩取决于节奏和歌词的情绪。小调式分为三种，现以a小调为例进行学习。

（一）自然、和声和旋律的小调式音乐

1. a自然小调

自然小调其音阶结构为全、半、全、全、半、全、全

例5-5

a自然小调

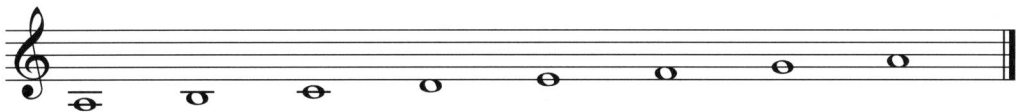

2. a和声小调

升高自然小调的第七级音，和声小调与和声大调一样第六级音与第七级音构成增二度。

例5-6

a和声小调

3. a旋律小调

升高自然小调的第六级音和第七级音，这种情况多用于上行，但在下行时也偶尔使用。旋律小调下行时多用自然小调的形式，即将第六级音和第七级音还原。

例5-7

a旋律小调

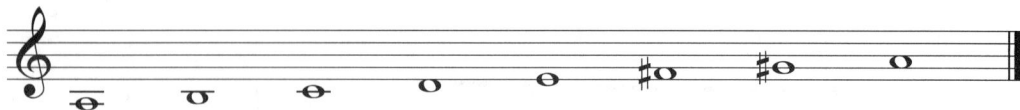

（二）儿歌唱奏谱例

例5-8

娃 哈 哈

维吾尔族　民歌
石夫　记谱编词
郝香才钢琴编配

我 们 的 祖 国 是 花 园，
大 姐 姐 你 呀 赶 快 来，

花 园 里 花 朵 真 鲜 艳， 和 谐 的 阳 光
小 弟 弟 你 呀 莫 走 开， 手 拉 着 手 呀

照耀着我们　每个人脸　上　都　笑开颜，
唱起那歌儿　我　们　的生　活　多　愉快，

娃哈哈　　娃哈哈　　每个人脸　上　都　笑开颜。
娃哈哈　　娃哈哈

我们的生　活　多　愉　快！

二段体结构乐段，是一首d小调歌曲，虽说是小调旋律，但从旋律中并没有让人感受到忧伤，是由于歌词和节奏的改变。

三、关系大小调的共性与谱例

在乐音体系中，关系大小调的共性有以下几点：

第一，两种调式共用一个谱号和调号。

第二，两种调式主音音程关系为小三度。

第三，大小调主音的确定与谱例。

例5-9

升号调与关系大小调谱例

G大调与e小调为关系大小调（主音相差小三度）

上面为G大调音阶（共用同一谱号与调号）
下面为e小调音阶（共用同一谱号与调号）

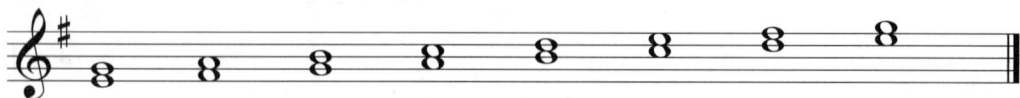

例5-10

D大调与b小调为关系大小调（主音相差小三度）

上面为D大调音阶（共用同一谱号与调号）
下面为b小调音阶（共用同一谱号与调号）

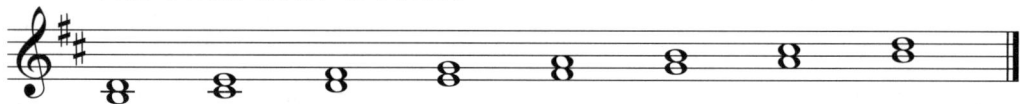

例5-11

A大调与#f小调为关系大小调（主音相差小三度）

上面为A大调音阶（共用同一谱号与调号）
下面为#f小调音阶（共用同一谱号与调号）

例5-12

E大调与#c小调为关系大小调（主音相差小三度）

上面为E大调音阶（共用同一谱号与调号）
下面为#c小调音阶（共用同一谱号与调号）

例5-13

B大调与#g小调为关系大小调（主音相差小三度）

上面为B大调音阶（共用同一谱号与调号）
下面为#g小调音阶（共用同一谱号与调号）

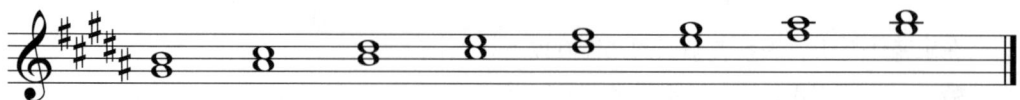

例5-14

#F大调与#d小调为关系大小调（主音相差小三度）

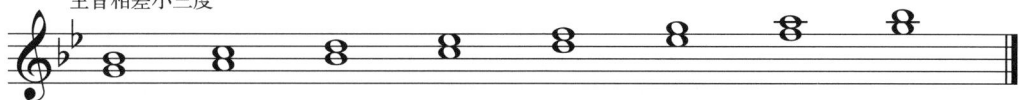

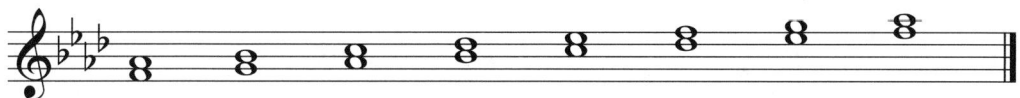

上面为#F大调音阶（共用同一谱号与调号）
下面为#d小调音阶（共用同一谱号与调号）

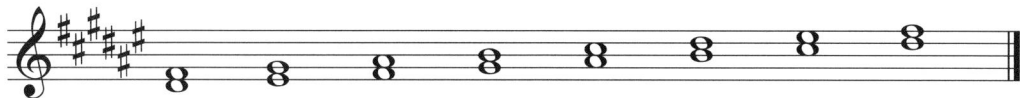

例5-15

#C大调与#a小调为关系大小调（主音相差小三度）

上面为#C大调音阶（共用同一谱号与调号）
下面为#a小调音阶（共用同一谱号与调号）

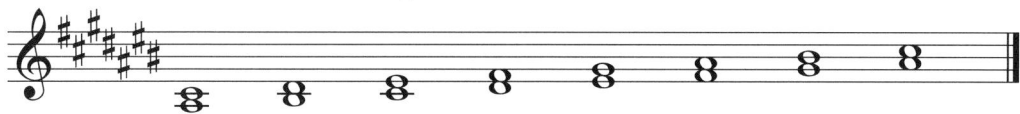

降号调与关系大小调

F大调与d小调为关系大小调（主音相差小三度）

F自然大调音阶音级关系：全全半全全全半
d自然小调音阶音级关系：全半全全半全全

例5-16

主音相差小三度

例5-17

♭B大调与g小调为关系大小调

主音相差小三度

例5-18

♭E大调与c小调为关系大小调

主音相差小三度

例5-19

♭A大调与f小调为关系大小调

主音相差小三度

例5-20

$^\flat$D 大调与 $^\flat$b 小调为关系大小调

主音相差小三度

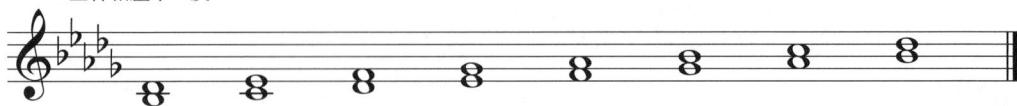

例5-21

$^\flat$G 大调与 $^\flat$e 小调为关系大小调

主音相差小三度

例5-22

$^\flat$C 大调与 $^\flat$a 小调为关系大小调

主音相差小三度

例5-23

草原赞歌

美术片《草原英雄小姐妹》插曲

巴-布林布赫 词
应　炬 曲
郝香才钢琴编配

富有朝气地

Piano

天上闪烁的
草原开放的

星 星 多 呀， 星 星 多， 不 如 我 们
花 儿 多 呀， 花 儿 多， 不 如 我 们

14
草 原 的 羊 儿 多； 天 边 飘 浮 的
新 盖 的 厂 房 多； 山 间的 花 鹿
18
云 彩 白 呀， 云 彩 白 不 如 我 们
跑 得 快 呀， 跑 得 快 不 如 我 们
22
草 原 的 羊 绒 白。 啊 哈
汽 车 快。
26
嗬 嗬咿 啊 哈 哈 嗬 嗬咿 不 如 我 们
不 如 我 们
30
草 原 的 羊 绒 白。 啊 哈 嗬 嗬咿
草 原 的 汽 车 快。

敬 爱 的 毛 主 席 呀 毛 主

席， 草 原 在 您 的 阳 光 下

兴 旺。 敬 爱 的 共 产 党 呀

共 产 党 小 牧 民 在 您 的

教 导 下 成 长，

小 牧 民 在 您 的 教 导 下 成

通过对以上谱例的分析、学习可以得出：两个调式音阶都共用同一种调号和谱号；两个大小调的主音相差小三度。具备这两个条件就称为关系大小调，关系大小调也叫作平行大小调。

第二节 表现情感的速度与力度符号

一、不同速度再现音乐的不同形象

用来说明音乐进行快慢的汉文或外文符号即速度记号。速度记号是为更好地表现音乐形象而服务的。我国音乐中使用的速度标记大多是意大利文和汉字的表述。总体说来速标记大致分为三种：快速、慢速、中速

（一）表示慢速的速度标记

Largo	广板
Lento	慢板
Adagio	柔板
Grave	壮板

（二）表示中速的速度标记

Andante	行板
Andantino	小行板
Moderato	中板
Allegretto	小快板

（三）表示略快速度的标记

Allegro	快板
Vivo	快速有生气
Vivace	快速有生气
Presto	急板

（四）在实际识谱或演奏中经常会看到用来强调或者说明速度快慢的修饰字或修饰词。

Molto	很　如：molto presto　很快 很急
Assai	非常　如：assai largo　非常宽广地
Meno	稍少一些

Possible	尽可能
Poco	一点点
Piu	更多一些
Non troppo	但不过
Sempre	始终，永远地

（五）音乐渐渐慢下来变为渐弱、渐强时的标记

在实际演唱或演奏中，如果想使音乐速度渐慢、渐渐变弱或者渐快、渐渐加强时，用以下速度标记：

Rienuto（缩写：rit或riten）	渐慢
Rallargando	渐慢
Allargando	渐强渐慢
Smorzando	渐慢渐弱

（六）音乐在进行时需要加快速度来表达情绪和情感时的速度标记

Accelerando	渐快
Stringendo	渐快
Stretto	紧缩

（七）当乐曲回复原速时的速度标记

A tempo	保持原来的速度
Tempo I	
Tempo primo	

当音乐进行时需要自由一些时的速度标记：tempo rubato

在我们实际识谱或演奏演唱中还会看到这样的表示：1=90或1=110 表示以四分音符为单位，每分钟演奏90次或110次。[1]

（八）谱例实践

例5-24

共产儿童团歌

革命历史歌曲
郝香才钢琴编配

坚定有力地

---

[1] 李重光：《音乐理论基础》，169-170页，北京，人民音乐出版社，1980。

准备好了吗？时刻准备着，我们都是共产儿童团，
小兄弟们呀小姐妹们呀，我们的将来是无穷的呀，
帝国主义者，地主和军阀，我们的精神使他们害怕，
红色的儿童，时刻准备着，拿起刀枪参加红军，

将来的主人必定是我们。的的达的达的的达的达。
牵着手前进时刻准备着。
快团结起来时刻准备着。
打倒军阀地主保卫苏维埃。

二、不同力度表现音乐的不同形象

音的强弱规律有两种：固定的和富有变化的。

（一）强弱固定的力度记号

Forte　　　　　　　　强（*f*）

Mezzo forte　　　　　中强（*mf*）

Fortissimo　　　　　　极强（*ff*）

Piano　　　　　　　　弱（*p*）

Mezzo　　　　　　　　中弱（*mp*）

Pianissimo　　　　　　极弱（*pp*）

（二）改变强度的力度记号

crescendo　　　　　　加强

poco crescendo　　　　渐渐加强

Piu forte	较强
Meno forte	强度较差
Sforzando	个别音的加强

（三）谱例实践（见例5-24）

力度记号和速度记号在音乐表现中的意义均具有相同的作用即为更好地展现音乐形象和作者情感。[①]

第三节　实践拓展

一、大小调幼儿歌曲弹奏与指挥训练

指挥动作设计是指挥者用来表达作品思想感情、传达指挥者与原创作者创作意境，沟通演奏者、演唱者和观众之间的桥梁。指挥动作的设计源于作品内容，动作是为作品内容服务的。指挥者是塑造作品形象的重要角色之一，扮演执行导演的角色。指挥动作设计需要做好以下几个方面的工作：

（一）拍号

拍号表达的内容：1. 每小节的节拍数。2. 节奏与歌曲情感的强弱规律。3. 指挥图示的基本路线。有时也可根据实际情况对指挥的频率进行适当改变，如《蓝色多瑙河》$\frac{3}{4}$拍，按照拍号选择指挥图示会让人感觉很乱，我们可以采用1小节一拍的指挥图示进行指挥，俗称"慢打快唱"。

（二）击拍方式的确定

主要确定采用Legato的击拍方式还是采用Staccato的击拍方式，有时二者也处在相互变换的运动之中。柔情舒缓的合唱曲采用Legato，节奏欢快跳跃适用于Staccato。在击拍过程中不要完全始终如一地履行拍号所规定的指挥图示，根据作品的内容和指挥者对作品的理解基础之上，在不违背节奏要求的情况之下对指挥图示可以适当地进行科学的处理，目的为表达作品服务。

（三）熟知力度变化

一首合唱曲力度不是一成不变的，否则合唱歌曲就会平淡，不动人。指挥的力度主要指对合唱曲进行的强与弱、渐强与渐弱的定位；高潮与低点的把握。每一个动作幅度的大小都代表着情感的传递与抒发。

（四）声部衔接的动作设计

合唱艺术不只是简单的二部合唱，创作者为更好地表达作品或思情感，会创作出多个声部，每一个声部代表一种乐思，各自的呼吸各自的强弱均要由指挥者进行提示，不同的

---

① 李重光：《音乐基础理论》，173页，北京，人民音乐出版社，1980。

乐思统一在整首的情感之中。为此，指挥者要具备对整个作品指挥动作的语言设计和与合唱队员的合作沟通的技巧与能力，需要进行科学、准确、有效地全面的考虑。合唱艺术是舞台艺术，舞台艺术以美感为首。

（五）姿势

指挥者身体站立的姿势是由歌曲内容决定的。通常情况下身体应正直挺立，双脚左右分开与肩平行，也可前后分开。但要注意：在指挥过程中要保持中心（重心）稳固。指挥者与合唱队员的沟通借助于指挥者的手势、面部表情和指挥者的眼神。手是指挥者表达情感的重要工具，面部表情是指挥者传递乐曲情绪的外在表现。手形基本上有两种：四指合并，大拇指分开，手心向下；四指合并，大拇指分开，手心朝向合唱队员。收拍也是指挥者的手势之一。指挥者姿势要求自然、放松、不拘禁。指挥习惯有两种：徒手指挥和指挥棒指挥。

（六）指挥图示

击拍是最基本的指挥技术，是形成指挥图示和传递情感的基础。合唱指挥一般要掌握两种击拍方式即连贯柔和击拍（Legato）和跳跃短促击拍（Staccato）。击拍是由预备动作、击拍、反弹三部分构成。

（七）起拍与收拍

做好起拍与收拍是合唱指挥的基本技术要求。起拍与收拍相同之处：以前一拍作为预备。不同之处：起拍动作是由静止动作开始，收拍是在音乐进行中开始。

1. 起拍的动作要领

预备　在合唱开始之前指挥者要对整个合唱进行全面的检查，包括：背谱、服装、舞台舞美、合唱台、合唱道具、情绪工作，然后做指挥前预备动作。通常情况下将手向上抬起到腰部略上后停止约三秒，不能让观众的心理时间感到太长，否则会影响到观众心情，时间也不能太短，太短会影响指挥者与合唱队员在演唱前的情感沟通与演唱状态暗示的接受，会影响演唱质量。

呼吸的预备拍动作　双手或单手由静止继续向上抬，然后略加速形成一个拍点，这个拍点就是合唱队统一进行呼吸的时间点。手加速下落到音乐开始的拍子位置，这时起拍动作完成，合唱队起声开始。

2. 起拍的图示

起拍的图示一般有两种：强起拍和弱（次强拍）起拍。强拍起拍图示：

预备图示1：$\dfrac{2}{4}$

预备图示2：$\dfrac{3}{4}$

预备图示3：$\dfrac{4}{4}$

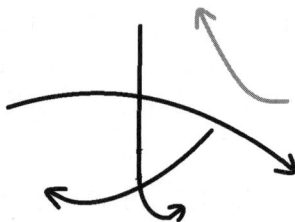

3. 弱拍或次强拍起拍，以前一拍作为预备拍

预备图示1：$\dfrac{2}{4}$

预备图示2：$\dfrac{3}{4}$

预备图示2：$\dfrac{4}{4}$

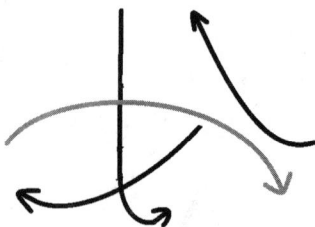

4．收拍原则

收拍的动作由预备和收拍形成。收拍的预示是由收前的一拍弹起形成拍点，然后再加

速到这个拍点，手拍动作完成。收拍的动作虽没有统一的标准要求，但有原则要求：

（1）收拍位置有两种即强拍（强位）或弱拍（弱位）。

（2）关注指挥者的提前暗示。

（3）收拍动作符合作品内容要求。收拍动作要潇洒、不做作；能够满足欣赏者、演奏者、欣赏者的情感需求；动作鲜明、准确简练；自然、大方、美观得体；指挥动作符合作品主旨所要表达的音乐形象。

（八）指挥谱例实践

例5-25

雨 花 石

肖仁 徐家察 词
龚耀年 曲

中，　　　　我　是　一　颗

小　小　地　石　头。　　深　深　地

埋　　在　泥　土　中。

我　愿　铺　起　　　　一　条　五　彩　地

路　　　　让人们去 迎 接黎明

迎接欢乐，　　　　我 愿铺 起

一条五彩地路　　让人们去

迎接黎明迎接欢乐。　　　　啊

作者采用拟人的创作手法，表达了对那些默默无闻者的奉献情怀和对他们的敬仰。旋律流畅感人，幽静深远，富有情境。

二、大小调歌曲与伴奏编配实践

例5-26

小 花 伞

林 海 蓓 词
王 家 萍 曲
郝香才配伴奏

15

不怕雨淋和日晒，春夏秋冬开不败。

19

小花伞真可爱 一朵一朵花儿开。

第六章　认识民族调式

我国民族民间音乐在长期艺术实践中，产生了题材丰富、风格各异的音乐作品，并且形成了独特的调式体系。我国的民族调式一般是以五声为基础，形成中华民族独特的音乐风格，这些五声调式与西方的大小调式是不同的两种体系。早在2500年以前，我国古代《管子》一书中便提及"三分损益法"求五音的记载，并且阐述音阶构成的规律法则。

第一节　民族调式

一、五声调式

按照纯五度音程排列起来的五个音所构成的调式叫作五声调式。这五个音分别是宫、徵、商、羽、角。以 C 为宫的调式中do音代表的宫音；sol音代表的徵音；re代表的商音；la音代表的羽音；mi音代表的角音。按照音的高低关系排列为宫、商、角、徵、羽。这五个音的音程关系分别为：大二度、大二度、小三度、大二度、小三度。

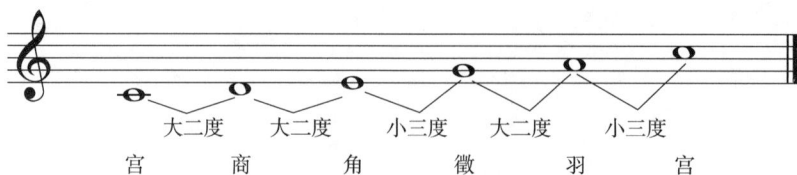

五声调式与自然大小调式一样，每一个音都可以作为调式的主音构成一种调式。因此，五声调式有五种调，即宫调式、商调式、角调式、徵调式和羽调式。宫调式：宫商角徵羽宫；商调式：商角徵羽宫商；角调式：角徵羽宫商角；徵调式：徵羽宫商角徵；羽调式：羽宫商角徵羽。这里非常重要的一点是要熟知各调式中音级之间的音程关系，这是判断民族调式的关键条件。下面是五种五声调式的音阶。

宫 调 式

宫　　　商　　　角　　　徵　　　羽　　　宫

商 调 式

商　　　角　　　徵　　　羽　　　宫　　　商

角 调 式

角　　　徵　　　羽　　　宫　　　商　　　角

徵 调 式

徵　　　羽　　　宫　　　商　　　角　　　徵

羽 调 式

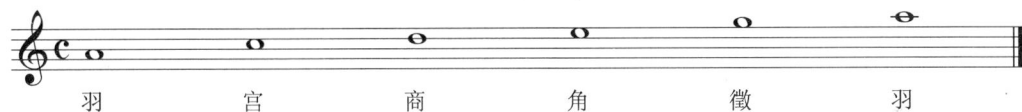

羽　　　宫　　　商　　　角　　　徵　　　羽

（一）宫调式

具有比较明亮开放的大调色彩，或称徵类色彩，有二级、三级和六级三个不稳定音。

青年参军

东北民歌

春季里来杏花开，青年那个参军那哈去把敌人杀；

家家的那个男女老少都来送他呀，戴上了哇光荣花呀恩哎咳

哟，恩哎咳咳哟披着红来骑着马呀恩哎咳哟。

（二）商调式

具有一定的小调色彩，或介于徵类色彩和羽类色彩之间，有二级和七级两个不稳定音。

147

军民合作一条心

陕北民歌

青天呀蓝天 蓝格英英的天, 这是什么人的队伍上了前 线。

（三）角调式

有浓重的小调色彩，或称羽类色彩，有三级、六级和七级三个不稳定音。

一根竹竿

湖南民歌

一根那个竹 竿 容易哟 弯啰嗬，三缕呵 麻绳哟，挣脱 难。

猛虎呵 落在 呀 平阳啰嗬地 哟，蛟龙 呵 无水呀 困沙 滩。

索那咿吱郎 当，郎 当咿吱呀，不怕力 小怕孤 单呐，

众 人合伙金不 换，众人那个合 伙 金不 换。

（四）徵调式

倾向与大调色彩，或称徵类色彩，有二级和六级两个不稳定音。

槐树开花

陕北民歌

槐 树 开 花 碎 纷 纷，老 百 姓 拥 护 八 路 军。

（五）羽调式

类似小调色彩，或称羽类色彩，有三级和六级两个不稳定音级。

草原上升起不落的太阳

美丽其其格

蓝 蓝 的 天 上 白 云 飘，白 云 下 面 马 儿 跑，

挥 动 鞭 儿 响 四 方，赞 歌 更 嘹 亮。

但和大小调相比,五声调式由于缺少小二度、大七度、增四度、减五度这样一些具有尖锐倾向的音程,并且以纯四度和大二度为不同形式的结合构成旋律进行的基本音调,所以总体格调比较平和。

二、六声调式

六声调式顾名思义是由六个音构成的调式,它是在五声调式基础上加入了一个偏音(清角或变宫)。除了新出现的偏音外,五声调式的五个音称为正音。清角这个偏音与角有着紧密的关系,因为清角包含着一个角字,清角与角的关系是一个非常紧张、不和谐的小二度关系(角音上方的小二度)。变宫与宫也是小二度关系即宫音下方的小二度。下面以C为宫音的十种六声调式。

六声宫调式（清角）

六声宫调式（变宫）

六声商调式（清角）

六声商调式（变宫）

六声角调式（清角）

六声角调式（变宫）

六声徵调式（清角）

徵　　羽　　宫　　商　　角　　清角　　徵

六声徵调式（变宫）

徵　　羽　　变宫　宫　　商　　角　　徵

六声羽调式（清角）

羽　　宫　　商　　角　　清角　　徵　　羽

六声羽调式（变宫）

羽　　变宫　宫　　商　　角　　徵　　羽

六声调式曲例如下：

满打满算数上哥哥你

F宫调式（加变宫）

内蒙古民歌

C宫调式（加清角）

山西民歌

三大纪律八项注意

a商调式（加变宫）

红军歌曲

拥护刘志丹

d商调式（加清角）

陕西民歌

浏阳调

e角调式（加变宫）

湖南民歌

唱红旗

e角调式（加清角）

安徽民歌

从南上来红三团

D徵调式（加变宫）

陕北民歌

信天游

C徵调式（加清角）

陕北民歌

雪山放金光

d羽调式（加变宫）

藏族民歌

十二月花套十二月古人

e羽调式（加清角）　　　　　　　　　　　　　　　　　　　　陕南民歌

三、七声调式

七声调式是在五声调式的角音与徵音、羽音与宫音之间一起加入了四个偏音即变徵（徵音下方的小二度）、闰（宫音下方的大二度）、清角（角音上方的小二度）和变宫（宫音下方的小二度）。

在我国传统宫调理论中，宫、商、角、徵、羽五声被视为"正音级"，而在这些正音级之外的音则被看作是"偏音"。七声音阶中所使用的偏音总共有四个，分别是清角（又称"和"）、变徵（又称"中"）、变宫、闰（又称"清羽"）。"清"有升高半音之意，清角就是升高角音半个音高；"变"有降低半音之意，变徵就是降低徵音半个音高之意，变徵与徵音有非常紧张的不协和的关系，即徵音下方的小二度；"闰"之所以称之为"清羽"，就是将羽音升高半音之意。由于几个偏音处于角与徵与宫两个小三度之间，所以它们又被称为"三度间音"。由某一个正音开始便会构成某种调式的七声音阶。

七声调式与六声调式不同，六声调式虽然出现了偏音，但调式音阶的名称没有改变。七声调式因两个不同偏音的同时出现，使得七声调式音阶名称有三种，即雅乐音阶、清乐音阶和燕乐音阶。

（一）清乐音阶

在五声调式的基础上，向属方向和下属方向各增加一个纯五度音，从而同时产生清角和变宫两个偏音而构成。

（二）雅乐音阶

在五声调式的基础上，向属方向连续增加两个纯五度音，即同时产生变徵和变宫两个偏音而构成。

（三）燕乐音阶

在五声调式的基础上，向下属方向连续增加两个纯五度，即同时产生清角和闰两个偏音而构成。

以C为宫音的三种七声调式音阶如下：

清乐音阶

宫　　商　　角　　小二度 清角　　徵　　羽　　变宫 小二度 宫

雅乐音阶

宫　　商　　角　　变徵　徵　　羽　　　变宫　宫

燕乐音阶

宫　　商　　角　　清角　徵　　羽　　　闰　　宫

各种七声音阶如下：（除偏音外每一个音都可以作为调式的主音构成一种调式。）

C宫

a.清乐音阶

b.雅乐音阶

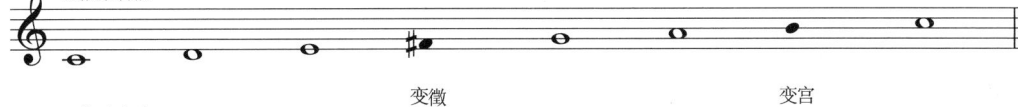

c.燕乐音阶

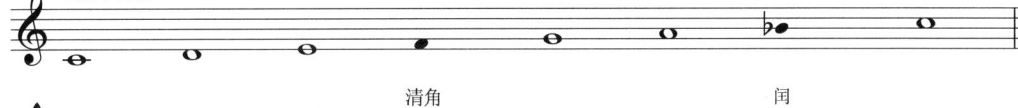

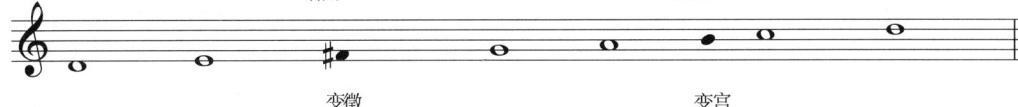

d商

e角

变宫　　　　　　　　　　　　　清角

变宫　　　　　　　　变徵

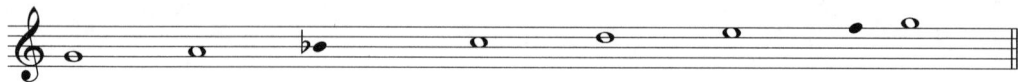

G徵　　　　　　闰　　　　　　　　　　清角

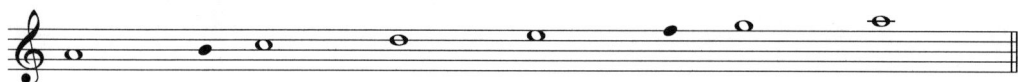

a羽　　　变宫　　　　　　　　　清角

变宫　　　　　　　　　　变徵

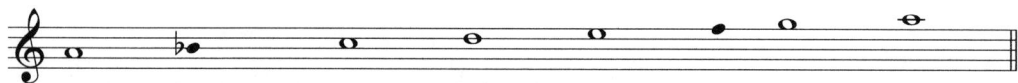

闰　　　　　　　　　　　清角

七声调式曲例如下：

当红军的哥哥回来了

d商调式（清乐）　　　　　　　　　　　　　　　　　　陕北民歌

b角调式（清乐）　　　　　　　　　　　　　　　　　　广东民歌

《大红枣儿送亲人》选段

A徵调式（清乐）　　　　　　　　　　　　　　舞剧《白毛女》选段

妇女要自由

d 羽调式（清乐）

河北民歌

刘 志 丹

♭b商调式（雅乐）

陕北民歌

韭 菜 歌

e角调式（雅乐）

浙江民歌

小小无锡景

C徵调式（雅乐）

张锐曲

毛主席领导咱打江山

d羽调式（雅乐）

陕北民歌

第二节　同宫同主音调式

一、同宫音调式

宫音相同的各种调式称为同宫音调式。

同宫系统调各调调号相同，音列相同，主音高度不同，每一同宫系统内都包括宫、商、角、徵、羽五种调式。如：以C为宫的同宫音调式分别包括C宫调式、D商调式、E角调式、G徵调式和A羽调式，这五种调式都用同一个调号（即do＝C）表示。

C为宫音的五声调式

C宫调式

宫　　　　商　　　　角　　　　徵　　　　羽　　　　宫

C商调式

商　　　　角　　　　徵　　　　羽　　　　宫　　　　商

C角调式

角　　　　徵　　　　羽　　　　宫　　　　商　　　　角

C徵调式

徵　　　　羽　　　　宫　　　　商　　　　角　　　　徵

C羽调式

羽　　　　宫　　　　商　　　　角　　　　徵　　　　羽

为了便于理解和记忆，现将十五种调号所表示的各种同宫音调式的主音及所使用的音级列表如下：

调式 主音 调号	宫调式	商调式	角调式	徵调式	羽调式	同宫系统
♭♭♭♭♭♭♭	♭C	♭D	♭E	♭G	♭A	♭C同宫系统
♭♭♭♭♭♭	♭G	♭A	♭B	♭D	♭E	♭G同宫系统
♭♭♭♭♭	♭D	♭E	F	♭A	♭B	♭D同宫系统
♭♭♭♭	♭A	♭B	C	♭E	F	♭A同宫系统
♭♭♭	♭E	F	G	♭B	C	♭E同宫系统
♭♭	♭B	C	D	F	G	♭B同宫系统
♭	F	G	A	C	D	F同宫系统
	C	D	E	G	A	C同宫系统
♯	G	A	B	D	E	G同宫系统
♯♯	D	E	♯F	A	B	D同宫系统
♯♯♯	A	B	♯C	E	♯F	A同宫系统
♯♯♯♯	E	♯F	♯G	B	♯C	E同宫系统
♯♯♯♯♯	B	♯C	♯D	♯F	♯G	B同宫系统
♯♯♯♯♯♯	♯F	♯G	♯A	♯C	♯D	♯F同宫系统

续表

调式 主音 调号	宫调式	商调式	角调式	徵调式	羽调式	同宫系统
	#C	#D	#E	#G	#A	#C同宫系统

二、同主音调式

以同一个音为主音的调式称为同主音调。

同主音调式的特点是：调式主音相同，调号和调式结构不同。由于民族调式有宫、商、角、徵、羽五种，所以，同一个主音分别可以建立上述的五种调式。例如，以C为主音的调式就会有C宫调式、C商调式、C角调式、C徵调式和C羽调式。

为了便于记忆，现将各种常用的同主音调式的调号（宫音）列表如下：

调式 调号 主音	宫调式	商调式	角调式	徵调式	羽调式
♭A					
♭E					
♭B					
F					
C					
G					
D					
A					

续表

调式 调号 主音	宫调式	商调式	角调式	徵调式	羽调式
E		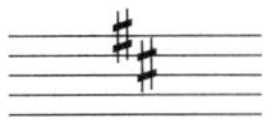	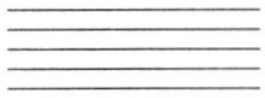		
B			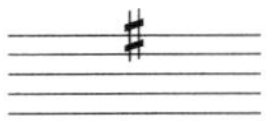		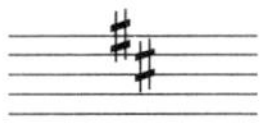
#F					
#C					

第三节　民族调式的识别及音乐表现

一、民族调式识别

识别各种民族调式，同识别各种大小调式一样，主要有以下几种方法。

第一，是识别调号和宫音。民族调式的特点是“重宫不重调”，因为调号不能明确主音的高度和调式类型，但它却能指明do音的高度，这一点对于民族调式来说非常重要，因为在大部分情况下，do音往往代表宫音，只要宫音确定了，其他各音的高度也就明确了。

第二，是识别主音。根据调号确定宫音后，进一步根据乐曲的结束音来确定调式的主音。

第三，按照宫、商、角、徵、羽五种五声调式音级结构为依据，将旋律中出现的音从低到高依次进行排列，然后对照五声民族调式的音阶结构确定该旋律调式。

二、民族调式在音乐中的表现

民族宫、商、角、徵、羽五种调式有很大的差异性，徵调式和羽调式是运用最广泛的两种调式，其次是商调式和宫调式，角调式运用的比较少。不同的民族调式会显现不同的音乐风格和音乐情感，尤其是中国不同地区的民族歌曲，都具有其浓郁的民族性和地方性。例如，陕北民歌就以徵调式和商调式为主。商调式是介于徵、羽两种调式之间的调式。

陕北民歌《绣金匾》音乐风格体现了浓郁的陕北民歌的特色和韵味，是典型的商调式。

绣 金 匾

陕北民歌

正 月 里 闹 元 宵，

金 匾 绣 开 了，

金 匾 绣 咱 毛 主 席，

领 导 的 主 义 高。

蒙古民间音乐以羽调式为多，羽调式具有小调式特点，音乐比较抒情。

草原上升起不落的太阳

美丽其其格

蓝 蓝 的 天 上 白 云 飘， 白 云 下 面 马 儿 跑，

挥 动 鞭 儿 响 四 方， 赞 歌 更 嘹 亮。

山西童谣《放羊歌》也是典型的羽调式歌曲，音乐风格细腻悠扬。

放 羊 歌

山西童谣 歌曲
郝香才钢琴编配

高兴地

放 羊 过 山 坡，

青草儿多又多，

羊儿肥来羊儿壮，

放羊人笑呵 呵。

新疆地区的民间音乐七声音阶的比较多。

在银色的月光下

新疆民歌

在那金色沙滩上，洒着银色的月

光，寻找往事踪影，往事踪影迷茫，寻找

往事踪影，往事踪影迷茫。

微调式是最常用的调式之一，其具有大调式的特点，音乐风格比较嘹亮，音乐情感多乐观向上。

打靶归来

轻松愉快 进行曲速

王永泉等

日落 西山红霞飞，战士打靶把营归，把营归，风展红旗映彩霞，愉快的歌声漫天飞。 mi sol la mi sol， la sol mi do re，愉快的歌声漫天飞。

儿童歌谣《种瓜》，曲调活泼欢快，也是典型的徽调式歌曲。

种 瓜

刘 晓 民 词
刘 天 浪 曲
郝香才钢琴编配

天真赋予表演地

我 在 墙根下 种了一颗 瓜，

天 天 来浇水，天天来看 它，

发 了 芽，开 了 花，结 了 个 大 西 瓜，

大 西 瓜呀 大 西 瓜，抱 呀 抱 呀

中国第一部民族歌剧《白毛女》，其音乐风格大气，具有鲜明的中国民族特色，歌剧《北风吹》选段也是徵调式音乐。

北风吹（部分）

歌剧《白毛女》选曲

贺敬之　词
张可　张鲁　曲
郝香才钢琴编配

163

卖豆腐挣下了几个钱，

集上称回来二斤面　　带回家来包饺子

欢欢喜喜过个年，　　哎

过 呀 过 个 年。 哎

扎 呀 扎 起 来。

宫调式也是常用的民族调式，尤其在表现戏剧性的音乐风格是其他民族调式都不能替代的，例如，东北民歌《青年参军》。

青年参军

东北民歌

春季里来 杏花 开， 青年那个 参军那哈 去把敌人 杀；

家家的那个男女老少都来送他 呀， 戴上了哇 光荣花 呀 恩哎咳

哟， 恩哎咳咳 哟 披着红来 骑着马 呀 恩哎咳 哟。

角调式在民族调式的运用中比较有限，该调式近似于羽调式，情感主要以表现柔和细腻为主，例如，江苏民歌《一粒下土万担粮》。

一粒下土万担粮

三、民族调式钢琴谱例

五声调式：

草原上升起不落的太阳

美丽其其格词曲
郝香才钢琴编配

天　上　白　云　飘　　白　云　下　面　马　儿
有　人　来　问　我　　这　是　什　么　地
人　们　爱　和　平　　也　热　爱　家
席　啊　共　产　党　　照　耀　我　们　成

pp

跑,　　　　　　挥　动　儿　鞭　儿
方,　　　　　　我　就　骄　傲
乡,　　　　　　歌　唱　自　己
长,　　　　　　草　原　上

响　四　方　　白　　鸟　儿
告　诉　她　　这　　是　我　们
新　生　活　　歌　　唱
升　起　个　　落　地

六声调式：

跑旱船

陕北民歌
郝香才钢琴编配

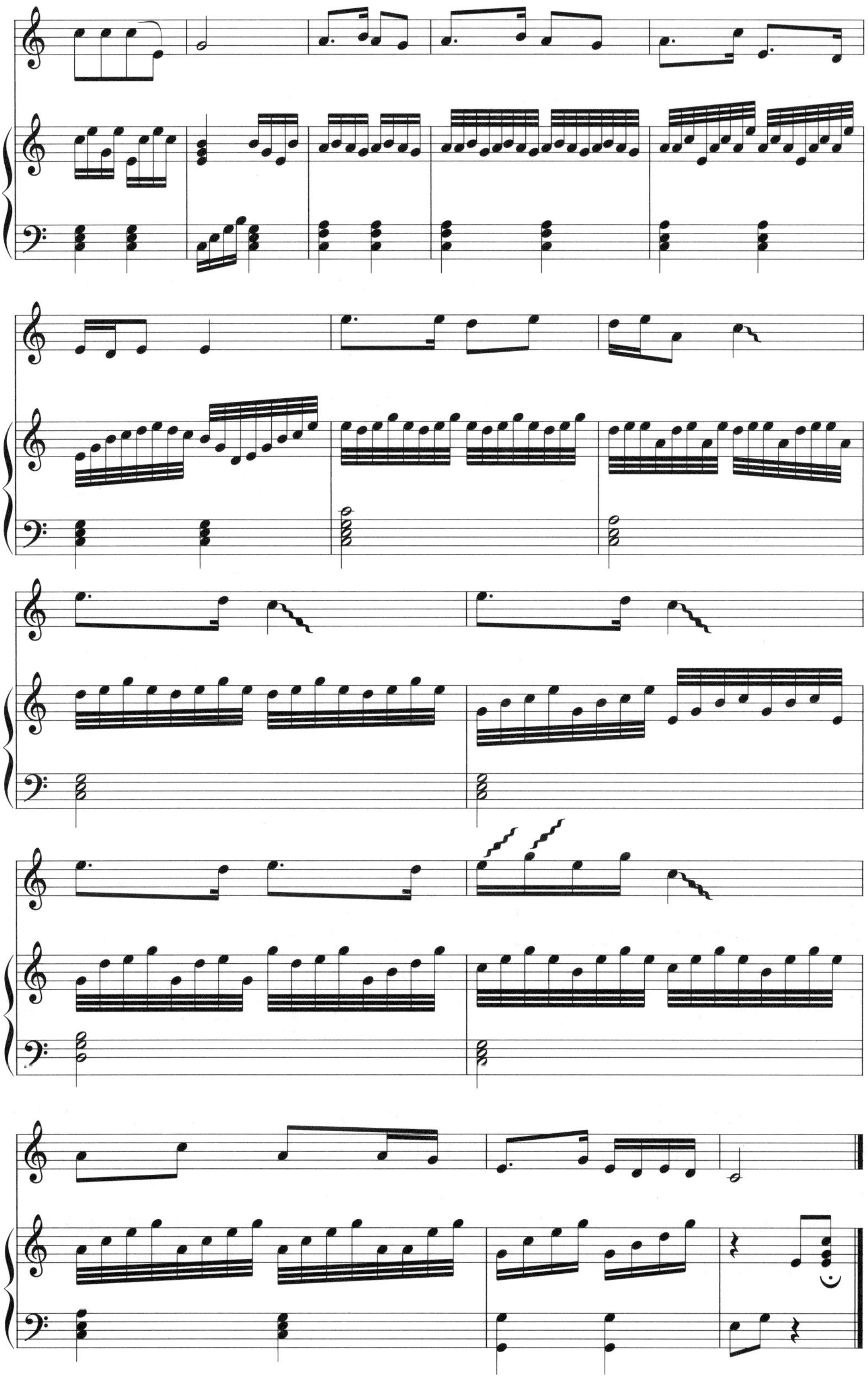

《跑旱船》源于戏剧《玉簪记》中的唱段，是明代戏剧家高濂（钱塘人）所作。现代表演以川剧和昆曲的演出最为知名。京剧程派大家张火丁演出的《秋江》也取材于这个故事，故事源于《古今女史》。此剧大意：宋，金兀术南侵，随母逃难的少女陈娇莲乱中失散，遂入女贞观为道士，法名妙常。潘必正赴试，因其姑母法成是女贞观主，故来此备考，见陈妙常，生情，经茶叙、琴挑、偷诗等一番周折，终于私合。观主怕生不测，逼偪赴科。陈妙常乘舟追行，又被法成追回。王公子欲娶妙常，妙常装孕而拒。潘必正惊闻妙常有孕，急归，却见内藏百首相思词，结果，有情人终成眷属。陕北《跑旱船》只沿用了陈妙常乘船追赶潘必正这一个情节。里面有艄公两人与陈妙常插科打诨的一些对白，我们这里整理的只是其中的唱词。

七声调式：

雅乐歌曲《刘志丹》谱例

陕北民歌

歌曲《刘志丹》是一首颂歌类题材的歌曲。刘志丹，名景桂，字子丹、志丹，出生在陕西省保安县（志丹县），毕业于黄埔军校第四期炮兵科，代表作品《军事教育大纲》《政治工作训令》。中国工农红军高级将领，忠诚的共产主义战士，杰出的无产阶级革命军、军事家，西北红军和西北革命根据地的主要创建人之一。2009年9月14日被评为100位新中国成立做出突出贡献的英雄模范。

燕乐歌曲《妈妈让我当兵去》谱例

山 西 民 歌
郝香才钢琴编配

第四节　民族调式实践拓展案例

一、音乐活动教学案例

教学案例《捏面人》（大班）

【设计意图】

捏面人是我国的传统民间工艺。孩子们喜欢围在面人摊边，一站就是半天，特着迷于那五颜六色的面团，各种花色工具，再加上师傅灵巧的工艺，从老人布满皱纹的手中诞生了一个个栩栩如生的面人，真是绝了！

而如今，生活在城里的孩子还能了解多少这样的民间艺术？

《捏面人》这首歌曲，让孩子们的心灵与古朴的艺术亲密联系在了一起。我们展开了捏面人的系列活动，让孩子在亲身实践中去感受中国文化和民间艺术。

无锡是泥人的故乡，这里的孩子自小就受到传统艺术的熏陶。在孩子们原有经验基础上，我们再帮助孩子们了解一些捏面人的工艺，拓展了幼儿的知识面，更加丰富了对传统工艺的了解。

《捏面人》这是一首原创歌曲。曲调中渗透了些京韵味儿，歌词中融合了儿童喜欢的故事人物的形象，易引起幼儿的共鸣。同时教师采用生动、富有表情的体态动作，帮助幼儿轻松学习歌曲。并通过创编等手段，让幼儿在不断接受挑战自我中感受快乐！

【活动目标】

1. 学唱歌曲《捏面人》，感受歌曲稚趣、生动的风格。

2. 在学习原有歌曲的基础上，借助多媒体、图片、同伴间的讨论，即兴创编与演唱歌曲。

3. 在创编歌词与由慢到快的演唱中，接受挑战，体验乐趣。

【活动准备】

1. 面泥与一些面人形象。

2. PPT课件、图片、黑板、粉笔。

【活动过程】

1. 观看多媒体，引起课题。

（1）进场：律动《泥娃娃》。

（2）教师借助多媒体与生动的讲述，引出歌曲部分内容。

2. 熟悉歌曲旋律与主要内容。

（1）教师范唱歌曲，用身体动作表现歌词。

（2）师："爷爷都捏了什么？"

幼儿运用已有经验，根据教师的身体动作有节奏地说唱部分歌词。教师根据幼儿回答，逐一出示图片，帮助了解歌曲的部分结构。

（3）老师做动作，幼儿随乐按节奏边做动作边念部分歌词。

（4）幼儿学唱歌曲。

①师生分别扮演老爷爷与面人，演唱歌曲1~2遍。

②教师逐步退出动作引导，让幼儿逐步学唱歌曲2~3遍。

师："我们和老爷爷一起学捏面人吧！"

3. 启发幼儿按故事主题创编部分歌词。

（1）"老爷爷捏的是西游记的故事，那你想编一个什么故事呢？"鼓励幼儿讨论故事主题。

（2）教师选取幼儿讨论的某一主题，对部分歌词进行替换创编，用图片提示幼儿创编内容。

（3）在图片的提示下，幼儿演唱由自己创编的歌词。

（4）根据幼儿演唱的实际情况，尝试逐渐加快速度演唱，挑战自我。

捏面人

词曲：史莉

1 1 6 | 5 5 6 1 | 3 2 3 | 1 - | 2 2 2 1 | 7 7 6 5 | 5 2 3 | 5 - |
捏面人的　老爷爷　本领　大，　捏出来的面人把　眼看　花。

5 5 5 | 1 - | 5 5 5 | 1 - | 2 1 2 1 | 2 5 | 5 3 2 5 | 1 - |
捏的什么　呀？　捏的什么　呀？　你说是啥就　是　啥！

X X X | X X X | X X | X - | X X X | X X | X X X | X - |
捏一个猪八戒吃西瓜，　捏一个唐僧骑白龙马，

X X X | X X X | X X | X - | X X X | X X X | X X | X - |
捏一个沙和尚挑着箩，　捏一个孙悟空打妖怪！

2 1 | 2 1 | 2 | 5 | 5 3 2 5 | 1 - ‖
你说是啥就　是　啥！

教学案例《大家来劳动》（大班）

【活动目的】

1. 感受和表现二拍子，初步学习劳动号子风格的短音唱法。

2. 学习创编有关重体力劳动的歌词，学习创编动作表现音乐的内容和力度模式。

3. 表达和体验劳动的愉快，学习自由结伴表演。

【活动过程】

1. 学会唱这首歌曲，并学会边唱边用力地做模仿划船的动作。

2. 学习创编有关重体力劳动的歌词。如：打铁、拉锯、打夯、抬木头、拔萝卜等，并学会边唱边用力地做相应的模仿动作。

3. 将所编歌词三段或四段连起来，自由结伴（人数不限），边唱边按有关内容愉快地做表演动作。

【指导建议】

1. 在范唱和教唱过程中，教师应始终表现出并要求幼儿尽力表现出稳健有力、愉快自豪的劳动号子风格：唱出 $\frac{2}{4}$ 拍的强弱关系，唱出句首重音，每个字吐出时要有一种爆发出去的感觉，但要比进行曲的顿音唱法唱得更丰满一些。

2. 在创编新词新动作时，由于现代社会的幼儿缺乏这方面的经验，教师可事先通过其他活动，如常识活动、文字活动帮助幼儿积累有关经验，也可在活动中用出示图片的方法和用辅助动作的讲解的方法来解决这方面的问题。

3. 在几段歌词连起来结伴表演时，为了减轻幼儿的记忆负担，保持活动的流畅性、完美性，教师可通过在黑板上排列有关图片的方法来提示演唱顺序；也可用在前奏中加节奏朗诵的方法来提示下面将要演唱的内容。这种工作，在有条件的班级，也可以让幼儿来做。

4. 在自由结伴时，幼儿每段都可以根据歌词内容及自己的意愿调整合作对象。最初教师可完整弹奏全曲以给幼儿较长的调整准备时间；逐步应缩减到只弹奏后面四小节，以促进幼儿锻炼自己的反应速度。

【评价要点】

1. 在唱和做方面，幼儿能感受到教师所表现的力度模式并能自然地表现出来。

2. 在编填新词方面，幼儿能自己解决，当数字不同时，改变原曲节奏的问题。如：三个字"拔萝卜"唱成"拔萝卜呀"；四个字"推三轮车"可唱成"推三轮车呀"。

3. 结伴迅速、安静、合作协调。表演中能体验和表现出愉快、自豪的感觉。

大家来劳动

词曲：佚名

教学案例《苹果》（大班）

【活动目的】

1. 感受、表现高与低，感受、表现快与慢，感受、表现强与弱。

2. 学习自编表演动作，学习自编歌词，学习快速听音。

3. 学习注意倾听跟伴奏和他人的唱歌。在结伴表演中，享受交流、合作的快乐。

【活动过程】

1. 学唱新歌。

（1）请幼儿把教师假想成一棵结满大红苹果的树，让幼儿围着老师"采摘苹果"。让幼儿休息——坐在椅子上假装睡觉，听教师哼唱"摇篮曲"（用歌曲的旋律哼鸣，不唱词）。

（2）出示挂图，请幼儿一起讨论图中与歌词有关的内容。

（3）教师有节奏地边弹琴边朗诵歌词。

（4）教师带领幼儿有节奏地随琴声朗诵歌词。

（5）教师带领幼儿随琴声将歌词填入曲调唱出。

2. 创编表演动作。

（1）教师鼓励幼儿边唱边根据词意做表演动作。

（2）请做得好的幼儿，面对大家进行单独表演，并引导幼儿观察、讨论、模仿他们的表演动作。

（3）自由结伴，人数不限，围着假想的苹果树边唱边表演。

3. 感受、表现。

快慢、高低、强弱、二拍子和三拍子。

（1）教师提出去果园参观的假想情境，请幼儿辨别两种音乐各自是怎样表现"劳动"（如快快地摘苹果）和"休息"（如慢慢地闻苹果的香气）的。要求幼儿边听边用自己的动作把听音乐后的不同感觉表现出来。

（2）教师提出情境：有的苹果熟透了，掉在了地上，有的苹果刚刚成熟，还高高地挂在树上。请幼儿辨别两种音乐各自是怎样表现"高"（在树上摘苹果）和"低"（在地上捡苹果的。要求幼儿边听边用自己的动作将歌词中所描述的不同内容表现出来。

（案例由朱南松、谈亦文、周萍提供）

教学案列《加沃特舞曲》（大班）

【材料分析】

该材料结构工整，有几个明显反复出现的节奏型，两个段落之间有明显的对比。节奏既平稳又不乏活泼，旋律明朗而单纯，音乐形象生动、优美又易于记忆。

以上这些特点为幼儿认识节奏型、认识乐句、认识乐段、认识曲式提供了较为典型的操作对象；同时，也为幼儿的舞蹈创编、节奏动作组合创编、打击乐曲演奏方案创编提供了较为易于操作的材料。

【活动建议】

1. 节奏动作组合创编。（用第一段音乐）

（1）熟悉音乐，跟随教师随音乐用以下节奏型做动作：

$$X \quad 0 \quad X \quad 0 \quad | \quad X \quad X \quad X \quad 0 \quad |$$

拍手　　　　　　　　拍腿

（2）创编节奏动作。跟随音乐按以下要求创编节奏动作：

$$X \quad 0 \quad X \quad 0 \quad | \quad X \quad X \quad X \quad 0 \quad |$$

做一种动作　　　　　　做另一种动作，同时嘴里发出一种有趣的声音

如：

$$X \quad 0 \quad X \quad 0 \quad | \quad X \quad X \quad X \quad 0 \quad |$$

踩脚　　　　　　　　做擦鞋子动作，嘴里发出咝咝声

创编出新动作的幼儿当老师，教大家做。

（3）创编节奏动作组合。把大家想出的各种动作方案从上到下或从下到上的顺序连接起来，每两句换一个新动作，每组动作做两遍。由教师或者幼儿带着做。

如：

第一句：跺脚，做擦鞋子动作并咂嘴；

第二句：拍腿，做洗衣服动作并弹舌；

第三句：拍手，做揉眼睛动作假哭；

第四句：抓头，双手高举并大声笑。

（4）结伴合作表演节奏动作组合：邻近坐的幼儿转成面对面，按照已做得较熟练的组合方案，一个人做一、三、五、七句，另一个人做二、四、六、八句，做时要求互相交流表情。

2．乐句游戏。

（1）倾听、熟悉第二段音乐，要求边听边随音乐即兴舞蹈。

（2）请自愿的幼儿轮流到前面当被模仿者，被模仿者要在一、三、五、七句各句即兴做出一种动作，全体幼儿在二、四、六、八句重复被模仿者刚刚做过的动作。

（3）全体幼儿在自由空间中走动，并在每一乐句最后休止的一拍上找到另一个幼儿，拍对方手一次。（用第一段音乐）

（4）请四个幼儿担任被模仿者。被模仿者在第一段音乐中用小跑步在自由空间中走动，并在每一乐句最后休止的一拍上轻轻拍一位幼儿的肩膀。被拍到的幼儿站起来跟在被模仿者后面跑。

第一乐段结束，八位被拍到肩膀的幼儿和本组的被模仿者围成一圈，按照2（2）的方法跳舞。

第二乐段结束，各组最后一个被拍到的幼儿跟着第三乐段音乐小步跑上位并在第一句最后休止的一拍上坐下。依次上位，在最后一句音乐时第一个被拍到的幼儿和被模仿者一起上位。

3．打击乐编配与演奏。

（1）教师引导幼儿为第二乐段创编节奏动作，进而引导幼儿为第二乐段选配乐器。

例如，第一、二、三、四句：

$$\left[\begin{array}{cccc|ccc} X & X & X & X & X & - & - & X \end{array}\right]$$

跺脚 　　　画圈 　　　拍手

大鼓和镲齐奏 　　铃鼓摇 　　铃鼓拍

第五、六、七、八句：

$$\left[\begin{array}{cccccccc|cccc} X X X X X X X X & X & X & X & 0 \end{array}\right]$$

左右手轮流拍腿 　　拍头拍肩

沙球左右手轮流奏 　　碰铃木鱼

（2）教师或幼儿指挥练习演奏第二段。

（3）教师按活动1中的节奏即兴指挥幼儿演奏第一段。

例如，第一、三句：

X 0 X 0 | X X X 0 |

碰铃　　　　　　铃鼓

第二、四句：

X 0 X 0 | X X X 0 |

木鱼　　　　　　铃鼓

第五句：

X 0 X 0 | X X X 0 |

铃鼓　　　　碰铃、沙球、木鱼、大鼓、镲

第六句：

X 0 X 0 | X X X 0 |

铃鼓　　　　碰铃、沙球、木鱼、大鼓

第七句：

X 0 X 0 | X X X 0 |

铃鼓　　　　碰铃、沙球、木鱼

第八句：

X 0 X 0 | X X X 0 |

铃鼓　　　　碰铃、沙球

（4）教师指挥幼儿将三段连起来演奏。

（5）教师指导用即兴指挥的方法改变第一、三乐段的演奏方案（第一、三乐段应方案相同，只改变音色，节奏不改变），第二段仍用规定的方案。三段连起来演奏。

【目的要求】

1. 感受和表现音乐的乐句、乐段及重复变化，感受和表现节奏型。

2. 创编节奏动作组合，创编舞蹈，创编打击乐演奏方案。

3. 在表演和创作中学习交流、合作、分享。

加沃特舞曲

活泼、欢快地
（一）（三）　　　　　　　　　　　　　　　　　　　　　　　　　［法］戈塞克曲

Fine.

（二）

D.C.

（案例由魏思敏、陈晓萍、黄芳等提供）

第七章　儿歌歌曲创作基本常识

第一节　歌词创作特点与要素

我们在编写幼儿歌词时一定要考虑幼儿年龄的生理特点：理解歌词的能力、歌词给予幼儿思想上的直接影响、歌词的趣味性、歌词是否朗朗上口、歌词传授的知识性、生活性、歌词是否具有表达的直接性等方面进行创作。因此，创作者在实践创作中要以生动的身边生活为创作素材和创作源泉，让孩子在智力、情感、审美、德育、爱心等方面得到全面健康地发展。

潜移默化地树立孩子操守文明礼仪，继承传统美德、培养坚毅品格等，为孩子的明天，祖国的未来担当育人使命。因此，幼儿歌曲在歌词创作中要遵循以下几个方面的原则（规律）。

一、歌词活泼健康

（一）儿歌《国旗，国旗真美丽！》

这是一首民族五声调式，主音为C宫。曲式为对比结构乐段，整个乐曲有四个乐句组成即启、承、转、合或呈示、巩固、变化和呼应（统一）的特性。此首歌词简单，且采用拟人写作手法将国旗的构成及颜色鲜明表现出来，同时用浓浓的母子情深的表达方式表现出热爱祖国的情怀。歌曲采用柱式与填空的两种伴奏方法将思想跳动的特点表现得很准确，使旋律具有流动感，不单调。"填空"为长时值旋律音进行的富有变化的写作技巧，增强旋律的动感和活力。在《国旗，国旗真美丽》这首歌的第8小节和第12小节处就采用的是"填空"的表现手法。

例7-1

国旗，国旗真美丽！

王　森　词
上海第六师范学校
学生儿童歌曲创作组

活泼 欢快地

国 旗 国 旗 真 美 丽，

金 星 金 星 照 大 地， 我 愿

变 朵 小 红 云 飞 上 蓝

天， 亲 亲 您。

（二）英国儿童歌曲《星期之歌》

歌词非常简单，利用 $\frac{3}{4}$ 拍的强弱规律（节奏型）和半分解及级进的织体为衬托，将七天的不同心情表现出来。也许是欢乐愉快，也许是淘气无奈。因为，歌词没有其他语言表达。但通过旋律和节拍规律可以判断词曲是积极向上地描述着孩子七天的学习生活。

例7-2

星期之歌

英国儿童歌曲
钢琴编配　郝香才

二、主题明确简练

创作幼儿歌曲时，主题的确立一定要符合孩子的理解能力，并以反映孩子生活为创作原点，这样对孩子言行举止具有良好的教育意义。

例7-3

数 星 星

赵 木 词
侯德炜 曲
钢琴编配郝香才

此歌词简练单纯，只有两句话：天上星星亮晶晶，小朋友们数星星，一、二、三、四、五。词歌曲为d和声小调，它运用了变化重复旋律的创作手法表现出夜晚星空的美丽和大小不同的特征，在感受音乐的同时促进孩子对数量的认知。

三、歌词要富有趣味性与动感性

趣味性是孩子探索自然走向成功的重要动力。《十万个为什么》源于幼儿对自然景观的好奇与兴趣。富于想象是幼儿生理因素的重要特征，孩子的感性远超越于理性，形象思维为主，抽象思维为辅。用语言的魅力艺术吸引孩子、感召孩子，创作出孩子喜欢的歌词。因此，在创作歌曲时紧紧抓住孩子具有的那种趣味性心理，用形象的比喻、拟人手法、节奏感（动感）较强的语言为创作歌词的出发点。

例7-4

雪　花

陈歌辛　词曲
郝香才钢琴编配

幼儿从这首歌可获得直接的知识：季节的认知——冬天的寒冷；雪花的颜色；飘落的动作；高低的认知；雪花存在的状态变化，这些常识是幼儿智力可以理解的，音乐赋予歌词一定的趣味性和动感性。

四、歌词简练，富有韵律，便于记唱

幼儿接受是以能够理解歌词寓意为首要条件。歌词表达出的感情要直白，如果歌词冗长、深奥，那么结果就是不利于儿童记忆，会使儿童学唱失去兴趣。因此，幼儿歌词创作一定要具有短小、简洁和富有韵律感的特点。

例7-5

勤快人和懒惰人

美 国 童 谣
汪爱丽略改歌词
郝香才钢琴编配

他在炒菜他在煮饭他还在蒸馒头，

他在炒菜他在煮饭他还在蒸馒头，

有些懒惰人呀，正在厨房睡觉，

他不炒菜他不煮饭他也不蒸馒头，

这首歌曲为C大调，歌词直白地告诉幼儿：不劳动的人就是懒惰人，爱劳动的人就是勤快人。旋律活泼风趣，便于记忆传唱。

五、儿歌歌词创作常用表现手法

教师作为教书育人的灵魂工程师，在词曲创作上必须要进行考究，不断学习，不断实践来提升自己的创作水平。下面向大家介绍一下儿歌歌词的创作方法。

（一）幼儿歌词常用的写作手法

1. 排比

用一连串内容相关、结构类似的句子来表示强调和层层的深入。日本儿歌《四季歌》（荒木丰尚词曲）的歌词：热爱春天的人们啊，心地纯洁，像那美丽的紫罗兰呀，像我的朋友一样。热爱夏天的人们啊，意志坚强，像那冲击岩石的波浪，像我的父亲一样。热爱秋天的人们啊，一往情深，像那忠诚的诗人海涅，像我的爱人一样。热爱冬天的人们啊，心胸宽广，像那融化的冰雪大地，像我的母亲一样。排比的创作手法使主题表现得更深刻，富有激情。《男孩》歌词：男孩子有一个响亮的名字，男孩子粗嗓子不会小声说话，男孩子心中燃烧着不尽的火。男孩子遇事就爱打抱不平，男孩子扛枪打仗最能向前冲，男孩有眼泪却背着人流……歌词利用排比手法形象具体地刻画了当代男孩子的喜怒哀乐，充满自信。还有大家非常熟悉的歌曲《母亲》，其歌词内容为：你入学的新书包有人给你拿，你雨中的花折伞有人给你打，你爱吃的三鲜馅有人给你包，你委屈的泪花有人给你擦。作者用这样的排比表达出一种深厚博大的母爱之情。

2. 比喻

比喻也称比兴，用某些有类似特点的事物来比方想要说的某一事物，以便表达得更加生动鲜明。比喻手法通常出现在两处：主题（标题）处和具体歌词里（歌词内容）。主题比喻：《我们的祖国是花园》歌词：我们的祖国是花园，花园里花朵真鲜艳，温暖的阳光照耀着我们，每个人脸上都笑开颜……主题直接将祖国描绘为大花园，表现祖国一片欣欣向荣的生机景象及对祖国的无限热爱。歌词中的比喻：《最美的画》歌词：春天里看妈妈，妈妈是天下最美的画，她的笑脸映在我眼里，好像一朵粉红的鲜花。夏天里看妈妈，妈妈是天下最美的画，她的目光留在我心里，好像一股清泉哗啦啦。

3. 比拟

比拟即把物拟作人或把人拟作物的修辞手法。比拟包含两种修辞手法：拟人和拟物。

（1）拟人。

把物写成具有思想的人。例如，《雨花石》的歌词：我是一颗小小的石头，静静地躺在泥土之中。我是一颗小小的石头，深深地埋在泥土之中。我愿铺起一条五彩之路，让人们去迎接黎明迎接欢乐……作者将石头比喻为人，通过对石头用途的思考，表达了在各个工作岗位上的那些乐于奉献，默默无闻工作者的境界与情怀。

（2）拟物。

把无生命的东西拟为有生命的东西来写。《国旗飘飘》歌词：国旗飘飘，跳起舞蹈；国旗飘飘，唱起歌谣，蓝天白云会告诉你，我是祖国的小花苞。歌词中将国旗寓于我的生命一样那样珍贵。国旗怎么会唱歌跳舞呢？蓝天和白云又怎么能和国旗对话？作者从这点出发运用大我（祖国）与小我（作者本身和小朋友）来抒发祖国妈妈对小朋友们的爱护之情。

4. 对比

两种事物相对比较对照，相互映衬来表现歌曲内容。对比结构乐段的歌曲也是儿歌歌词常见的曲式结构，由起、承、转、合四个乐句构成。《听妈妈讲那过去的事情》歌词 第一部分：月亮在白莲花般地云朵里穿行，晚风吹来一阵阵快乐地歌声。我们坐在高高地土堆旁边，听妈妈讲那过去的事情。第二部分：那时候妈妈没有土地，全部生活都在两只手上。汗水流在地主火热的田野里，妈妈却吃着野菜和谷糠……第一部分的情绪表达与第二部分的表达形成了鲜明的对比。

5. 直叙

直接表达出核心主旨，如《我们多幸福》歌词：我们的生活多幸福，我们的学习多快乐，夏风吹拂五星红旗，彩霞染红万里山河，不论在城市，还是在乡村，家家的孩子都去上学。

6. 设问

自问自答来表现歌曲创作者的思想或者说歌曲的内涵。《我们美丽的祖国》歌词：什么地方四季常开鲜艳的花朵？我们的祖国，美丽的祖国，亲爱的叔叔阿姨像蜜蜂一样辛勤地劳动，花丛中，为我们创造那甜蜜的生活。这首歌以设问的形式表现了孩子对养育他们的长辈表达出一种感恩之意和幸福之美，同时表现了我们祖国人民勤劳与智慧，祝福祖国繁荣昌盛是每一个中国人的共同理想。

（二）实践拓展

例7-6

雪 花

陈歌辛 词 曲
郝香才钢琴编配

例7-7

勤快人和懒惰人

美 国 童 谣
汪爱丽略该歌词
郝香才钢琴编配

有 些 勤 快 人 呀， 正 在 厨 房 劳 动，

他 在 炒 菜 他 在 煮 饭 他 还 在 蒸 馒 头，

5
他在炒菜他在煮饭他还在蒸馒头，
7
有些懒惰人呀，正在厨房睡觉，
9
他不炒菜他不煮饭他也不蒸馒头，
11
他不炒菜他不煮饭他也不蒸馒头。

第二节　儿歌歌词韵意特征

歌曲的创作通常情况下先有歌词再谱曲，歌词的段落结构，歌词的意境、歌词的韵律及歌词的思想性都会影响到歌曲的表现魅力。歌词的韵意特征主要包括：

一、作者性格

（一）生存环境

环境影响性格，性格影响创作风格。生存在战争年代的词作家创作出来的作品与生活在现在的词作曲家创作出来的作品进行比较，具有非常明显的不同风格，如《义勇军进行曲》和《两只小蜜蜂》

二、不同地区不同民族的文化特征

歌词创作中应遵循结构表现主题、层次提升情感、语言勾画形象、情趣达到育人、旋律映衬生活的基本规律。

（一）《剪羊毛》对比句式

歌词浅显易懂，便于记忆。通过读词小朋友们就可以将剪羊毛的劳动场景勾画出来。

例7-8

剪 羊 毛

澳大利亚民歌
杨忠杰　译词
杨忠信　配歌
郝香才钢琴编配

河 那 边 草 原 呈 现
绵 羊 你 别 发 抖 呀

白 色 一 片，   好 像 是 白 云 从 天 空 飘
你 别 害 怕，   不 要 担 心 你 的 旧 皮

临，   你 看 那 周 围 雪 堆 像 冬 天，
袄，   炎 热 的 夏 天 你 用 不 到 它，

这 是 我 们 在 剪 羊 毛 剪 羊 毛。
秋 天 你 又 穿 上 新 皮 袄 新 皮 袄。

洁白的羊毛像丝棉，　　锋利的

剪子咔嚓响，　　只要我们

大家努力来劳动，　　幸福生活一定来

到　　　来　　　　到。

（二）《牧歌》

例7—9

牧 歌

宽广地
蒙古族民歌

蓝蓝 的 天空 上
羊群 好像 是

飘 着 那 白云
斑 斑 的 白银

白云的下面　盖着雪白的羊群。　撒在草原上　多么爱煞人。　爱煞人。

伸展结尾

（三）实践拓展（见例7-8和例7-9）

第三节　儿歌歌曲旋律特点

一、特点分析——谱例《妈妈和我》

有人这样形容歌曲的旋律：旋律为歌曲之灵魂，歌词之翅膀，它是表达作者思想的外在形式与内在主题的重要载体，是塑造歌曲艺术形象的依托。创作幼儿歌曲与创作成人歌曲存在明显的差异，这是由幼儿的生理与心理因素决定。差异性主要体现在以下几个方面。

（一）歌唱技能与机能、音域

音域是歌曲创作时必须首要考虑的问题。幼儿的音域通常在c^1（小字一组c）至f^2（小字二组f）之间，在不同的年龄阶段创作歌曲时的音域又有所不同。如6~12岁的儿童歌曲的音域应掌控在a~d^2（小字组a至小字二组d），13~17岁的儿童歌曲的音域应控制在a~f^2（小字组a至小字二组f）之间，杜绝出现曲高和寡的现象。只有了解孩子生理特征，才能增强孩子歌唱情趣，才能在幼儿歌曲创作中得到提升。不同年龄的孩子嗓音音色略有区别，6~12岁孩子音色甜润明亮、稚薄；7~17岁的孩子音色甜润、明亮略有厚实感、力度感，表现感略显成熟。幼儿歌曲《妈妈和我》适合6~12岁孩子演唱。技能是建立在嗓子健康机能基础之上。幼儿在学唱歌曲阶段并不是以技能传授为主，而是以兴趣引领为先导，以赋予表现并得到教育为目标。因此，幼儿阶段学唱要避免走专业化模式。

（二）节奏、旋律、速度、力度

节奏的变化即为情绪的变化，决定情绪变化的音乐元素是速度与力度，但在创作幼儿歌曲时要科学处理速度、力度和节奏之间的变化，不能超越幼儿自身驾驭能力而创作。

例7-10

妈妈和我

何贵良　词
黄　磊　曲
郝香才钢琴编配

童年的时候, 妈妈对我说,
少年的时候, 妈妈对我说,
长大了的时候, 妈妈对我说,

天上的星星千颗万颗, 有一颗
春天的鲜花千朵万朵, 有一朵
大海的浪花千朵万朵, 有一朵

星星就是我 啊, 我是星星,
鲜花就是我 啊, 我是鲜花,
浪花就是我 啊, 我是浪花,

星星是我。 妈妈 那您是
鲜花是我。
浪花是我。

什么？是什么？ 妈妈 那您是

什么？是什么？ 少年的 妈妈呀妈妈

让我对您说， 如果我是星星

是花朵， 如果我是 我是

浪 花，　　您 就 是 月 亮，　您 就 是 太

阳，　　　您 就 是 一 条

流 进 我 心 中 的 河，　　　您 就 是

一 条 流 进 我 心 中 的 河。　妈

全曲分两大乐段加一个尾声乐段（副歌）。第一乐段是三段歌词的分节歌，从童年、少年到成人深情地回忆，诉说了妈妈对自己的殷切期望与鼓励。然后用一连串的比喻和排比手法，歌颂了伟大的母爱。全曲起伏的旋律下包含着强烈真挚的爱。第二乐段是两个暂时没有答案的并列问句引起我们进入无限的深思。尾声副歌部分连续采用排比创作手法将歌曲推向高潮，唱出了孩子对妈妈的爱。

二、特点分析——谱例《国旗，国旗真美丽！》

（一）歌曲调式

歌曲为C宫调式，起、承、转、合四个乐句构成一乐段体。旋律朴实、简洁，表现了儿童对国旗的亲切、崇敬和热爱的心境。

例7-11

国旗，国旗真美丽！

王　森　词
上海第六师范学校
学生儿童歌曲创作组

变 朵 小 红 云 飞 上 蓝

天， 亲 亲 您。

（二）实践拓展《小猫歌》

例7-12

小 猫 歌

郝香才钢琴编配

富有表演地

许 多 小 花 猫， 喵 呜 喵 呜 叫，

我 们 今 天 真 高 兴， 要 和 妈 妈 做 游 戏，

第四节 儿歌歌曲的归类属性

儿歌歌曲归类属性是指儿歌歌曲的题材、体裁和创作风格。

一、儿歌题材

构成文学和艺术作品的材料，即作品中具体描写的生活事件或生活现象。幼儿歌曲的题材与成人作品题材相比较更为广泛，大致归纳为如下几种。

（一）歌颂祖国

如《绿色的祖国》《祖国，慈祥的母亲》。

例7-13

绿色的祖国

爱 桦 词
郑律成 曲
郝香才钢琴编配

树，　河边路旁栽下垂柳白

杨，　给　山野挂起

红　色的帘子翠　绿的幔

帐。　黄莺叫嘎咕嘎咕，

这首儿歌以碧绿葱葱的夏天为隐性背景，选择了自然界中的树木、山河、布谷鸟等作为抒情切入点，描绘表达了对祖国山河的无限热爱。

例7-14

祖国，慈祥的母亲

张鸿喜　词
陆在易　曲
郝香才钢琴编配

谁 不
爱 自 己 的 母 亲， 用 那
滚 烫 的 赤 子 心 灵， 谁 不 爱
闪 光 的 美 好 青 春， 谁 不 爱
自 己 的 母 亲 用 那 滚 烫 的 赤 子 心
自 己 的 母 亲 用 那 闪 光 的 美 好 青

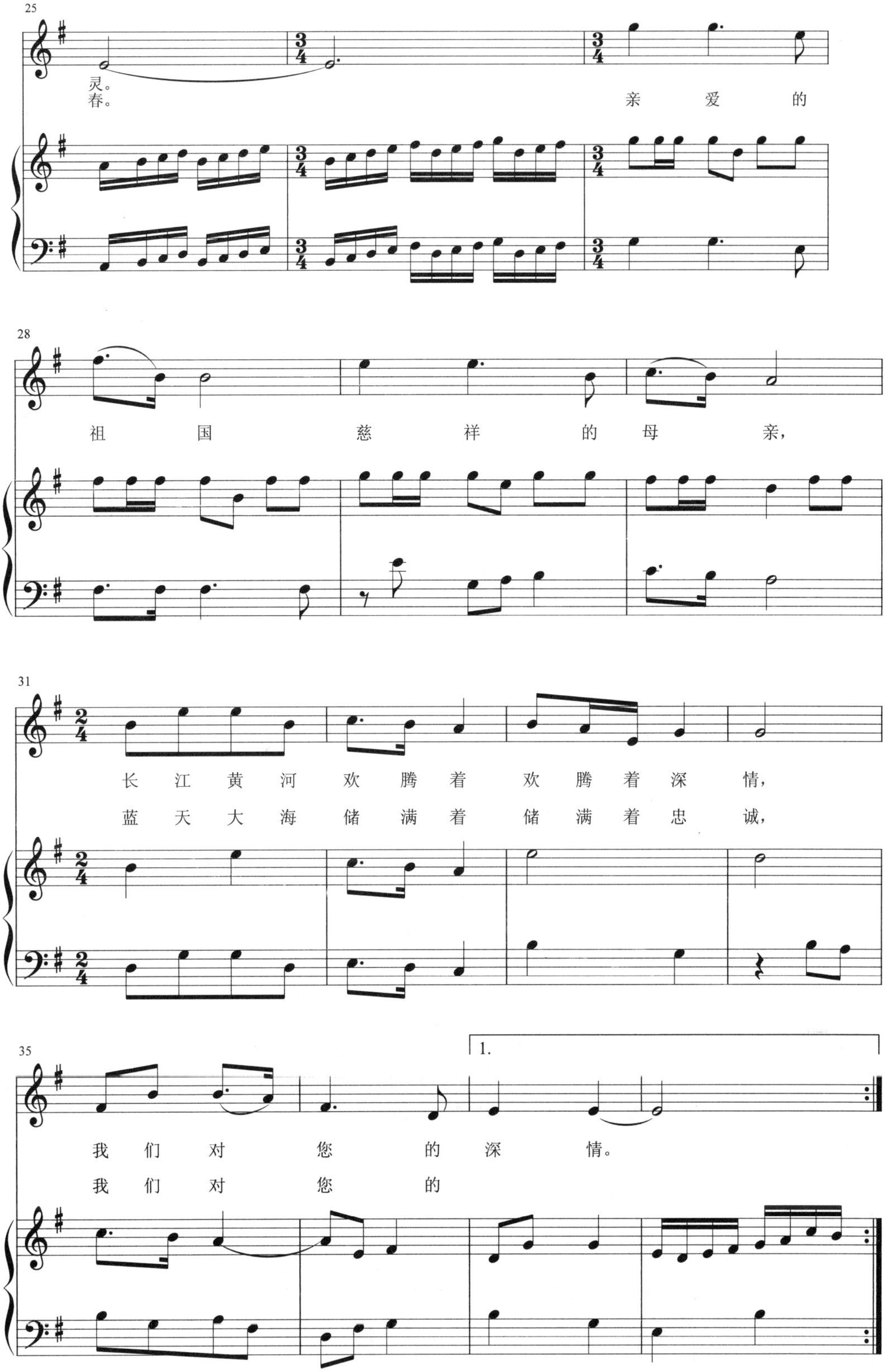
灵。
春。
亲爱的
祖国慈祥的母亲，
长江黄河欢腾着欢腾着深情，
蓝天大海储满着储满着忠诚，
1.
我们对您的深情。
我们对您的

这首歌歌颂了对"两个母亲"的爱，随着旋律的发展逐渐将个人的情感推向高潮，似乎以呐喊的方式表达着自己对祖国母亲的挚爱之情。歌曲饱含激情，情感真切，富有朝气与自豪。

（二）赞颂人物

赞颂人物的歌曲非常多，如《世上只有妈妈好》（蔡振南词 林国雄曲）、《母亲》（张俊以、车行词 戚建波曲）。又如，《学做解放军》的歌词：敲起锣，打起鼓，吹起小喇叭排好了队伍学做解放军，哒啲，嘀嗒，人民解放军多呀多光荣。

见例7-15

世上只有妈妈好

蔡振南 词
林国雄 曲

投 进 妈 妈 的 怀 抱， 幸 福 享 不
离 开 妈 妈 的 怀 抱 幸 福 哪 里

了。
找。

（三）描写自然景物和动物

如《两只老虎》（童谣）、《我爱你，塞北的雪》（王德词 刘锡津曲）、《在农场里》（露西尔-佩纳贝克词曲）、《珠穆朗玛》（李幼容词 臧云飞曲）、《小企鹅》（幼容、向新、冷横词 郑冷横曲）、《咏鹅》（唐-骆宾王词 谷建芬曲）、《好奇的小蜜蜂》（虞文琴词 张卓娅曲）等。《我爱你，塞北的雪》歌词：我爱你，塞北的雪，飘飘洒洒漫天遍野。你的舞姿是那样的轻盈，你的心地是那样的纯洁，你是春雨的亲姐妹呦，你是春天派出的使节。

例7-16

两只老虎

童谣
郝香才钢琴编配

两 只 老 虎 两 只 老 虎 跑 得 快

跑　得　快　　一　只　没　有　耳　朵，

一　只　没　有　尾　巴　真　奇　怪！

真　　奇　　怪！

（四）描写家乡风情

　　如《可可西里》（吴珹词　宋小兵曲）、《美丽的侗乡》（阮居平词　韩桂森曲）、《凤凰长发妹》（芒种词　郑娟曲）、《北京胡同》（李幼容词　朱思思曲）。

例7-17

可可西里

吴 珹 词
宋小兵 曲
郝香才部分编配

10
Vn.I
可 可 西 里
Vn.II
可 可 西 里
Vc.
啊
啊
13
Vn.I
（独唱）
可 可 西
Vn.II
西 里
Vc.
可 可 西 里
15
Vn.I
里
可 可 西
Vn.II
来 啊
可 可 西
Vc.
来
来 可 可 西 里

17
Vn.I
里，
可 爱 的 藏 羚
Vn.II
里
可 爱 的 藏 羚 羊
Vc.
啊
可 爱 的 藏 羚 羊，
19
Vn.I
羊，
生 活 在 这
Vn.II
哪 里 那
生 活 在 这儿
Vc.
羚 羊 那 那
羚 羊 羚 羊
21
Vn.I
里。
可 可 西
里，
Vn.II
啦
可 可 西
里
Vc.
可 可 西 里
可 可 西
里
f
f

24
Vn.I
可 可 西 里， 这 里 的 童
Vn.II
可 可 西 里 啦 来
Vc.
可 可 西 里 啦 来

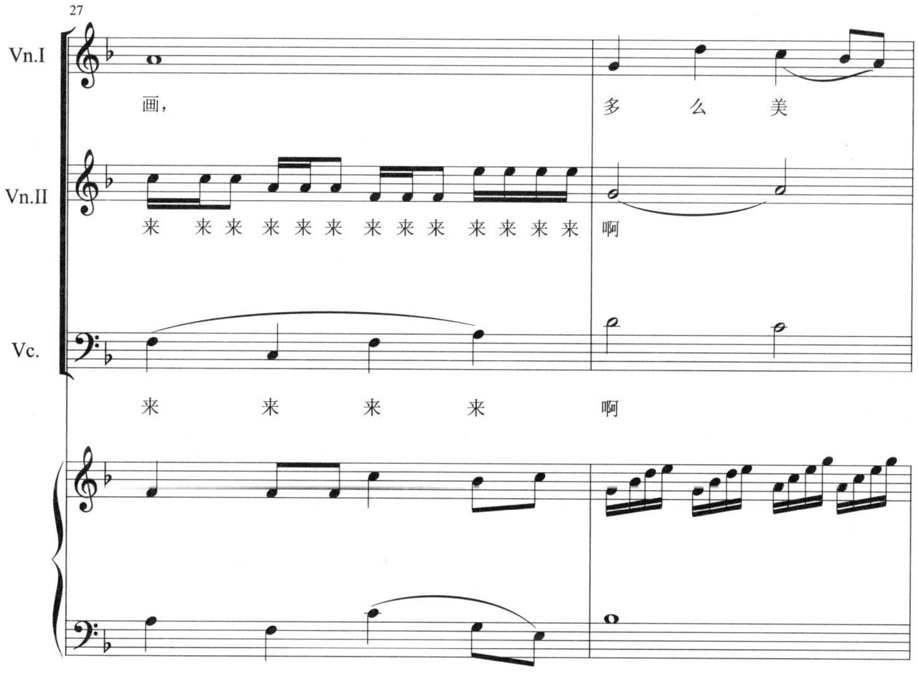
27
Vn.I
画， 多 么 美
Vn.II
来 来 来 来 来 来 来 来 来 来 来 来 来 啊
Vc.
来 来 来 来 啊

热烈地
Vn.I
Vn.II
Vc.
丽。
多 么 美
多 么 美 丽
多 么
美 丽
多 美 丽 多 美 丽
别 让 猎 枪 破 坏 这 里 安 宁，
别 让 猎 枪 破 坏 这 里
别 让 猎 枪 破 坏 这 里

38
Vn.I
要 把 圣 洁 永 远 撒 满 草 地
Vn.II
要 圣 洁 永 远 撒 满 草 地
Vc.
要 圣 洁 永 远 撒 满 草 地
40
Vn.I
别 让 猎 枪 破 坏 这 里 安 宁，
Vn.II
别 让 猎 枪 破 坏 这 里 安 宁
Vc.
别 让 猎 枪 破 坏 这 里 安 宁
42
Vn.I
要 把 圣 洁 永 远 撒 满 草 地，
Vn.II
要 圣 洁 撒 满 草 地
Vc.
要 圣 洁 撒 满 草 地

44
Vn.I
哎
哎
Vn.II
别 让 猎 枪 破 坏 这 里 安 宁 要 把 圣 洁
Vc.
哎
别 让 猎 枪 破 坏 这 里
要 把 圣 洁
47
Vn.I
哎
Vn.II
永 远 撒 满 草 地 撒 满 草 地
Vc.
永 远 撒 满
撒 满 草 地
49
Vn.I
哎
Vn.II
撒 满 草 地 撒 满 草 地
Vc.
撒 满 草 地 撒 满 草 地

51
Vn.I
永 远 撒 满
草 地,
Vn.II
永 远 撒 满
草 地
Vc.
永 远 撒 满 草 地
54
Vn.I
啊
Vn.II
啊
Vc.
啊
56
Vn.I
可 可 西
里,
Vn.II
可 可 西 里
Vc.
啊
可 可 西 里

58
Vn.I
Vn.II
Vc.
可 可 西 里，
可 可 西 里
60
爱 在 我 梦 里，
爱 在 我 梦
爱 在 我 梦 里
63
里。
哎
可 可 西 里
爱 在 我 梦 里 梦 里 哎

66
Vn.I
哎
Vn.II
可 可 西 里 爱 在 我 心
Vc.
可 可 西 里 爱 在 我 心 里
69
Vn.I
哎 爱 在 我 心
Vn.II
里 爱 在 我 心 里
Vc.
哎 我 心 里 在 我 心
72
Vn.I
里， 爱 在 我 心 里。
Vn.II
爱 在 我 心 里。
Vc.
里， 在 我 心 里 我 心 里。

75
Vn.I
爱 在 我 心
Vn.II
Vc.
啊
可 可 西
78
Vn.I
里
可 可 西
Vn.II
可 可 西 里
Vc.
里
可 可 西
里。
82
Vn.I
里。
Vn.II
里。
Vc.
啊！

（五）歌颂生活、歌颂集体

例如，《劳动最光荣》（金近、夏白词　黄准曲）、《人人叫我好儿童》（沈云词　彭家晃曲）《剪羊毛》（澳大利亚民歌　杨忠杰译词　杨忠信配歌）。

例7-18

劳动最光荣

金近　夏白　词
黄准　　　　曲
郝香才钢琴编配

要靠劳动来创造。　　轻轻的叶儿　红红的花，

小蝴蝶　贪玩耍，　不爱劳动不学习　我们大家不学

它。　　要学喜鹊造新房，　要学蜜蜂采蜜忙，

劳动的快乐说不尽　劳动的创造　最光荣。

（六）富有游戏表演类的歌曲

这样的儿歌非常丰富，例如，《小青蛙找家》《花手帕》《两只老虎》《粉刷匠》等。

例7-19

小青蛙找家

王全仁　词
李嘉评　曲
郝香才编配

《小青蛙找家》从旋律的创作上非常富有表演性，如旋律中第9小节~16小节。这样的儿歌非常符合幼儿的心理特征。

（七）童谣与寓言故事

例如，《三个和尚》（台湾童谣）、《乌鸦与麻雀》（阮志斌词　金奇曲）。

例7-20

三个和尚

台湾童谣

没水吃呀三个和尚没水吃，　没水　吃。

（八）文明礼貌类题材

例如，《好孩子要诚实》（园丁词　嘉评曲）、《对不起，没关系》（王玉田词曲）。

例7–21

好孩子要诚实

园　丁　词
嘉　评　曲
郝香才钢琴编配

中速　诚恳地

小花猫　喵喵叫，　喵　喵　叫，
小花猫　你别叫，　你　别　叫，

是　谁　把花瓶　打　碎　了？
是　我　把花瓶　打　碎　了。

《好孩子要诚实》是一首既富有联想又具有教育意义的儿歌。歌词大意是：花瓶是谁打碎的？爸爸妈妈都不知道，这时"小花猫对我叫——喵、喵、喵"，这只智慧的小花猫揭开了事情的真相。"立信"是儒家思想所倡导的，"立信"是中华民族的传统美德。

（九）民歌类题材

如《划船歌》（英国民歌）、《理发师》（澳大利亚民歌）、《法国号》（法国莱茵河民歌）、《粉刷匠》《洋娃娃和小熊跳舞》（波兰儿歌）、《赛船》（德国民歌 沈心工配词）、《种玉米》（印度尼西亚民歌）、《在北京的金山上》（藏族民歌）、《小牧民》（蒙古族民歌）等。

例7-22

在北京的金山上

藏族民歌
郝香才钢琴编配

多么温暖多么慈祥 把我们 农奴的 心儿照

亮，　　　　我 们 迈 步 走 在

社 会 主 义 幸 福 的 大 道 上。

上，　　　　巴 扎 咳。

《在北京的金山上》表达了藏族人民翻身做主人后对伟大领袖毛主席和伟大的中国共产党的赞颂，旋律的节奏具有浓郁的地方特征。

二、体裁

体裁是文学作品的表现形式，可以用各种标准来分类，如根据有韵无韵可分为韵文和散文；根据结构可分为诗歌、小说、散文、戏剧等。根据词典上的定义，我们可以将幼儿歌曲题材进行简要分类，具体如下。

（一）进行曲类

节奏鲜明，具有强烈的行进感，而且整个歌曲紧凑规整。如《我们要做雷锋式的好少年》《玩具进行曲》《七色光》《红星歌》等。

例7-23

我们要做雷锋式的好少年

杨因　词
李群　曲
郝香才合唱编配

15 帜立下伟大的革命志愿。

帜立下革命志愿。

20 热爱集体毫不利己专做

热爱集体毫不利己专做

25 好事不怕困难，毛主席的教导

好事不怕困难，毛主席的教导

30 永不忘，雷锋叔叔活在我们

永不忘，雷锋叔叔活在我们

35 心间。他是我们的

心间。他是我们的

（二）歌舞抒情类

旋律抒情、活泼、优美，听着音乐，看着歌词就有一种载歌载舞的冲动。如《小雪花》《法国号》《大风车》《娃哈哈》（维吾尔族民歌）等。

例7-24

法 国 号

法国莱茵河民歌
韦洛尔-阿-莱因哈特 词
因 心 译
郝香才 钢琴编配

嗡巴巴谁在唱歌？嗡巴巴

嗡巴巴每天这样。嗡巴巴

嗡巴巴谁在唱歌？那就是

我的法国号。

（三）劳动表演类歌曲

歌词体现劳动场景，很快使听者进入表演情景。如《粉刷匠》《卖报歌》《剪羊毛》等。

例7-25

剪 羊 毛

澳大利亚民歌
杨忠杰　译词
杨忠信　配歌
郝香才钢琴编配

河 那 边 草 原 呈 现
绵 羊 你 别 发 抖 呀

白 色 一 片，　好 像 是 白 云 从 天 空 飘
你 别 害 怕，　不 要 担 心 你 的 旧 皮

临， 你看那周围雪堆像冬 天，
袄， 炎热的夏天你 用不到它，

这是我们 在剪羊 毛剪羊毛。
秋天你又 穿上新皮袄新皮袄。

洁白的羊毛 像丝棉， 锋利的

剪子咔嚓 响， 只要我们

通过学唱，我们会情不自禁地想起牧民剪羊毛的劳动场景，身体会随着音乐的律动做出相应的舞蹈动作。

（四）叙事类歌曲

用通俗类的语言，讲述一个事件。例如，《听妈妈讲那过去的事情》。

例7-26

<h3 style="text-align:center">听妈妈讲那过去的事情</h3>

管桦　词
瞿希贤　曲
郝香才配伴奏

亮 在 白 莲 花 般 的 云 朵

里 穿 行， 晚 风 吹 来

一 阵 阵 快 乐 的 歌 声。 我 们 坐 在

高 高 的 谷 堆 旁 边 听 妈 妈 讲 那

过去的事情。 我们坐在高高的

谷堆旁边 听妈妈讲那

过去的事情。 Fine

那时候, 妈妈没有土地,

全部生活都在两只手上,汗水

流在地主 火热的田野里,妈妈

却吃着野菜和谷 糠。

冬 天 的 风 雪

狼 一样 嚎 叫， 妈 妈

却 穿 着 破 烂 的 单 衣 裳，

她 去 给 地 主

缝 一件 狐 皮 长袍 又 冷 又 饿

跌 倒 在 雪 地 上。 经 过 了 多 少

苦 难 的 岁 月, 妈 妈 才 盼 到

D.S. al Coda

今 天 的 好 光 景。

三、歌曲的创作风格

（一）民族风格

每一个民族都有自身的音乐语言即风格。音乐自身的语言风格包括：音阶、音域、节奏、调式、曲式结构或演奏乐器。不同民族都有其本民族文化的典型音乐音阶，如藏族典型的音乐音阶以五声音阶为主，音域宽广高亢，有穿越星空的意境；蒙古族音乐以羽调式或小调式音阶为主，最有代表的歌曲形式是蒙古族长调，想象出草原的无限宽广；彝族具有典型的音乐为爬山调、迎客调、吃酒调、哭丧调等。总之，音乐风格的把握是衡量曲作

者艺术修养的基本条件。

（二）地域文化环境

同一个民族在不同的地域也会形成不同的音乐风格，如在内蒙古自治区的汉族音乐文化中，北部有二人转，西部有二人台。地域文化环境是形成创作风格的关键因素，在某种程度可以是民族区域文化的代表符号。

（三）作者性格与生活阅历

有的作者性格开朗、阳光乐观，其创作出来的作品必然有其性格影子；有的作者性格忧郁、沉闷、看问题较为尖锐，其创作出来的作品如影随形；但有的却完全相反。

（四）拓展实践

例7-27

摇 篮 曲（部分）

【奥地利】戈特尔
【奥地利】莫扎特
郝香才　钢琴编配

小 羊 和 蜜 蜂 休 息, 月 亮 的 银 色 光
没 烦 恼 也 没 忧 愁, 能 得 到 一 切 幸

辉, 透 过 了 白 色 窗 帷,
福, 只 要 你 不 再 哭 啼,

你 安 睡 在 月 光 里,
愿 幸 福 能 够 长 久,

渐慢

快 睡 吧 我 的 宝 贝, 快 睡 快
快 睡 吧 我 的 宝 贝, 快 睡 快

睡！
睡！

摇篮曲有很多，例如，勃拉姆斯的《摇篮曲》$\frac{3}{4}$拍；东北民歌《摇篮曲》（郑建春填词改编）$\frac{2}{4}$拍。因作者对生活体验不同采用的拍子也不同。无论选择哪种拍子，其关键因素在于演唱的速度、力度、歌词、强弱和音色。莫扎特写的这首摇篮曲采用$\frac{6}{8}$拍子来表现摇篮轻轻摇动的特点，旋律中休止符都是在表现每一乐句后，具有浓郁的生活气息，有"气断而情不断"之意，休止符的运用旨在夜晚孩子入睡前的平静，符合入睡前孩子心理特征，节奏平稳，整个音乐的呼吸给人以身临其境之感，音乐的形象与人物完美统一。

例7-28

摇 篮 曲

东 北 民 歌
郑建春填词编曲
郝香才钢琴编配

6
1.月 儿 明 风 儿 静， 树 叶 儿 遮 窗
2.夜 空 里 卫 星 飞， 唱 着 那 东 方
3.报 时 钟 响 叮 咚， 夜 深 人 儿
p

9
棂 啊， 蛐 蛐 儿 叫 铮 铮，
红 啊， 小 宝 宝 睡 梦 中，
静 啊， 小 宝 宝 快 长 大，

p
12
好 比 那 琴 弦 儿 声 啊， 琴 声 儿 轻，
飞 上 了 太 空 啊， 骑 上 那 个 月 儿，
为 祖 国 立 大 功 啊， 月 儿 那 个 明

调儿动 听，　摇篮 轻 摆 动啊，
跨上那个星，　宇 宙 任 飞 行啊，
风儿那个静，　摇篮 轻 摆 动啊，

娘的宝宝　闭上眼 睛，　睡了那个睡在梦
娘的宝宝　立下大 志，　去攀那个科学高
娘的宝宝　睡在梦 中，　微微地露了笑

中　啊。　　　　　　　吭
峰　啊。
容　啊。

这首《摇篮曲》具有浓郁的东北风格，"儿化音"是东北地方方言的典型特征，给人亲切柔情之感，附点音符、十六分音符和一字多音的创作手法，生动地体现了慈母内心强烈的伟大母爱，也展现出母亲轻推摇篮催婴儿入睡的情景。另外，哼唱也是母亲哄孩子入睡的典型做法，哼唱创造出入睡前的安静氛围。

第五节　儿歌歌曲的音乐结构

音乐结构通常指歌曲的曲式结构，幼儿歌曲整体段落结构的构成称为曲式，也称为曲体。幼儿歌曲的曲式结构源于歌词的句法结构，歌曲的旋律与歌词整体是呼应的，在旋律处理曲作者依据自身的创作意图，在曲式安排中升华歌词主题。通常情况下，词曲作者关注两种创作风格，即扬抑格和抑扬格。"在音乐乐句的细分中，从弱拍至强拍进行的旋律片段称为完全动机；反之则称为不完全动机。"[①]儿歌歌曲的音乐结构较为简单，由小到大分为：一段式、二段式、三段式或多段式构成。曲式结构的形成是曲作者根据歌词内容和主题表现来决定的。

一、儿歌歌曲曲式的基本构成

（一）动机（乐汇）

曲式结构中最小的音乐语言单位。通常情况下一个强拍或次强拍就可成为音乐语言的动机。动机是音乐发展的基础，是创作者创作激情与欲望最初在大脑中形成的音符结构与顺序。它相当于汉语语言中的字或词。如果节拍为 $\frac{2}{4}$ 拍，它的乐汇或动机可能为一小节或两小节的音乐。有时还要根据歌词的完整性（有时是跨小节）来判断。

---

① 苏夏：《歌曲写作读本》，181页，北京，中央音乐学院出版社，2005。

例7-29

动物运动会

金瑶　词
金泉生　曲
郝香才钢琴编配

小鸭 呷呷叫，呷呷（乙）

（丙）
小鸡 叽叽唱，叽叽叽叽，小青

（齐）
蛙 呱呱呱呱跳，动物

音乐会 真呀真热闹。真呀真热

《动物运动会》创作动机首先来自主题——《动物音乐会》，作者在创作时首先想到小鸡、小青蛙等动物们具有代表性的声音或动态，在此基础上出现了具有符合生活的旋律动机——开始第5小节和第6小节，这样的动机几乎贯穿始终。

（二）乐节

乐节的构成略大于动机（乐汇）通常情况下由两个小节到四个小节构成。如《动物音乐会》中的第1、第2和第3小节就构成了乐节，有些乐节具有独立的表达意义。

（三）乐句

乐句的构成略大于乐节 通常情况下有两个或两个以上的乐节构成。如《动物音乐会》第1小节至第12小节为一个乐句。

乐句特点：

第一，已具有相对独立表达歌曲的内容。

第二，乐句的结束音为属音或属和弦上的三音与五音。

第三，乐句结束处有略微休息的停顿感。音乐的创作与文学的写作一样，每一个音符都是作者表达情感的重要元素，情感的表达一定会有张弛快慢之节奏。如果音乐的结构与文学创作中的元素相比较，可以这样概括：动机相当于顿号；乐节相当于逗号；乐句相当于分号；乐段相当于多个分号表达的完整意义的结束即句号。

例7-30

敬礼！五星红旗

蒋振声　词曲
郝香才配伴奏

敬礼，
敬礼，

敬礼五星红旗，爱你
敬礼五星红旗，太阳

鲜艳爱你美丽，五星红旗
照着你春风吹着你，亲爱的

高高升起，我们热爱你敬礼，五星红
五星红旗，我们热爱你敬礼，五星红

（四）乐段

歌曲或乐曲在演唱或演奏进行时具有独立完整表达乐思的段落，其标志是具有较明显的终止倾向。通常情况下，由两个或两个以上的乐句构成。分为一段式、两段式、三段式和变奏式等，用标点符号表示可视为句号。

1. 一段式曲式结构的儿歌

一个乐段构成的一首歌曲，表达内容完整，乐曲通常以调的主音结束。一段式曲式结构包括平行乐句和对比乐句结构的乐段。平行结构乐段：两个乐句在旋律和节奏上都具有重复性特征。第一乐句的结束在半终止属性音上（调式音阶的第五级音），第二句的结束在全终止主音上（调式音阶的一级音）。这种曲式结构的歌曲音符排列多为级进，变化对比性不强，较为平淡或平静。乐段的基本构成概括为：乐句+乐句=乐段，也可概括为对应乐句曲式。

例7-31

画画唱唱圆圆歌

日本儿歌

此儿歌特征：1~4小节与7~10小节旋律上、节奏完全重复；线条上的重复只有在第9小节上略微变化一下。一段式曲式结构字母表示为：a+a'。对比结构乐段是一段式曲式结构的一种类型，通常由四个乐句构成，分别为启句、承句、转句和合句。四个乐句也称为呈示、巩固、变化和呼应。启句作为音乐的第一句，是陈述主题音乐的开始，在节奏、旋律上都较为简单，情感诉说的开始或铺垫。承句是音乐发展的第二部分，有强化推进启句并在启句的基础上带有变化，通常在节奏和旋律上进行一些新的发展。转句顾名思义与前两句相比要有些明显的变化，从音乐的发展上讲是一次较为明显的转折，但又不脱离前两句的乐思发展。主要在节奏、音高或调式调性上的变化。合句是对前三句整体音乐思想的总结，具有较为强烈的终止意愿和倾向。判断合句的主要依据是乐曲结束在调的主音上。对比结构音乐的发展和判断不能孤立地完全依据以上的划分。

例7-32

扯 云 彩

韩 雪 词
侯德炜 曲
郝香才钢琴编配

这首歌表现出孩子们充满天真可爱且具有贴近生活的想象，表现出孩子爱劳动的传统美德。《扯云彩》1~8小节和9~16小节在旋律音高上形成了鲜明的对比。曲式结构图表示：a+b。

四乐句构成的对比结构：起、承、转、合，也称为呈示、巩固、变化和呼应。启—音乐开始的部分，歌曲旋律发展的基础；呈—巩固并略有重复发展启句；转—在启句与呈句的基础上进行较为明显的对比变化发展；合—整个旋律情感的归宿与统一，结束全曲。

例7-33

在北京的金山上

藏 族 民 歌
郝香才钢琴编配

金 色 的 太　　　　阳，

多 么 温 暖 多 么 慈 祥 把 我 们 农 奴 的　心 儿 照

亮，　　　　　　我 们 迈 步 走 在

社 会 主 义 幸 福 的 大 道 上。

这首采用了西藏传统民歌《工布箭歌》曲调改编。箭歌是射手们炫耀自己弓箭及射技时而唱的歌，且载歌载舞，心情舒畅。曲式结构为：a+b+c+a'重复结构的对比乐段音乐也是一段式音乐的一种形式。

例7-34

<h2 style="text-align:center">共产儿童团团歌</h2>

将来的主人 必定是我们。的的达的达 的的达的达。
牵着手前进 时刻准备着。
快团结起来 时刻准备着。
打倒 军阀地主 保卫 苏维埃。

《共产儿童团团歌》诞生在第二次国内革命战争时期，曲调源于苏联少年先锋队队歌《燃烧吧，营火》，具有奥地利替洛尔民族风格，歌颂了江西革命根据地少年儿童与白匪进行英勇斗争的精神气概。旋律（四五度跳跃）与节奏（附点音符）都非常有号召性。《共产儿童团团歌》是影片《红孩子》的主题歌。

重复结构音乐与对比结构音乐的区别：对比结构的第一乐句与第二乐句有重复关系，第三句有变化。重复结构乐段第一句与第三句有重复关系，第二乐句与第四乐句有变化。重复结构乐段（复合结构乐段）的曲式结构图：a+b+a+b'或a+b+a+c重复结构乐段在一个主调中完成的旋律发展。

（五）三乐句构成儿歌

三乐句儿歌、重复乐段儿歌和上下句儿歌的结构进行对比，其具有不平衡性特征，要想实现平衡必须在乐句上进行重复，而且还要实现整首歌曲表达完整，我认为这符合中国传统文化中的"四平八稳"的思想。

1. 带再现式的三个乐句儿歌

例7-35

小 蜜 蜂

德国儿童歌曲
于 碚 译配
郝香才钢琴编配

嗡 嗡 嗡，　飞 吧 小 蜜 蜂，　我 们 决 不歌词分析：第一句——嗡嗡嗡，飞吧小蜜蜂；第二句——我们决不伤害益虫；第三句——快快飞到大树林中；第四句重复第一句——嗡嗡嗡，飞吧小蜜蜂。歌曲为F大调的三个乐句构成的儿歌，最后一个乐句完全重复再现第一乐句。歌曲表现了小朋友们热爱大自然爱护益虫的好品德。结构图式：a+b+a。

2. 一个上句和两个下句儿歌

例7-36

<h1 style="text-align:center">打 电 话</h1>

儿 歌
汪 玲
郝香才钢琴编配

　　《打电话》是一首F宫调式的乐曲，由三个乐句构成。形式为问答式，将生活中打电话的现象用音符进行表达，在节奏、旋律上采用了重复的创作手法。一个上句：两个小朋友正在打电话；两个下句：喂喂喂！你在哪里呀？哎哎哎！我在幼儿园。从音乐的创作上也非常明显，5~8小节和9~12小节的对比。歌曲非常符合幼儿年龄特征，具有天真的趣味性。结构图式：a+b+b'。

　　3. 两个上句和一个下句的儿歌

　　例7-37

小花猫和小花狗

郝香才词曲

例7-38

当 红 军

江西革命儿歌
郝香才钢琴编配

欢喜地

三 月 桃 花 香，　　四 月 菜 花 黄，

哥 哥 当 红 军，　　弟 弟 上 学 堂。

当 红 军，　　打 敌 人，

工 农 群 众 得 呀 解 放 哎 咳 呦。

从旋律的创作上3、4小节重复1、2小节构成两个上句，5~7小节与前两句形成对比。歌曲为C宫民族G徵调式，反映了苏区人民踊跃参加红军，坚信共产党的领导，坚信只有中国共产党人民才能得解放。

结构图式：a+a'+b。

4. 三个乐句不重复儿歌

例7-39

放 羊 歌

山西童谣歌曲
郝香才钢琴编配

此儿歌在旋律发展上是连续不断地进行，情感抒发中没有体现重复写作的乐句。儿歌为D宫五声B羽调式。《放羊歌》表现了牧童放羊时见到多多的青草时那种喜悦的心情，因为只有草多草好羊儿才肥壮。

结构图式：a+b+c。

例7-40

两只老虎

1~4小节为第一乐句，5~6小节为第二乐句，7~8小节为第三乐句。每一个乐句内在重复发展，具有强化记忆，提示表现的作用。结构图式：a+b+c。在分析乐曲结构时，以旋律乐句为主，歌词为辅。

5. **扩充结构乐段儿歌**

在创作过程中，为进一步表达主题的意境和作者对主题理解的深度，完全按照简单规整的结构进行创作有时不能充分表达作者的创作意图和音乐的思想。为此，在创作中需要进行一些扩充乐段的创作以满足情感表达的需要。

例7-41

火车向着韶山跑

张秋生　词
博兰谷程金元曲
郝香才钢琴编配

穿 过 峻 岭 越 过 河,

迎 着 霞 光 千 万 道。

迎 着 霞 光 千 万 道。

　　这是一首D大调儿歌,由五个乐句构成。此歌曲借景抒情,表现了孩子们去韶山瞻仰毛主席故居的激动心情。歌曲在第15和16小节时完全可以结束,但作者没有结束在主音上,而是结束在属音,这样的结束给人一种期盼和回味,为补充乐句的到来埋下伏笔,于是便出现了最后的补充乐句,补充乐句使得歌曲表达更加肯定,更加饱满。结构图式:a+b+c+d+d'。

例7-42

娃 哈 哈

维吾尔族民歌
石夫记谱 编词
郝香才钢琴编配

我们的祖国是花园，
大姐姐你呀赶快来，

花园里花朵真鲜艳， 和谐的阳光
小弟弟你呀莫走开， 手拉着手呀

照耀着我们 每个人脸 上 都 笑开颜，
唱起那歌儿 我们的生 活 多 愉快，

娃哈哈　　娃哈哈　　每个人脸上都笑开颜。
娃哈哈　　娃哈哈

我们的生活多愉快！

　　歌曲从开始到第16小节可以圆满结束，但作者又强调重复一次15和16小节的音乐（补充终止），表达了人们对祖国美丽山河的热爱与幸福。补充终止指用重复的创作手法表达音乐思想，使得原有情感得到强化和提升。

例7-43

小进行曲

李政浩词曲

小朋友，排成行，

挺起胸把头昂。一二

一，一二一齐迈步

向前方。歌声多嘹

亮，队伍真雄壮，

守纪律最光荣叔叔

阿姨齐夸奖。喊一二

三　　　　　　四

（六）复乐段儿歌

例7-44

共产儿童团团歌

革命历史歌曲
郝香才钢琴编配

准备好了吗？时刻准备着，我们都是共产儿童团，
小兄弟们呀小姐妹们呀，我们的将来是无　穷的呀，
帝国主义者，地主和军阀，我们的精神使他们害怕，
红色的儿童，时刻准备着，拿起刀枪参加红军，

复乐段顾名思义就是由两个较大的乐句构成的乐段，每个乐句既相对独立又相互呼应，构成整个歌曲的完整性。分析《共产儿童团歌》音乐结构。

第一，两个较大的乐句完成四段歌词的表达。第二个大乐句是第一个乐句的变化重复（节奏重复）。

第二，第一乐句（3~6小节）结束音为属音也是半终止音（调式音阶的第五级音）。第二个乐句（7~10小节）结束在主音上（完全终止）。其结构为：a+a'。

（七）无再现的单二部曲式儿歌

例7-45

绿色的祖国

爱桦　词
郑律成　曲
郝香才钢琴编配

杨，　给山野挂起

红色的帘子翠绿的幔

帐。　黄莺叫嘎咕嘎咕，

布咕叫布咕布咕，　在这

　　无再现单二部曲式（二段体）的构成：首先，二部曲式。其次，在整个乐曲的进行中没有再现部分，每个乐段由相等或不等的乐句构成。A乐段（1~15小节）包括三个乐句，B乐段（16~30小节）包括三个乐句。在B乐段开始出现了模拟创作手法，通过节奏的变化来展现黄莺的叫声。这两个乐段完美的结合表达对绿色祖国的欢快心情和充满勃勃生机的大自然的美丽。两个乐段在创作手法上主要在节奏、旋律上进行对比变化。结构图式：A（a+b+c）+B（d+e+f）（说明：小写的字母为小乐句的表示法，学生分析标出）。

　　（八）有再现的二段式

　　有再现的单二部曲式与并列的单二部曲式（二段体）正是相反。其构成：首先，二部曲式。其次，在整个乐曲的进行中重复出现第一部分的音乐元素，主要体现在音调、节奏，或调式、调性等方面，与前面乐段形成较为鲜明的对比。再现单二部曲式和并列单二部曲式关键在第二部分的音乐创作。

　　见例7-46

<h2 style="text-align:center">我是中国娃</h2>

佚名　词
刘畅　曲
郝香才钢琴编配

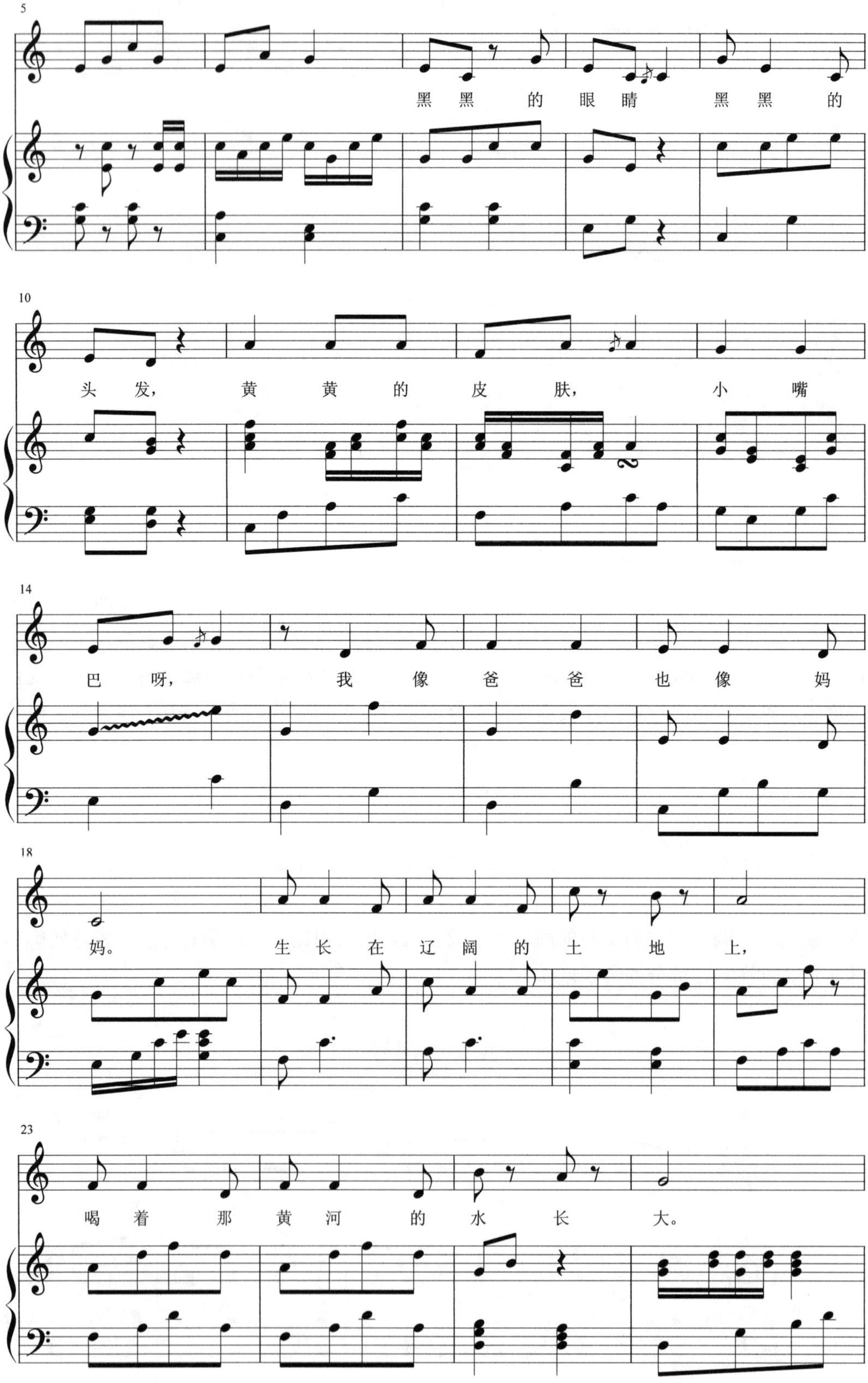
黑黑的眼睛黑黑的
头发，黄黄的皮肤，小嘴
巴呀，我像爸爸也像妈
妈。生长在辽阔的土地上，
喝着那黄河的水长大。

C大调儿歌，有再现的二部曲式结构。A部分（1~18小节）："起、承、转、合"四个乐句构成；B部分（19~34小节）在节奏和音区上同A形成对比，19、20、23、24小节运用了切分音的节奏，强调主题性标题"我是一个中国娃娃"的自豪、自信与骄傲。曲式结构：A（a+b+c+d）+B（e+f+g+d'）【说明：小写的字母为小乐句的表示法，学生分析标出】

（九）主题+副歌式结构儿歌

A段（1~24小节）为主歌，主歌为整个歌曲主要表达的主旨思想；B（25~40小节）为副歌，副歌是对主歌思想的概括、补充、延续和再发展。其手段主要通过节奏的变化、力度强弱、调性的改变或强化、音区的扩展与收缩等创作对音乐元素进行整合。主歌形式通常是一个旋律配有两段或两段以上的歌词构成，有的称为分节歌。副歌通常只有一段歌词或进行反复，之后走向全终止。

例7-47【副歌部分的伴奏作为课堂练习与实践】

我们多么幸福

金　帆　词
郑律成　曲
郝香才钢琴编配

学习 多么 快乐! 晨风吹拂 五 星着
兴兴 走进 校门。 今天我们 跟 着民
队伍 昂首 向前。 工人叔叔农 民

红 旗, 彩霞染红 万 里 山
老 师, 学习科学 学 习 本
阿 姨, 望见我们都 露 出 笑

河, 不论在城市 还是乡 村,
领, 明天我们 就像 小鸟一样,
脸, 都说我们将来 建设祖国,

（副歌）

家家的 孩子 都去上 学。 哈哈哈
飞向 祖国 工矿农村。
个个都是 英雄模范。

哈哈!　哈哈 哈哈哈!　我们的 生 活

多么幸福，　　哈哈 哈哈哈　哈哈哈

哈哈!　我们的 学习　多么快乐!

　　《我们多么幸福》表现了儿童立志好好学习，将来建设祖国的远大理想。$\frac{3}{4}$ 的节拍体现了孩子们欢快的学习心情。曲式结构：A主歌（a+a'+b+b'+c+d）+B副歌（e+f+e+f'）【说明：小写的字母为小乐句的表示法，学生分析标出】

　　（十）有再现的单三部曲式

　　由三个乐段构成，音乐在第三部分（第三乐段）出现完全重复或变化重复前面两个部分音乐的创作手法。

　　例7-48

只怕不抵抗

麦 新　词
冼星海　曲
郝香才钢琴编配

自信 坚定 进行曲速度

吹 起 小 喇 叭，　嗒嘀嗒嘀

嗒!　打 起 小 铜　鼓，

得弄得弄冬! 手拿小刀枪, 冲

锋到战场。 一刀斩汉奸!

一枪打东洋! 不怕年纪小, 只怕

不抵抗! 吹起小喇叭,

嗒嘀嗒嘀嗒! 打起小铜鼓,

得弄得弄冬! 不怕年纪小, 只怕

这首抗日战争时期的儿歌，词作者是麦新，麦新同志牺牲在内蒙古通辽市开鲁县西南的一个村庄，为纪念麦新同志，将牺牲的村庄命名为麦新村。曲作者为我国著名的作曲家冼星海。在完整演唱全部歌曲后，第1~17小节音乐与第28~40小节的音乐几乎完全一样；第18—27小节音乐又是另一种色彩（表现方式）。这样的结构布局称为有再现的单三部曲式。这是一首民族六声F宫调式，歌曲突出表现了孩子们仇恨日寇的爱国精神和与日寇英勇战斗绝不动摇的信念。

曲式结构：A（a+b+c）+B（d+e）+A'（a+b+c'）。

【说明：小写的字母为小乐句的表示法，学生分析标出】

（十一）并列单三部曲式

三部分音乐均不一样，但三部分音乐的发展都为主题服务，情感的发展不断推进，最后在第三部分将音乐推向高潮，结束全曲。

例7-49

快乐的节日

管　桦　词
李　群　曲
郝香才钢琴编配

曲式结构：A+B+C。

二、多段曲式

以主题为中心，根据感情表达的需要，创作者通过对节奏、音符、音区等音乐元素不断变化而获得的不同乐段，进而更加完整地表达主题思想。变化重复并不是杂乱无章，而是以创作者的核心元素为根基。

（一）幼儿歌曲谱例解析

例7-60

劳动最光荣

金近　夏白　词
黄准　　　曲
郝香才钢琴编配

采 蜜 忙, 幸福的生活从哪里来? 要靠劳

动来创造。 轻轻的叶儿 红红的花,

小 蝴 蝶 贪玩耍, 不爱劳动

不学习 我们大家不学它。 要 学喜鹊

造 新 房，　　　要 学 蜜 蜂 采 蜜 忙，

劳 动 的 快 乐 说 不 尽　　劳 动 的 创

造　　　最　　　光　　　荣。

　　《劳动最光荣》是一首五声降B宫调式的四段体结构音乐。音乐主题：1~2小节音乐；第一次变奏9~10小节音乐；第二次变奏18~19小节音乐；第三次变奏26~27小节音乐。作者通过在节奏上进行的三次变化，反映了不同儿童的性格特征和热爱生活的生动画面。音乐是表达情感的载体，节奏变化是不同情感表达的手段。曲式结构：A+A1+A2+A3。

第六节　儿歌旋律分析与写作

幼儿歌曲旋律写作主要运用"重复和对比"两大创作技法。这与幼儿心理、智力、情商发展因素有直接关系，在创作儿歌歌曲需要做好这样的准备工作：酝酿歌曲成熟的乐思框架（构思）；完全解读好歌词内容；具有创作的冲动和完成的欲望；有强烈的激情。具体包括如下内容。

一是确定主题酝酿歌曲旋律。

二是深入分析歌词的抑扬顿挫从中确立基本写作走向。

三是结合自身阅历与旋律生成，从中捕捉创作的灵感。如节奏灵感、语调格调灵感、重点字词与音符进行搭配的灵感，进一步形成生动、形象、富有个性的音乐语言。

四是用文字记录自己驰骋的创作想法。

五是根据歌词，要理解、设计并绘画出内容的结构布局、画面层次的音乐形象。

六是将在创作过程中的各种乐思进行保留，因为这些元素可能会成为成功创作的重要元素。

七是以酝酿完整成熟的音乐艺术形象为创作目标，在具有表现意义的音乐上进行挖掘和深化。

八是创作时必须充满激情，如不然，建议要暂时放弃。

九是研究歌曲开始部分的创作，因为这是情感发展的源泉。开始的创作（动机）要具有新颖、生动、流畅的特点。下面介绍一下幼儿歌曲旋律写作的方法。

一、重复写作的分类

重复手法是旋律发展的重要手段之一。具有巩固主题、强调情感深化结构的作用，促使音乐表现得完美和统一。重复包括完全重复、局部重复和移位重复等。

（一）完全重复的写作

将自己喜欢的认为能够表达主题情感的音乐元素重复出现，其作用加深印象。完全重复有以下几种情况。

1. 乐句之间的完全重复

例如，光未然词，冼星海谱曲的《黄河大合唱》中的一曲《保卫黄河》：风在吼！马在叫！这两句的旋律写作；再例如下面的歌曲《雪花》前四小节的写作。

例7-61

雪　花

陈歌辛　词曲
郝香才钢琴编配

2. 乐句内部的二度、三度的模进性重复

在旋律进行中，相邻之间具有同样音程群的移位称为模进，凡没有超出原调范围的模进性重复称调内（自然音）模进重复，否则称移调模进重复。在模进旋律中与原型稍有改变的称自由模进。

例7-62

种 瓜

刘晓民 词
刘天浪 曲
郝香才钢琴编配

例7-63

法 国 号

法国莱茵河　　　民歌
韦洛尔-阿-莱因哈特词
因　心　　　　　译
郝香才　　钢琴编配

歌词：大 西 瓜 呀 大 西 瓜，抱 呀 抱 呀

抱 呀 抱 不 下。

欢快的舞步

嗡 巴 巴

嗡 巴 巴 谁 在 唱 歌？ 嗡 巴 巴

嗡 巴 巴 每 天 这 样。 嗡 巴 巴

嗡 巴 巴 谁 在 唱 歌？ 那 就 是

我 的 法 国 号。

3. 模进性重复

例7-64

妈妈和我

何贵良　词
黄磊　曲
郝香才钢琴编配

感激 深情地

Voice

Piano

7
童年的时候，妈妈对我说，
少年的时候，妈妈对我说，
长大了的时候，妈妈对我说，
11
天上的星星千颗万颗，有一颗
春天的鲜花千朵万朵，有一朵
大海的浪花千朵万朵，有一朵
16
星星就是我啊，我是星星，
鲜花就是我啊，我是鲜花，
浪花就是我啊，我是浪花，
21
星星是我。妈妈那您是
鲜花是我。
浪花是我。

什么？是什么？　　妈妈　　　那您是

什么？是什么？　　少年的　　妈妈呀妈妈

让我对您说，　如果我是星星

是花朵，　如果我是　我是

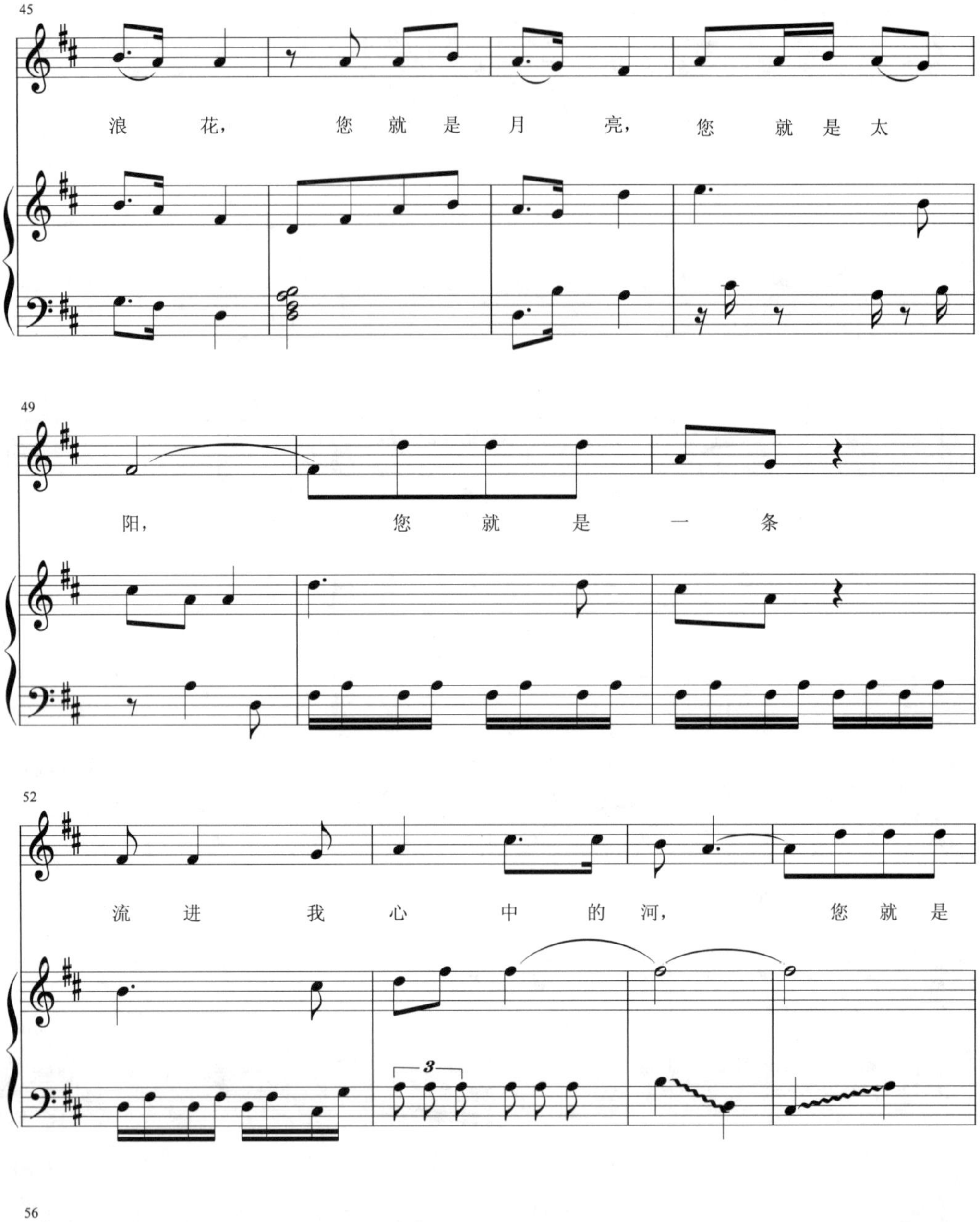
45
浪 花， 您 就 是 月 亮， 您 就 是 太
49
阳， 您 就 是 一 条
52
流 进 我 心 中 的 河， 您 就 是
56
一 条 流 进 我 心 中 的 河。 妈

妈！

（二）局部性重复

局部重复有以下几种情况。

1. 乐句与乐句之间时的衔接重复

例7-65

金色的太阳

青海藏族民歌

在 那 北 京 城 里 （尕 拉 扬 州 饶）

有 个 金 色 的 太 阳，（咿 啦 之 巴 者 松）

2. 句首重复

例7-66

雪 绒 花

美国电影《音乐之声》插曲

奥-哈莫斯坦 词
理-罗杰斯 曲
章珍芳 译配
郝香才钢琴编配

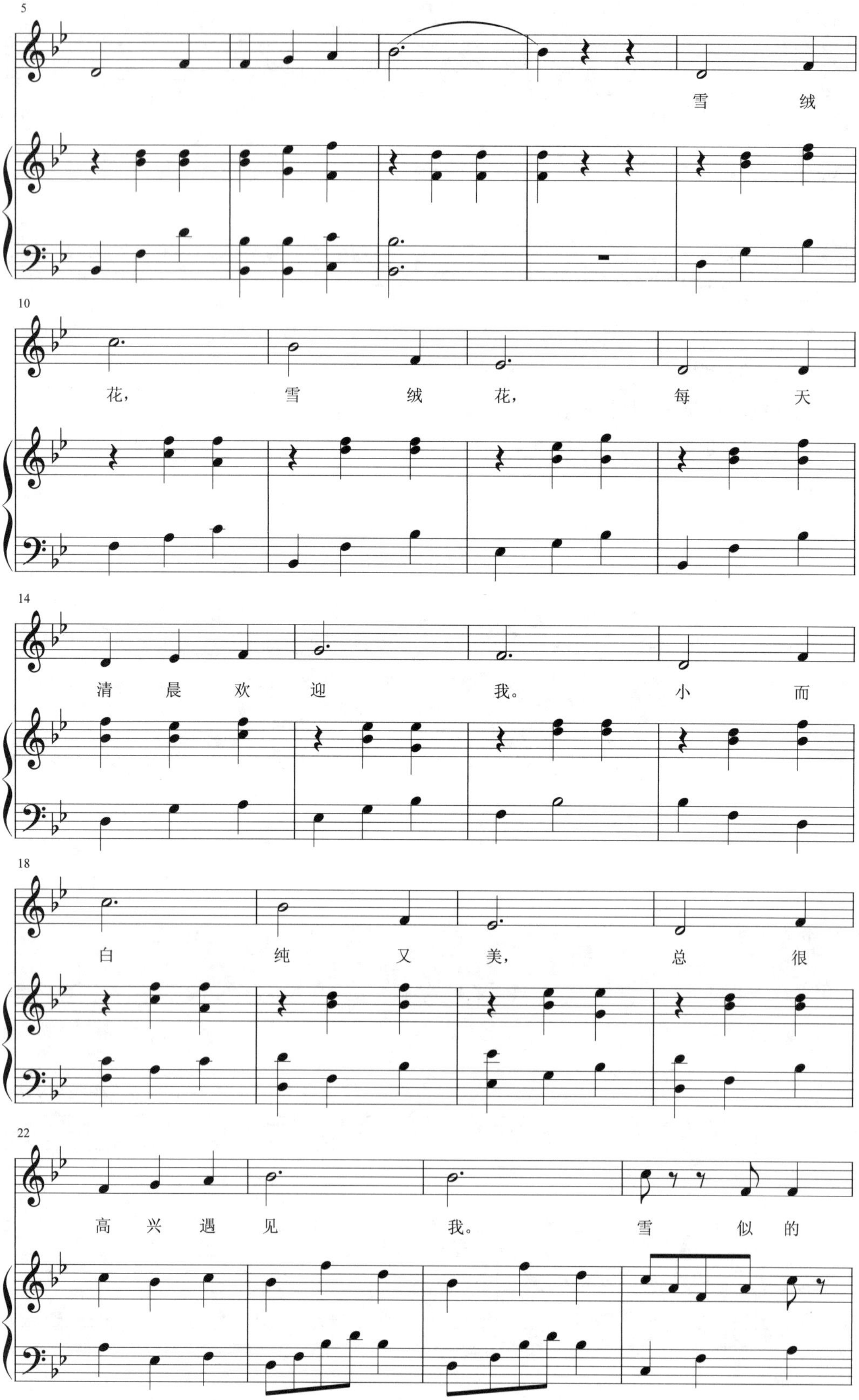
5
雪 绒
10
花， 雪 绒 花， 每 天
14
清 晨 欢 迎 我。 小 而
18
白 纯 又 美， 总 很
22
高 兴 遇 见 我。 雪 似 的

花朵深情开放，愿永

远鲜艳芬芳。雪绒

花 雪绒花 为我

祖国祝福 吧！

福 吧！

"雪绒花"是生长在奥地利的一种白色小花,奥地利人民把它称为"国花",歌曲借雪,绒花抒发对家乡、对祖国的热爱。该歌曲是带再现的单三部曲式。结构图:A+B+A'。

例7-67

草原赞歌

美术片《草原英雄小姐妹》插曲

巴-布林布赫词
应炬曲
郝香才钢琴编配

22
草 原 的 羊 绒 白。 啊 哈
汽 车 快。
26
嗬 嗬咿 啊 哈 哈 嗬 嗬咿 不 如 我 们
不 如 我 们
30
草 原 的 羊 绒 白。 啊 哈 嗬 嗬咿
草 原 的 汽 车 快。
35
敬 爱 的 毛 主 席 呀 毛 主
40
席, 草 原 在 您 的 阳 光 下
45
兴 旺。 敬 爱 的 共 产 党 呀

3. **重复句尾**　见例7-67

4. **全句重复**

5. **变化重复**

在强化音乐形象的进行中，为对乐思进行巩固，写作者往往会采用略有变化性的重复写法，这种略带有重复的写作表现在对主题的科学压缩或伸长。

（三）花样重复

在不改变音乐主题旋律走向的情况下进行装饰性的变化的重复创作手法，它能够增强原型音乐的新鲜感和动感活力。装饰性的变化重复创作要注意旋律调式、调性的把握。

例7-68

对着大雁唱支歌

徐演　词
唐天尧　曲
郝香才钢琴编配

悠扬地　藏族民歌风

远方的　大雁　啊　　　　从
远方的　大雁　啊　　　　从

白马　雪山　飞　　过，　　　给
高原　学校　飞　　过，　　　给

15
高 原 带 来 春 天 的 温 暖 给 牧 场 撒 下
校 园 带 来 明 媚 的 阳 光 给 教 室 带 来
18
美 丽 的 花 朵。 啊 啰 亚 哩 啰 亚 哩 啰
友 爱 和 欢 乐。
22
春 天 的 温 暖 美 丽 的 花 朵， 啊 亚 拉 哩
明 媚 的 阳 光 友 爱 和 欢 乐，
26
索

31

牧 草 多 么
各 民 族 小 朋

35

肥 壮，奶 茶 甜 在 心 窝，　我 们 穿 上
友 啊，相 亲 不 分 你 我，　手 拉 手 儿

39

新 衣 裳，唱 起 吉 祥 的 赞 歌。啊 大 雁 啊！
跳 起 舞，欢 笑 撒 满 山 坡。

43

大 雁 啊 你 可 知 道　　边 疆 的 生
你 可 见 过　　边 疆 的 孩

活　　　　有　多　么　红　火。亚　拉　亚　哩
子　　　　有

索，　　　　多　么　快　乐！

　　此曲反映边疆各民族儿童相亲、相爱愉快幸福的校园生活。一字多音的创作技法给人以悠扬之感，加之新疆歌舞特有的音乐节奏，让人具有载歌载舞的冲动之感，舞韵之美。

（四）伸展重复

伸展重复是对旋律节奏时值拉长的重复手法。

例7-69

郝香才编创

（五）紧缩重复

紧缩重复是将旋律的节奏时值缩短的重复手法。

例7-70

郝香才编创

例7-71

小巴郎，童年的太阳（节选部分）

丁荣华 词
刘莎曲
维吾尔族民歌

活泼欢快地

曙 光 镀 的 小 手 鼓 小 手 鼓，

赛 过 那 十 五 的 月 亮， 月 亮。

紧缩节奏让旋律具有活泼欢快之动感，它与伸展形成鲜明的对比，使得音乐更具活力。

（六）节奏重复

例7-72

小 燕 子（节选）

郝香才编创

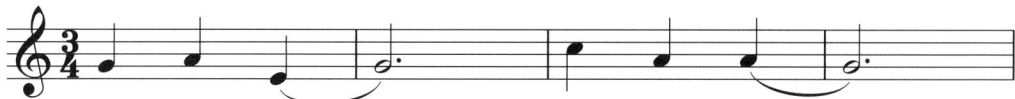

小 燕 子 真 美 丽，

我 们 大 家 都 爱 你。

（七）缩小旋律音程的重复

例7-73

郝香才编创

（八）移位重复

移位重复又称模进，即将原型旋律按照音程关系将音高向上或向下进行移动创作，要求：节奏相同或基本相同，在保证旋律调性统一的基础上促进了旋律情感表达的升华。移位重复分为四种。

1. 严格移位重复

将原来旋律曲调按照规定音程的度数将其移高或移低，并保持原旋律音之间的音程与节奏关系。

例7-74

郝香才编创

2. 自由移位重复

原旋律曲调移位时不是严格按照原旋律曲调音程关系进行移位的，相比之下略有变化，给人以新鲜之感。

例7-75

妈妈格桑拉（节选）

妈 妈 格 桑 拉，　　妈 妈 格 桑 拉。

3. 变化移位重复

在音调上自由模进，在节奏上略有所变化的移位重复。

例7-76

小小少年（节选）

一 年 一 年 时 间 飞 跑，小 小 少 年 转 眼 高，　随 着

4. 鱼咬尾

鱼咬尾也称连环扣，是民歌创作的常用手法，指后句的开头和前句句尾相重叠（绝对重叠或相对重叠）后再引申发展。环环连贯，不断发展，这种写法也称"承递"。

例7-77

三个和尚

台湾童谣

一个和尚挑水吃，挑水吃，两个和尚抬水吃，抬水吃，三个和尚没水吃呀三个和尚没水吃，没水吃。

小结：无论是运用重复创作手法，还是运用移位重复或变化重复等写作手法，一定要注意音乐应该具有的活力生机，既尊重音乐发展的规律又具有表达主题情感的创新，避免重复创作手法造成的枯燥、呆板、无味的旋律，且注意调性的统一。

二、对比的写作方法

对比的创作手法其重复手法中也存在，目的是为主题更加鲜明、新颖、丰富而服务。对比手法的写作涵盖的内容元素非常多，如在节奏、旋律、音域、节拍、调式、调性、速度、音色等方面进行对比创作。平行结构乐段的对比创作相对容易。

（一）旋律、节奏的对比

（二）音区、速度、力度的对比

1. 三段体创作歌曲

三段体结构体现的主题情感较为丰富，时而快，时而慢，时而延伸，时而紧缩，最后在第三部分实现完美统一。

例7–78

童年的回忆

是您给我坚毅的品格 给我大爱的胸襟！

是您给我坚毅品格，给我大爱的胸襟！

是您给 我 给我坚毅的品格，

是您给我 大爱的胸襟，大爱的胸襟！ 老师我想

您！ 老师我想 您！ 老师我想

您！ 老师 我 想 您！ 您！

老师 我 想 您！

《童年的回忆》为三段体的创作歌曲A+B+C。

2. 二段式歌曲举例

例7-79

嘀哩嘀哩
（部分）

望安 词
潘振声 曲
郝香才钢琴编配

　　A段先以问句出现，然后回答出一幅色彩斑斓、绚丽多姿的春天美景，节奏欢快跳跃。B乐段以衬词"嘀哩嘀哩"来模仿黄鹂鸟清脆悦耳的叫声，结尾从旋律上有重复。两乐段对比较为鲜明。

（三）调性、调式对比

《童年的回忆》具备以上四种特征的写作特点外，再列举以下几种情况的写作。

1. 变调式，不变调性（不变调号）

例7-80

对 花

河北民歌

正 月 里 来 什 么 花 得儿 开？

正 月 里 开 的 是 迎 春 花。

这一首F宫系统的民族五声调式中的d羽调式歌曲。从第五小节开始调式变为d商调式。这两种调式的对比，使得《对花》情绪更加激情。《对花》使羽调式转为商调式，但主音的高度不变。（主音音高为d）此歌曲调式的转换具有新鲜热烈之氛围。

2. 变调性，不变调式（主音变，调式不变）

例7-81

苏武放羊

第1~12小节是降B宫调式里的F徵调式；第13~19小节是F宫调式；第20小节后又回到F徵调式。调式的转换都在大调系统里，调式性质没有改变，只是调性改变了。

3. 调式、调性同时变化

例7-82

好样的舒克

聂忻如 姚忠礼 词
金 夏 载 曲

第1至第7小节是F大调色彩；第8小节至14小节均具有d小调色彩；第15小节至第22小节具有下属调色彩。（S功能组里的和弦：进入二部时，高声部横着组合是在四级音下属音上构成的和弦；低声部横着组合是在主音上构成的和弦，其实这个和弦为降7 2 4三和弦）

（四）节拍的变化对比

例7-83

巨龙永远腾飞

李政道　郝香才　词
郝香才　　　　曲
陈昌宁　　　编配

4
Sop soli
S T
滋 润 学 府， 华 木 撑 起辉 煌， 撑 起辉 煌。
A B
啊！
Children
Pno.

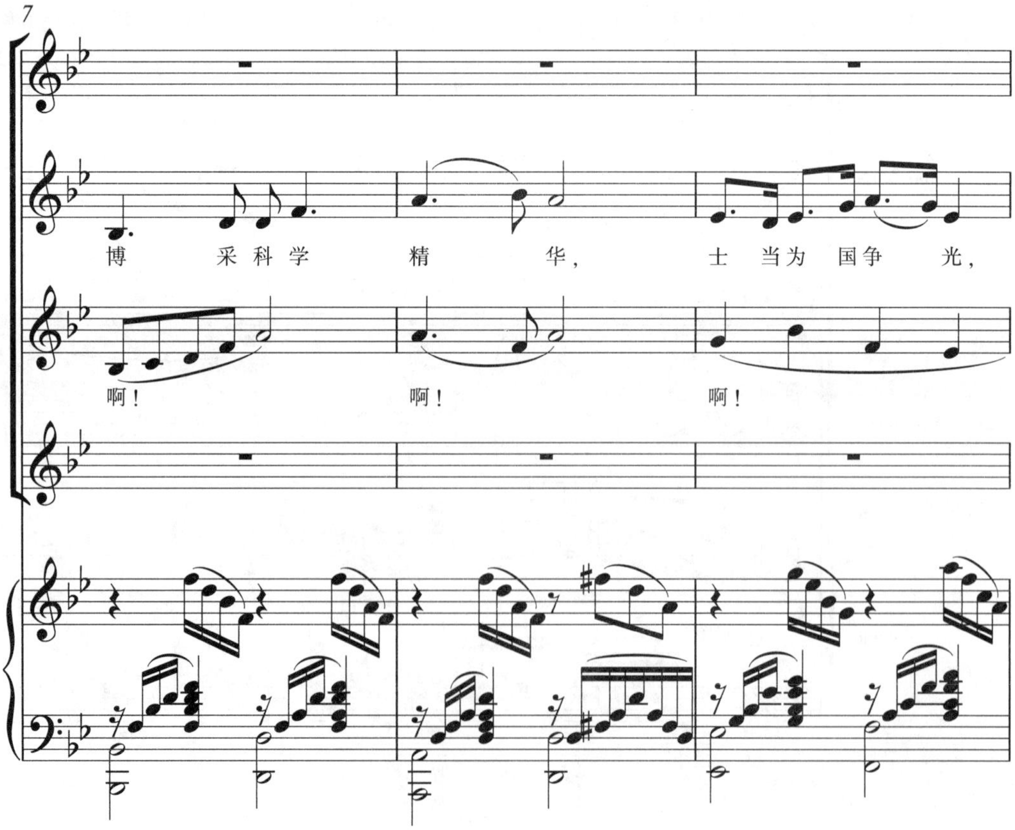
7
博 采 科 学 精 华， 士 当为 国 争 光，
啊！ 啊！ 啊！

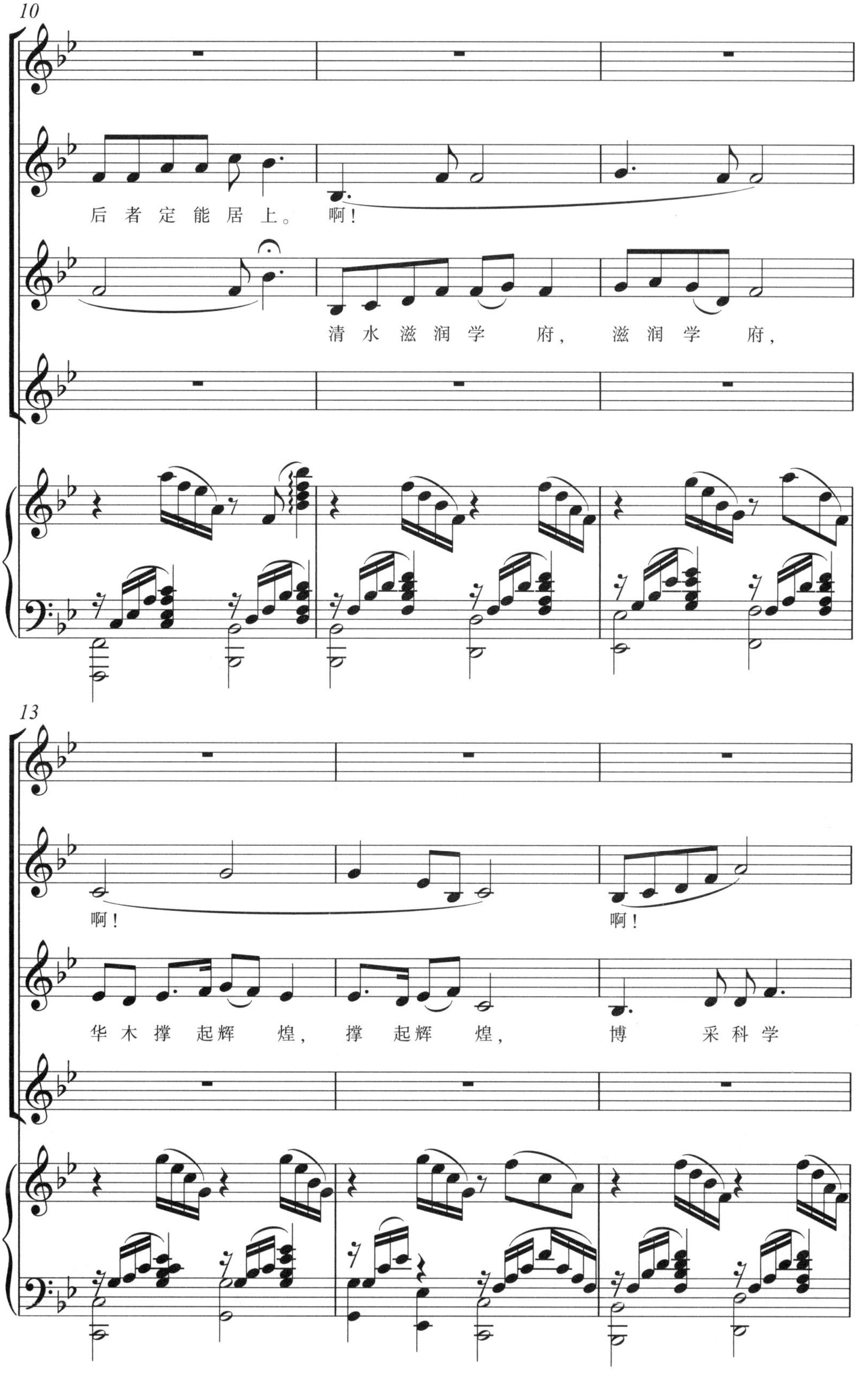
10
后 者 定 能 居 上。 啊！
清 水 滋 润 学 府， 滋 润 学 府，
13
啊！
啊！
华 木 撑 起 辉 煌， 撑 起 辉 煌，
博 采 科 学

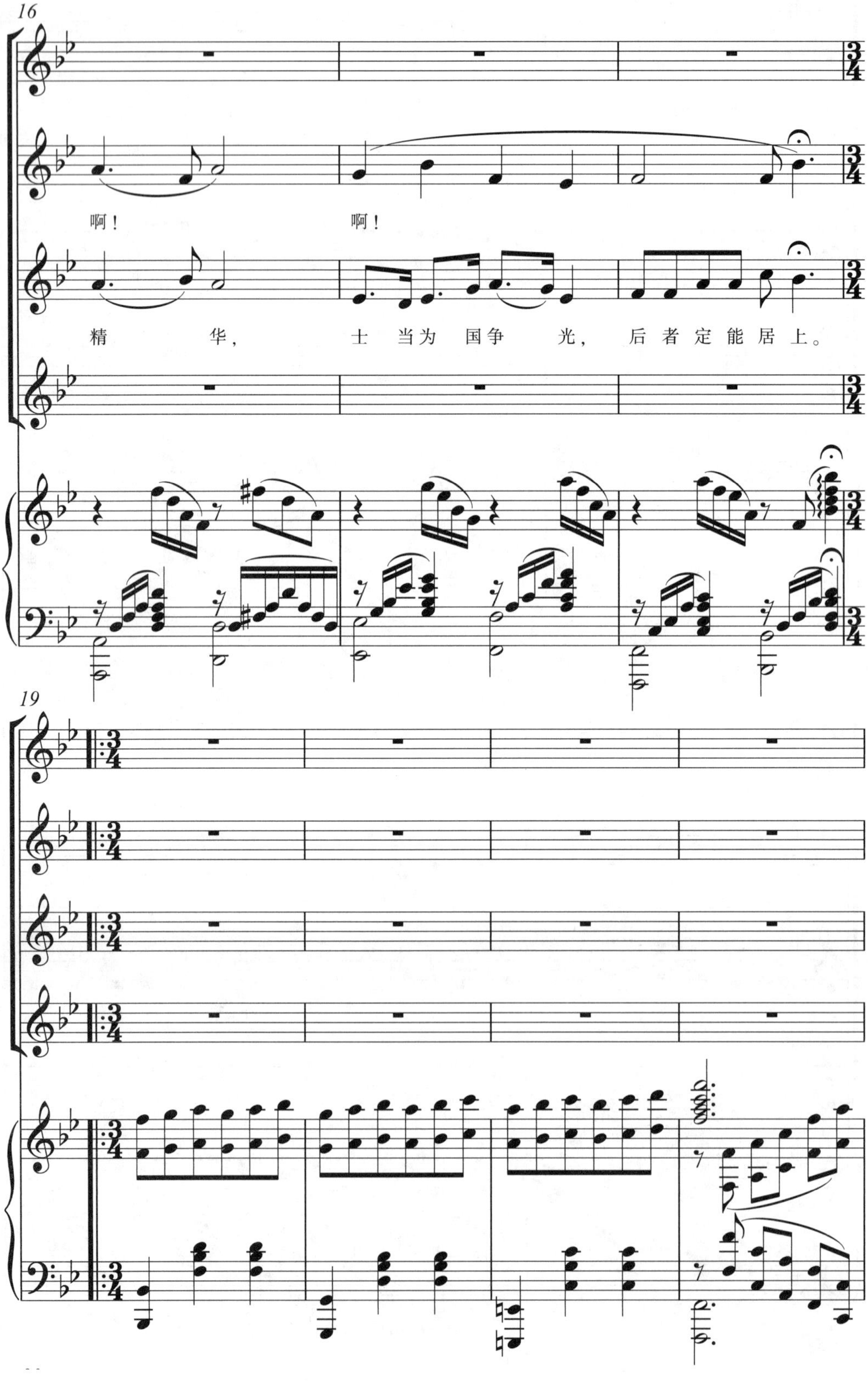
16
啊！
啊！
精 华，
士 当为 国争 光，
后 者 定 能 居 上。
19

23
啊！
我们牵　着朝阳的
夕阳领　着我们的
我们
夕阳
啊！
3
3
28
啊！
手，　挚热爱心绽放出笑容。
手，　甜甜硕果镌刻着忠诚。
啊！　老师！老师！啊！
3
3

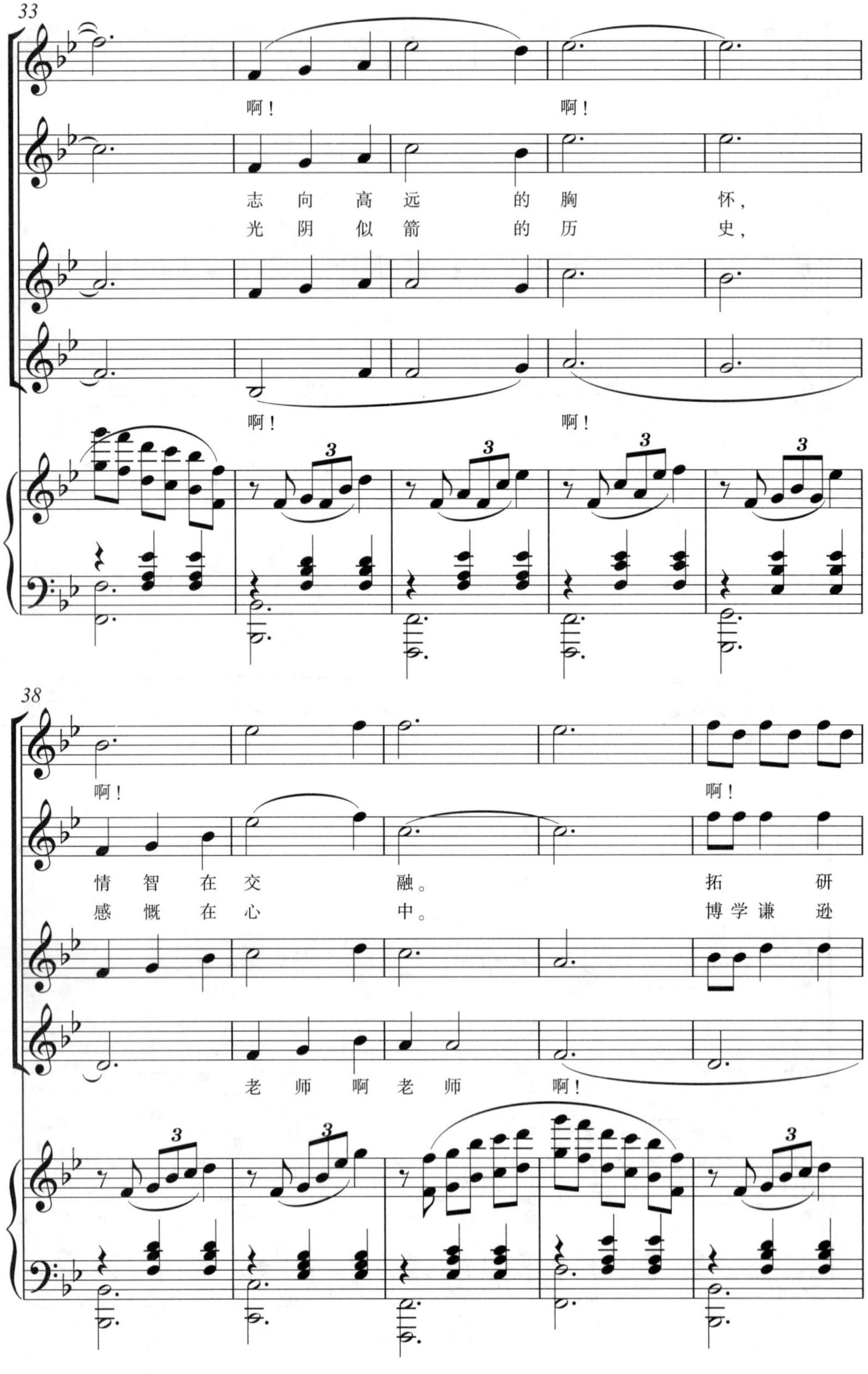
33
啊！
啊！
志 向 高 远 的 胸 怀，
光 阴 似 箭 的 历 史，
啊！
啊！
38
啊！
啊！
情 智 在 交 融。
拓 研
感 慨 在 心 中。
博 学 谦 逊
老 师 啊 老 师 啊！

43
啊！ 气 概 昂
育 人 理 念。 让 同 学 合 作 实
立 德 树 人。 珍 育 创 新 学
老 师 老 师，我 们 爱 您！
3
48
1.
然。 啊！
践。 兴 趣 探 索 体
我 们 爱 您。 老 师 啊 老 师

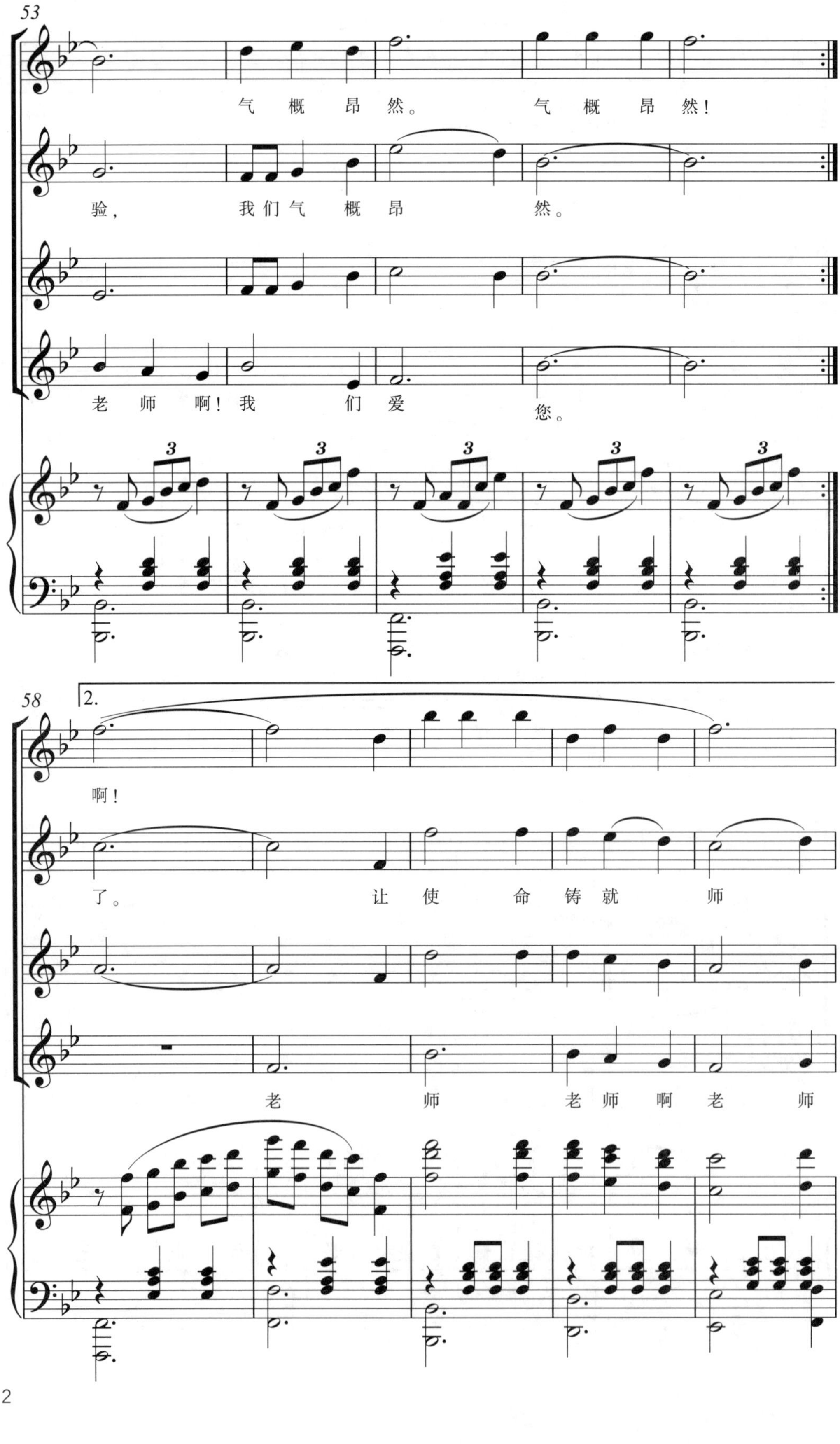
53
气 概 昂 然。 气 概 昂 然！
验， 我们气 概 昂 然。
老 师 啊！我 们 爱 您。
58
2.
啊！
了。 让 使 命 铸 就 师
老 师 老 师 啊 老 师

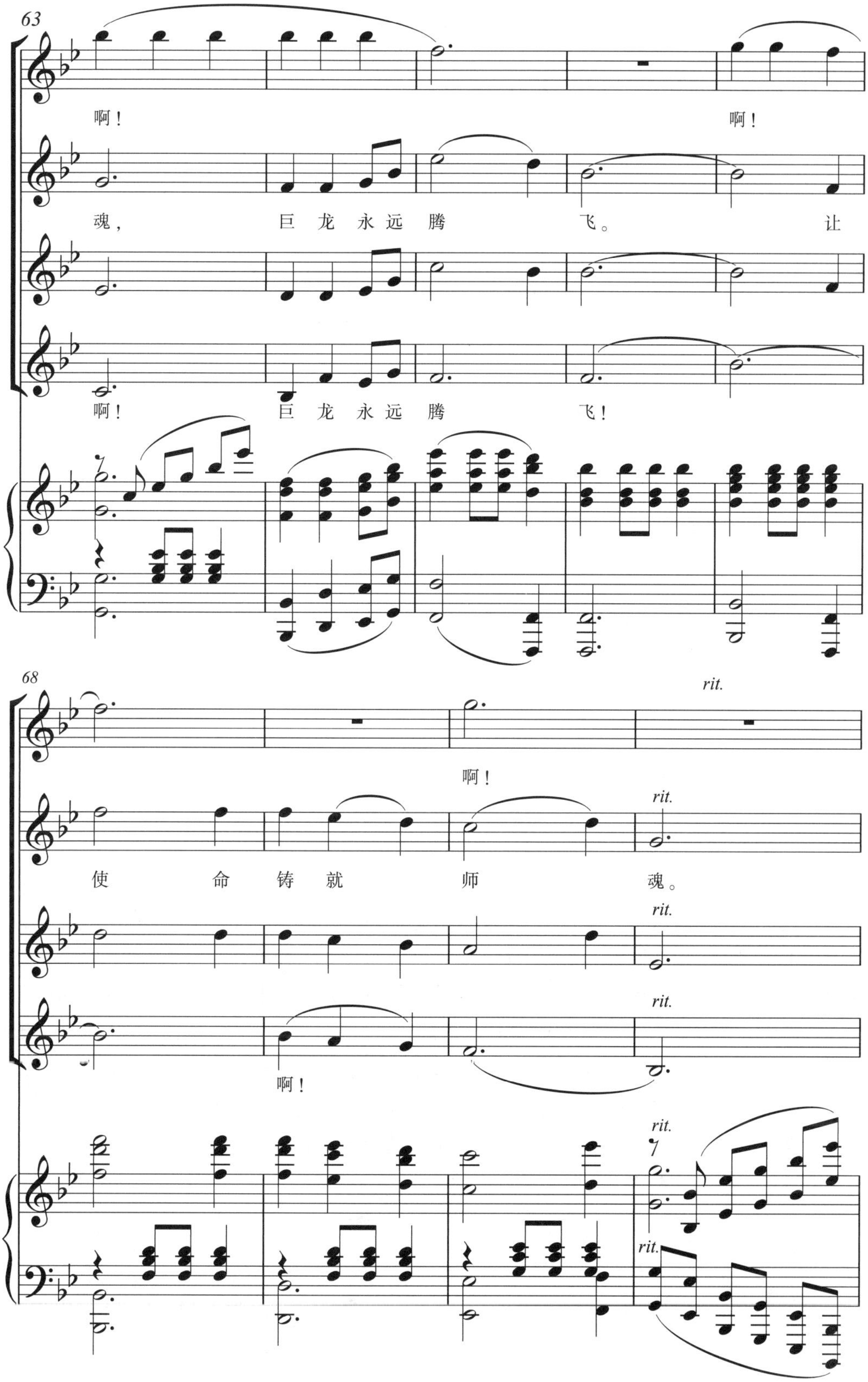
63
啊！
啊！
魂，巨龙永远腾飞。让
啊！巨龙永远腾飞！
68
rit.
啊！
rit.
使命铸就师魂。
rit.
rit.
啊！
rit.
rit.

三、幼儿歌曲停顿和结尾的写作探究

　　停顿是指乐句与乐句之间的呼吸或情感表达的自然处理，与文学中的逗号或句号等符号的作用相同。音乐结构内部的音乐有停顿的地方很多，怎么停顿？停在哪里？所有这些问题均与作者创作意图和表达主题思想的结构安排有关。音乐中的每个乐句都可以说成是在与读者诉说交谈，音乐的处理要符合歌词的语调，只是表达的符号不一样。歌曲的节奏、节拍、速度等都是作者表达主题的灵魂要素，节奏的变化是情感表达的晴雨表。结尾的写作通常是全曲的终止处，不同的情感、风格和创意表达是不尽相同，中国作品常见在上扬的高音音区结束，儿歌作品常见以下行方式结束，有的还以说话的方式结束，无论怎样，结束都为更好地表达主旨服务。

例7-84

童年的回忆

回忆 充满感激地

郝香才词曲

那是　　一　个
那是　　一　个

寒冷的冬　天，我坐在教室里写着试　卷，
炎热的夏　天，我穿着旧棉袄在阴凉处玩　耍，

是您轻轻地走到我身边，用那温暖地双手，
是您领着我走到您家里，用那抚爱地双手，

搓揉我冻红的小脸。换上您赠送的单　衣。

是您给我坚毅的品格给我大爱的胸襟！

是您给我坚毅品格，给我大爱的胸襟！

是您给　我给我坚毅的品格，

是您给我 大爱的 胸 襟， 大爱的 胸 襟！ 老师 我想

您！ 老师 我想 您！ 老师 我 想

您！ 老师 我 想 您！ 您！

老 师 我 想 您！

四、幼儿歌曲高潮的写作

高潮是指作者创作情绪发展到最高高度，是抒发情感，强化记忆感人肺腑的关键之处。在情绪表达上起到画龙点睛之作用。歌曲的高潮点由歌曲的内容、风格、大小、长短等因素来决定。通常情况下，高潮在整个歌曲的偏后的部分，位置明显，多在强拍位上，特征音音值会较长。总之，音乐的高潮是在整个歌曲"启""承""转""合"的进行中发展形成的。歌曲情感酝酿发展过程：主题呈示（起）——巩固发展（承）——推向高潮（转）——圆满表达结束（合）。下面重点介绍一下幼儿歌曲高潮的创作技法。

（一）紧缩与扩展形成高潮

例7-85

种太阳
（部分）

李冰雪　词

王赴戎　曲

欢快活泼地

《种太阳》音乐节奏欢快，反映了孩子们乐观向上，胸怀大志，追求光明的高尚情操。从节选的第7~10小节歌曲在节奏紧缩中达到高潮紧扣主题。从第11小节到最后的副歌部分作者又将音符时值拉宽又一次形成高潮。

（二）在高音区形成高潮

例7-86

我爱妈妈的眼睛

王　洋　词
施光南　曲

中速　深情地

Voice

Piano

mp　　*pp*

当我在病床上，　　　　从

当我和小伙伴，　　　　在

pp　　*pp*　　*pp*

昏睡中醒来，　　　就会望见

外面闯了祸，　　　就会想起

pp　　*pp*

317

12
妈 妈 那 充 满 抚 爱 的 眼
妈 妈 那 充 满 诚 实 的 眼
14
睛。当 我 从 学 校 里，
睛。当 我 在 课 堂 上，
17
捧 回 一 张 奖 状，
遇 到 一 道 难 题，
19
就 会 望 见 妈 妈 那
就 会 想 起 妈 妈 那

21
充 满 欣 慰 的 眼 睛。
充 满 鼓 励 的 眼 睛。 啊！
23
啊！
25
妈 妈 的 眼 睛，
妈 妈 的 眼 睛，
27
我 心 中 温 柔 的 灯！
我 心 中 明 亮 的 灯！
pp

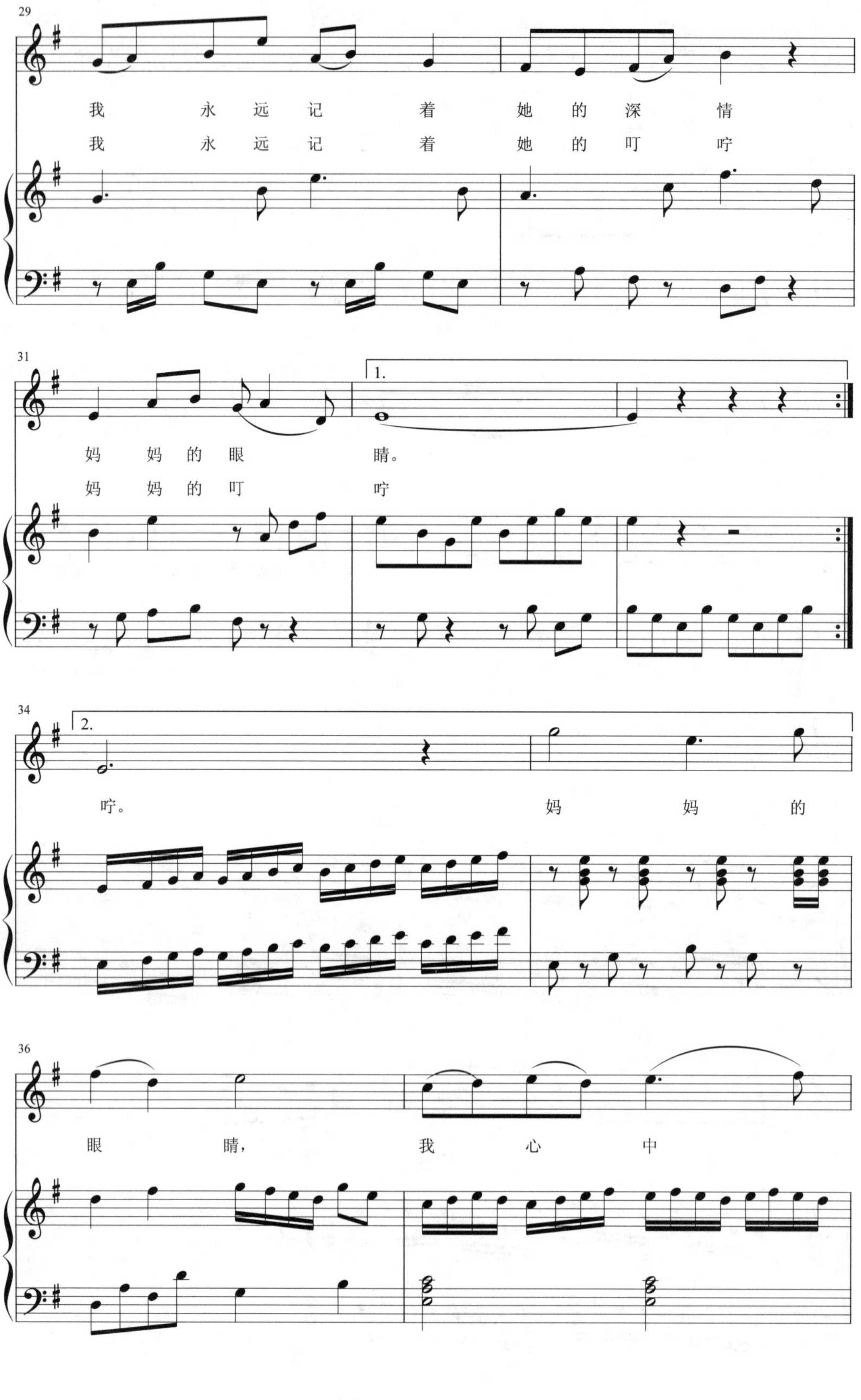
29
我 永 远 记 着 她 的 深 情
我 永 远 记 着 她 的 叮 咛
31
1.
妈 妈 的 眼 睛。
妈 妈 的 叮 咛
34
2.
咛。 妈 妈 的
36
眼 睛, 我 心 中

明　亮　的　灯，

我　永　远　记　着

她　的　叮　咛，　她　的　叮

咛。　　啊

妈 妈 的 眼　　　睛。

ppp

（三）移动重复层层递进达到高潮

例7-87

祖国像妈妈

晨 枫 词
苏文进 曲
郝香才钢琴编配

中速深情地

Voice

Piano

我 是 田 里 一棵 苗，　祖 国 的 土 地

17
是 温 床。 她 敞 开 温 暖 的 胸 怀，
21
哺 育 我 健 康 地 成 长。 啊
25
祖 国 啊 祖 国
30
给 我 幸 福 雨 露， 给 我 明 媚
35
阳 光。 感 谢 你 亲 爱 的 祖 国 就

歌曲分为两个部分：第一部分由四个乐句构成，一环扣一环，层层递进；第二部分是歌曲的高潮，在创作手法上也采用了重复移位的创作手法将歌曲推向高潮，表达了对祖国无限的热爱。

（四）通过力度、速度的变化形成高潮

例7-88

北风吹（部分）

歌剧《白毛女》选曲

贺敬之　词
马可　张鲁　曲
郝香才钢琴编配

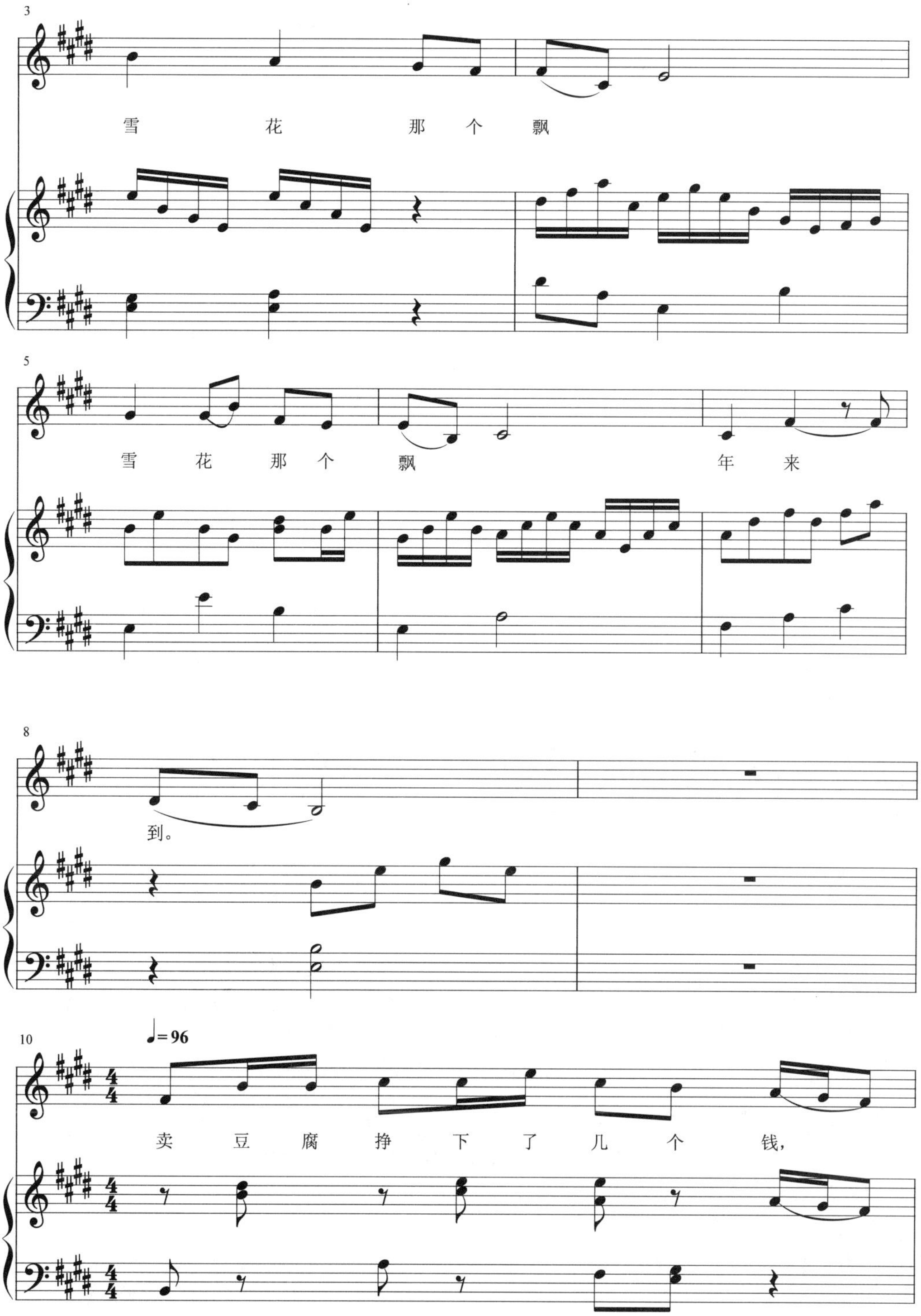
3
雪 花 那 个 飘
5
雪 花 那 个 飘 年 来
8
到。
10
♩=96
卖 豆 腐 挣 下 了 几 个 钱，

集上称回来二斤面　带回家来包饺子

欢欢喜喜过个 年，　哎

过 呀过个 年。　哎

扎 呀扎 起 来。

五、幼儿歌曲的前奏、间奏的写作

前面讲到了高潮和结尾的创作手法，前奏和间奏是歌曲结构的重要组成部分，二者共同完成表达主旨，抒发作者情怀，塑造歌曲形象的重要使命和任务。也是引入情感创建意境推动音乐发展的重要组成。

（一）前奏

前奏又称引子。前奏的创作源于主题音乐的整体情感，能够很好地将歌者从情感、音高、速度和节奏等方面带入歌曲表现中来。

1. 歌曲结尾部分为前奏

例7-89

七子之歌

闻一多　词
李海鹰　曲

但是他们掳去 的 是我的肉 体，

你仍然保管我内心 的 灵 魂。

魂。 那 三 百 年 来

梦寐不忘的生母啊 请

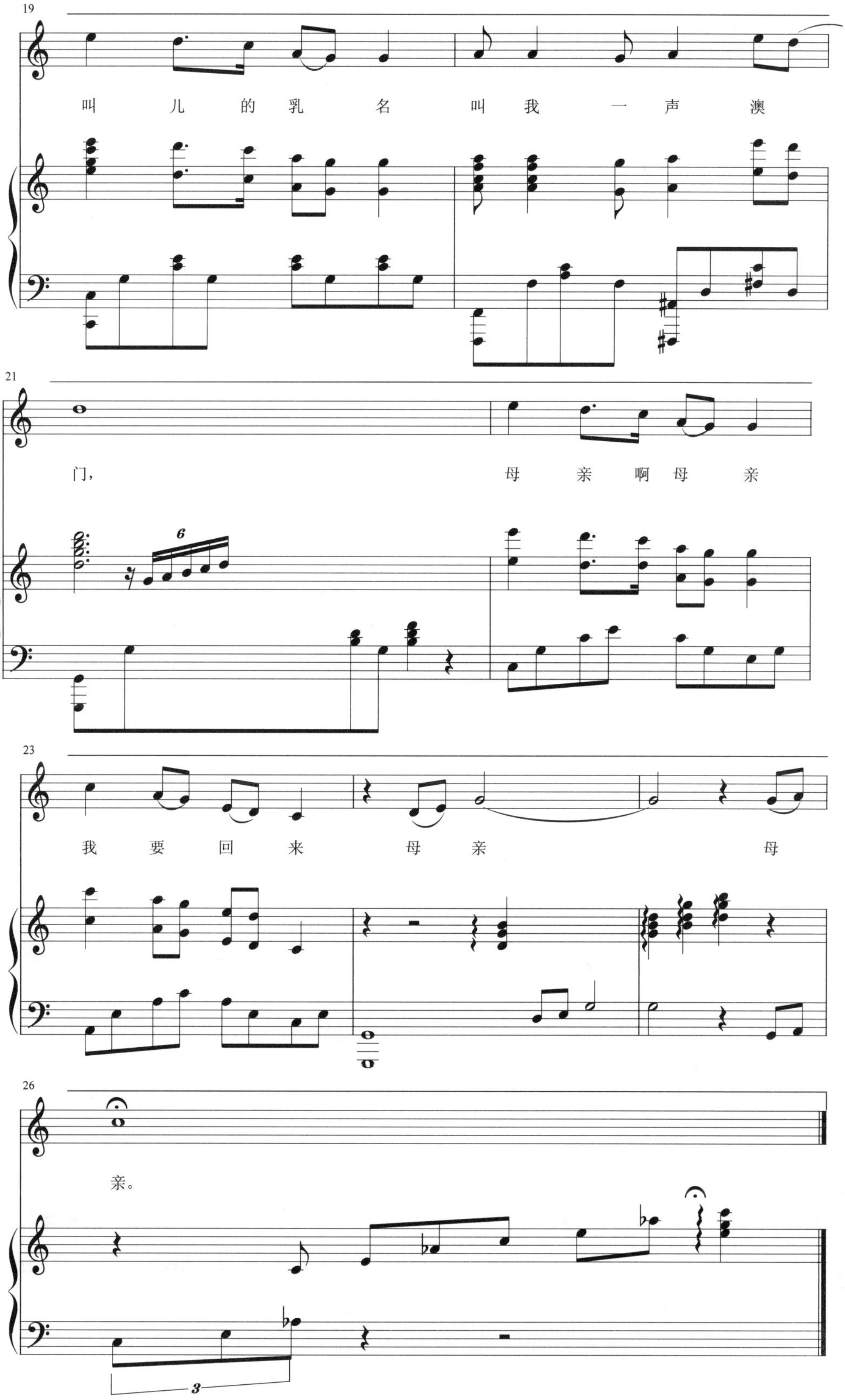
19
叫 儿 的 乳 名 叫 我 一 声 澳
21
门，母 亲 啊 母 亲
6
23
我 要 回 来 母 亲 母
26
亲。
3

这首词是闻一多先生在半个世纪前创作的一首诗，在庆祝澳门回归祖国的时刻，表达着港澳同胞盼归大陆母亲的赤子之心、回归之情。第一乐段音乐在中声区进行，表达对祖国母亲拳拳的思念之情；第二部分十度大跳大声疾呼"妈妈我要回来！"催人泪下，情感达到高潮，表达回归之心坚定而又强烈。

2. 主题音乐的开始部分

例7-90

听妈妈讲那过去的事情

管桦 词
瞿希贤 曲
郝香才配伴奏

里 穿 行， 晚 风 吹 来

一 阵 阵 快 乐 的 歌 声。 我 们 坐 在

高 高 的 谷 堆 旁 边 听 妈 妈 讲 那

过 去 的 事 情。 我 们 坐 在 高 高 的

谷 堆 旁 边　 听 妈 妈 讲 那

过 去 的 事 情。　Fine

那 时 候，　 妈 妈 没 有 土 地，

全 部 生 活 都 在 两 只 手 上，　 汗 水

流 在 地 主 火 热 的 田 野 里, 妈 妈

却 吃 着 野 菜 和 谷 糠。

冬 天 的 风 雪

狼 一 样 嚎 叫, 妈 妈

却 穿 着 破 烂 的 单 衣 裳，

她 去 给 地 主

缝 一 件 狐 皮 长 袍 又 冷 又 饿

跌 倒 在 雪 地 上。 经 过 了 多 少

苦难的岁 月，妈 妈 才盼到

今 天 的 好 光 景。

3. 采用歌曲结束部分作前奏

例7-91

读 书 郎
（部分）

宋 杨 词曲
郝香才钢琴编配

小 嘛 小 儿

4. 前奏来自歌曲的衬词

例7-92

种太阳
（部分）

李冰雪 词
王赴戎 曲

欢快活泼地

5. 根据歌曲内容情绪重新创作前奏

例7-93

祖国，祖国，我爱你

洪源 词
唐诃 曲
郝香才钢琴编配

光荣 自豪地

祖国

祖国

祖国，我爱你！我们是你的

祖国，我爱你！我们是你的

好儿女，生在你的红旗下，

好儿女，你教我们爱劳动，

长在你的怀抱里，从小

你教我们爱学习，理想

懂 得 爱 和 恨， 从 小 不 怕
远 大 志 气 高， 展 翅 高 飞

风 和 雨， 斗 争 当 中
千 万 里， 誓 做 革 命

长 成 人， 千 斤 重 担
接 班 人， 一 颗 红 心

担 得 起。
献 给 你。

全曲分两个乐段：第一乐段1~8小节音乐铿锵有力，情绪饱满，唱出对祖国的爱和不变的誓言；第二乐段第9小节到最后音乐变得舒展，节奏拉宽，节奏变为 $\frac{2}{4}$ 拍，而且，以弱起小节开始，整体节奏坚定有力，节拍的变化增强了音乐发展的前进动力，表现出儿童胸怀大志、争挑重担决心。

（二）间奏

间奏也称过门，具有承前启后的连接作用。

例7-94

唱支山歌给党听
（部分）

（三）尾声

尾声即是乐曲的结尾，它要保证整首乐曲的完美与统一。结尾的形式不拘一格，有的采用变化重复，有的采取紧缩重复，有的采用伸展重复，起到补充、肯定、呼应延情等作用。

1. 伸展重复结尾

例7-95

牧　歌

蒙古族民歌

飘　着　　　那　白云
斑　斑　　　的　白银

白云　的　下面　　盖着　雪　白　的　羊

群。　　　　　　撒　在　草

伸展结尾

原上　　多　么　爱　煞

2. 变化复结尾和紧缩重复谱例

例7-96

郝香才创曲

第七节　儿歌歌曲写作实践步骤

一、写作步骤

（一）认真创作、分析歌词

　　歌词是歌曲创作的基石，是曲作者情感表现的原点和动力，歌词的抑扬顿挫是旋律线条获得的重要依据。在创作和选择歌词时的题材一定要健康向上，符合幼儿语言、生理理解力特点，既要考虑歌词内在的艺术性，还要考虑到歌词应具有易记性和趣味性。在分析歌词或创作歌词的进程中结合自身的理解和想象诞生创作灵感。熟读歌词是在曲作者丰富的构想下实现歌词的"美术化"和韵律化，在熟读中展开"美术构图"发掘音乐形象，捕捉创作动机，确定创作风格，根据歌词内容确定歌曲体裁、结构，设计全曲的开始、过程和结尾的创作等。完整的创作起点并不都是按照歌曲再现的完整性而进行的，有时作者灵感的迸发是在副歌部分或者高潮部分开始，然后向两边延伸发展，最后形成完整歌曲。创作歌曲在某种意义上讲具有灵活性、不确定性特点。因此，要求创作者要注意珍藏零碎的创作动机，为完成歌曲创作积累创作元素。

（二）根据歌词内容选择旋律发展手法与结构编排

例如，上下句结构乐段如何发展？二段式、三段式或多段式的歌曲该如何进行音乐元素的组合。无论怎样发展都为歌词所要表达的主旨服务，在情感表达核心的指导下发展创作技法，树立技术是为歌词情感表现服务的意识，在这样的前提下设计前奏、间奏和结尾。有时前奏的创作滞后于正文，换句话说前奏的形成有时是在全曲创作完成后诞生的。

（三）遵循幼儿演唱音域

幼儿的音域一般在十三度之内，曲作者在谱曲时首先要考虑幼儿演唱的驾驭能力，过低或过高都不适宜。

（四）确有创作激情

创作激情是作品成功的关键，没有激情的创作其情感与主题的表达定会不完美，反映生活的作品不会生动，形象性不够。创作激情是创作者角色进入的关键，是对作品进行不断完善的先决条件。

（五）在反复实唱中实现完美

一首成功的作品要在不断地实唱中修补完善，这符合事物的发展规律。创作者在激情的引领下短时间内完成了一首歌曲，此时的美感会达到顶峰，随着时间的推移渐渐地会感到与当时创作时的那份情感与激动有些距离，甚至会彻底予以否定。解决的办法：不断实唱，用理性的创作手段修补现实情感的落差，实现表达真情的目的。为创作出好的作品应做到三勤：勤观察、勤学习、勤实践。正如前辈所述："曲不离口，口不离曲。"

第八节　儿歌歌曲创作与弹奏实践拓展

一、自创两首幼儿儿歌歌词并谱曲

（一）自创歌词
（二）谱曲实践

二、为自己创作的儿歌进行编配伴奏

（一）确定调式、调性
（二）确定伴奏音型
（三）编配伴奏
（四）实践弹奏

三、即兴伴奏实践谱例

例7-97

童年的回忆

郝香才词曲

回忆 充满感激地

那是 一 个
那是 一 个

寒 冷 的 冬 天，我 坐 在 教 室 里 写 着 试 卷，
炎 热 的 夏 天，我 穿 着 旧 棉 袄 在 阴 凉 处 玩 耍，

是 您 轻 轻 地 走 到 我 身 边，用 那 温 暖 地 双 手，
是 您 领 着 我 走 到 您 家 里，用 那 抚 爱 地 双 手，

搓 揉 我 冻 红 的 小 脸。 换 上 您 赠 送 的 单 衣。

是 您 给 我 坚 毅 的 品 格 给 我 大 爱 的 胸 襟！

是 您 给 我 坚 毅 品 格，给 我 大 爱 的 胸 襟！

是 您 给 我 给 我 坚 毅 的 品 格,

是 您 给 我 大 爱 的 胸 襟, 大 爱 的 胸 襟! 老 师 我 想

您! 老 师 我 想 您! 老 师 我 想

您! 老 师 我 想 您! 您!

老 师 我 想 您!

第八章　走进奥尔夫的动感音乐世界

第一节　奥尔夫教学法的理论概述

一、找寻奥尔夫音乐教学法思想形成的轨迹

卡尔·奥尔夫（Karl Orff，1895—1982），德国著名作曲家、音乐教育家。毕生致力于音乐、戏剧创作及音乐教育领域。由于他出生于德国慕尼黑的一个有艺术素养的军人世家，祖父卡尔·冯·奥尔夫博士在当了少将后转入研究测量学、数学和天文学。外祖父卡尔·柯伊斯特勒也是少将又兼历史学家，父亲海因里希·奥尔夫也是军官和音乐迷，而奥尔夫最重要的音乐启蒙教师——母亲宝拉·柯伊斯特勒更是一位受过正规训练的钢琴家，十二岁就已登台演出。所以奥尔夫从小就在有浓厚的艺术与知识文化氛围中成长，这对奥尔夫早期的教育有很重要的影响，甚至也影响到他的一生。在他的音乐创作中，他的《卡尔米拿·布拉娜》《聪明的女人》《安提戈涅》等都成了最具代表的传世佳作。而在音乐教育中，他所创立的奥尔夫音乐教育体系被称为当今世界最有影响力的音乐教育体系之一，该体系以独特的教育观念、丰富的教学内容、活泼多样的教学方式和指导性的权威教材在世界范围内得到了广泛传播，并为越来越多的国家所学习、研究和借鉴。自20世纪80年代初，奥尔夫音乐教学法被介绍引入中国，加快了我国音乐教育事业改革的步伐，也推动了奥尔夫音乐教育体系在新领域的发展与开拓。

（一）热爱音乐与戏剧本性的激发

幼儿时期的奥尔夫，与同龄人相比要幸运。良好的家庭环境和浓厚艺术氛围的熏陶，深深影响着奥尔夫一生的创作。奥尔夫从小就喜欢音乐，妈妈正是他的启蒙老师，两岁的他就爱坐在妈妈的脚边，听妈妈弹琴，并用玩具在地板上敲打，玩得尽兴时，还要大叫几声。3岁时便开始在琴上"玩"，做声音的大小和高低各种不同的游戏，用自己创作的"歌"和有节律的朗诵来讲述自己的故事，幼儿天生所具有良好的创造力，在家长的培养和发掘下，让小奥尔夫的创作力得以充分展现。

戏剧是奥尔夫的最爱。在小奥尔夫4岁的时候，在一次与父亲参与隆重的节日庆典活

动时，第一次看到了提线木偶戏，从手上表演的布袋到舞台上的拉线，深深烙在小奥尔夫的脑海里，这也成为他创作的起点。此后小奥尔夫开始了自己即兴表演，尝试自己创编和表演故事。比如将各种土豆画成头，穿上些奇奇怪怪的布衣，这些就成为他戏中的公主、老太婆、警察、鳄鱼、强盗、恶魔……各种角色的对话都是他即兴创作与表演。奥尔夫在这个时候就已经表现出很强的创造性。

从5岁起，奥尔夫便开始和妈妈学习钢琴，刚开始时十分兴奋，但长时间枯燥乏味的手指练习令他失去了兴趣和学习的快乐。他最不喜欢模仿，而是想尽办法探索和尝试各种可能性。让他在这个时期最感兴趣的就是读音符，在妈妈的帮助下，他尝试画音符，而且还将音符配上了自己的词，在妈妈配的伴奏下，进行了大量的视谱练习，很快奥尔夫就可以和母亲一起做四手联弹，并尝试自己视奏。对于戏剧的喜爱，奥尔夫已经不满足于小小的"木偶戏台"，在父亲的帮助下，他在家里搭建起了一个戏剧舞台进行表演。在不断地布置和表演当中慢慢成长，而此时的他也展现出了对音乐舞台剧的灵感与天赋。

6岁的奥尔夫开始对诗产生了浓厚兴趣，他乐于把实际生活用诗表现和编排出来，并在祖父的帮助下，将其中的一些故事编成了一本"卡尔·奥尔夫100首故事"的集子。他所写的第一首诗歌《早晨的阳光》到后来的《在井边》《吃草的牛》《暴风雨》等都收录在当中，而且在10岁生日当天，还选出了两首发表在一本幼儿刊物上。

幼儿时期的小奥尔夫已经对音乐和戏剧显现出了浓厚的兴趣，而幸运的是他的家庭为他创造了良好文化环境，除了音乐和戏剧以外，家人还为他提供了另一个活动场所——大自然。从3岁开始，他便随家人住到乡间别墅，大自然为他幼小的生命之源提供了滋养，充分激发了他的本性和创造力，这些经验都融入于他的生命之中，这也是他后期所创立的教学体系中反复强调人的"原本性"的观念雏形。

（二）整体的艺术观念萌芽

奥尔夫8岁时第一次听音乐会，便对音乐会中莫扎特、贝多芬等大师的作品兴奋不已，从那以后便产生了听音乐会的强烈愿望，经常与妈妈一起弹奏贝多芬交响曲改编的四手联弹。正因为有了大师们音乐提供给他丰富的字样，才得以让他成了后来的大师。而让儿时的奥尔夫最迷恋的还是他的戏剧，在10岁时他组织过一个小的表演团队，拉来了3岁的妹妹和他的小伙伴们，用各种奇怪的音响来表演，此时的奥尔夫不仅要唱、说，同时还要布置场景、人物的位置及控制舞台灯光……可以说是集导演、舞台、美工、演员、伴奏、作家、指挥于一身。尽管艺术创作仅仅处于萌芽状态，但他的创作天分已在早期的艺术教育活动中初现端倪。

步入中学的奥尔夫，对文学方面产生了浓厚兴趣，古典著作和文学作品充满了奥尔夫的中学时代，在学校合唱团和乐队都有奥尔夫的身影，这些经历加上其母亲的影响为奥尔夫17岁考入慕尼黑音乐学院奠定了基础。而在14岁第一次看瓦格纳的歌剧《漂泊的荷兰人》，便使得奥尔夫对歌剧产生热爱，并为此写下了自己的第一部钢琴改编曲。而瓦格纳对于歌剧创作中提出的所谓"整体艺术作品"，即将故事情节、音乐舞台、场景整合在一起，这对于奥尔夫后来提出的"整体的艺术"（Gesamtkunst）的概念产生了极大的影响。

（三）音乐创作与音乐教育并轨而行

出于对音乐、戏剧的痴迷，奥尔夫在高中毕业后进入了慕尼黑音乐学院，并开始将大部分精力投入于音乐与诗歌相结合的具有独特观念的舞台作品中。而音乐节奏型，也开始成为奥尔夫创作中突出的个性，此后，他受到了以画家法兰兹·马尔克（Franz Marc）和康丁斯基为代表的德国表现派绘画影响，让他对其中的原始艺术、民间艺术产生了浓厚的兴趣。可以看出，奥尔夫此时在音乐创造上已经形成了自己的某种取向，尤其重视音乐与文学在音乐创作中的关系，同时又促使他对音乐的原本特征的关注和重视。

20世纪20年代，以玛丽发展的"新德国舞蹈"闻名于世，维格曼是瑞士著名音乐教育家达尔克罗兹的幼儿，她创作的表现舞，使许多欧洲青年对于人体活动、对于体操和舞蹈活动的结合感到极大的兴趣，当时的德国，建立了许多体操学校和舞蹈学校。也正是在这个时期，奥尔夫除了进行音乐戏剧创作，还开始摸索和寻找他事业发展的另一条轨道，开启了学校音乐教育之门。尽管他并未真正涉足学校的艺术教育实践，但已经形成了他的艺术观念，集合音乐、舞蹈、文学为一体的，崇尚原本、自然的音乐教育观念。

1924年9月，29岁的奥尔夫出现了人生中的一次重要转机，与和达尔克罗兹的幼儿多罗西·京特一起在慕尼黑建立了一所集体操、音乐、舞蹈为一体的"军特学校"，军特学校成为奥尔夫理想的试验场所，奥尔夫建立了一种新的节奏教育，把节奏作为基础的要素，与舞蹈、语言结合起来，成为一种新的音乐表达形式。[①]在军特学校，奥尔夫开始了他变革音乐教育的一系列尝试，初步完成了他的教学理念——原本性的音乐教育。从1928年开始，奥尔夫通过借鉴了其他民族（非洲和印尼等乐器），设计出了一套"奥尔夫乐器"。1931年，奥尔夫产生了将军特学校音乐教学的经验作为"基础音乐教学"应用于幼儿音乐教育之中。1932年，一部对音乐教育革命具有标志性意义的作品《奥尔夫教材——为幼儿的音乐，由幼儿自己动手的音乐——民歌》准备出版，之后由于希特勒的上台，使奥尔夫的计划无法继续进行，尽管如此，奥尔夫音乐教育改革思想并未被泯灭，他在军特学校的探索和研究，为他日后的音乐教学观念奠定了基础。

（四）为了幼儿的音乐

1945年，第二次世界大战结束后，德国战败。整个慕尼黑变成一片废墟，而就在这时一家电台主持人收拾战争破坏的资料时，意外发现了一张完好的唱片，当听到这是一些幼儿拍着手、敲着打击乐器，为自己演唱的德国民歌伴奏时感到十分惊讶，认为这样的表演形式新颖，十分振奋人心。于是通过这个唱片的线索，电台找到了唱片的制作人——卡尔·奥尔夫，并于1948年在电台专门开设了一档"为了幼儿的音乐"幼儿音乐节目，是由幼儿亲自演奏演唱，节目播出后取得很大成功。起初奥尔夫并非致力于幼儿方面的培养，但在后来他又转变了观念，打算重拾他多年以来未曾如愿的音乐教育改革的梦想。在他的幼儿凯特曼夫人的协助下，奥尔夫于1949—1954年五年内连续出版了五卷《学校音乐教

---

① 秦德祥编著：《元素性音乐教育》，6-8页，南京，南京大学出版社，1989。

材》，进一步发展和完善了他在军特学校时的想法，并把它们与幼儿音乐教学的特点结合起来，创造出了被他称为"元素性音乐教育"的体系。

20世纪50年代以来，奥尔夫的音乐教育事业在各方面得到了迅速发展，与国际上的交流合作也陆续展开，音乐教育对象不断扩大，新的工作领域不断增加（如音乐治疗学），于1961年，在奥地利萨尔茨堡莫扎特音乐学院成立了奥尔夫教师培训中心（即奥尔夫学院），这是第一个奥尔夫教学法的研究和培训中心，也为奥尔夫音乐教育体系的继续发展和壮大，起到了重要的作用。1962年奥尔夫和凯特曼赴日本进行讲学，在日本掀起研究和实践奥尔夫教学法的热潮，开启了"奥尔夫教学法与东方文化的结合开始了新的里程"。奥尔夫教学法正式传入中国是在20世纪80年代，晚年的奥尔夫对遥远东方的中国文化充满热情，虽未亲临但也寄予厚望。1982年，享年87岁的卡尔·奥尔夫与世长辞。

回顾奥尔夫一生的成长经历，可以看出他的音乐活动思想形成与之有着密切联系，奥尔夫教育体系的形成可以说是将语言、诗句、音乐动作相应的教育、表演行为方式全面结合起来，而这种体系的形成正是来自他一生中汲取不同领域中有益的艺术思想及实践成果。

二、探索奥尔夫音乐教学法的神奇魅力

（一）奥尔夫教学法的基本理念

奥尔夫作为一位艺术家，创作了许多经典作品。而他的作品风格一向以突出的节奏性而著称，此外质朴、自然、简单、原始的音乐风格也是他所要找寻的。他认为音乐宏伟的艺术效果也可以通过极为简朴的手法来获得。而这样的理念又一次反映在奥尔夫的教学法当中。事实上奥尔夫音乐教学法，并不是一种具体的方法。它更多的是要传达给我们一种思想。

奥尔夫谈及自己的音乐，采用了"Elementare Musik"，可以翻译为"原始的""原本的""元素性的""有活力的""强有力的"等，目前大多还是翻译为"原本性音乐"。

何为原本性音乐呢？奥尔夫认为，"原始的音乐绝不只是单独的音乐，它是和动作、舞蹈、语言紧密结合在一起的。它是一种人们必须自己参与的音乐，人们不是作为听众，而是作为演奏者参与其间。原本的音乐是接近土壤的、自然的、机体的、能为每个人学会和体验的、适合于幼儿的。"可以看出，奥尔夫一直是在追求以音乐、语言、动作、舞蹈合为一体的音乐教学活动，努力让幼儿获得全面、丰富、综合的审美体验机会，通过节奏朗诵、音乐游戏、声势练习、奥尔夫乐器演奏、音乐戏剧表演等多种形式，尝试用最简单的音乐最原始的素材来做最自然的音乐活动。当然，奥尔夫还强调要让幼儿主动奏乐，通过即兴演奏并设计自己的音乐。奥尔夫教学法所追求的原本性理念，就在于让每一个幼儿都能够亲自体验实践，感受音乐的情感，在玩音乐的过程中享受快乐。

虽然奥尔夫教学法并不是一种能很快教会幼儿歌唱、奏乐，但是它可以为他们提供音乐参与的实践机会，让他们先去体验和感受，与教师一起互动和创造；虽然没有明确的教

材和具体的教法，但可以随时适合幼儿的兴趣和水平，让他们有发挥想象力和创造力的机会，体验到音乐所带来的乐趣。因此，奥尔夫教学法，给予我们的就是一种对待音乐教育的态度。

（二）奥尔夫教学法的教育特色

奥尔夫教学法的神奇魅力，就在于他所追求的原本性。虽然说是原始、简单的，但并非陈旧，肤浅。原本性音乐就像是一个"火种"，只要保存生命力，就可以在历史的长河中生生不息地传承下去，演变出新的生命。要真正解开奥尔夫教学法的奥秘，就要把握住其中的精髓：

1. 追求质朴、回归本原

奥尔夫认为真正的音乐是人本身内心情感的流露。幼儿生性好动爱玩，而奥尔夫音乐可以很好地释放他们的天性，这样的音乐放在幼儿教育中方能让其感受到音乐的魅力所在。在整个奥尔夫音乐教育体系中音乐的素材的选择，所采用的形式等都是基本遵循的是"突出音乐中最基本的节奏要素；节奏运动中采用最简单的不断反复的固定节奏型；旋律中采用最易唱的五声音阶；调式中采用最常见的大、小调；和声中采用最基本的 T、S、D 级进行；舞蹈动作中采用最自然的即兴律动；乐器演奏采用最没有负担的敲击乐器和'人体乐器'"[①]等原则。从各方面来看的确看似都是最基本、最初级的，因而人人都可能参与，但是这样简单因素综合的效果却极为丰富和动人，更容易唤回人生来就有的音乐本能。

2. 以人为本、寓教于乐

奥尔夫教学法认为：在音乐教育中，音乐只是手段，教育人才是目的。人人都有音乐天赋，只不过是天赋的多寡而并非接受音乐教育的权利。在许多的音乐教育中往往更加重视的是完成艺术音乐教育的使命，要求人们掌握好某些技能，会唱歌，会演奏乐器或作曲等。当然，这需要长时间刻苦努力地学习。但往往却也忽视了作为基础性的音乐教育任务。尤其对于学前幼儿更为重要。音乐来自人自身的欲念，每个幼儿都有感知、表现、创造音乐的天赋与能力，更有接受音乐教育的权利。能够成为音乐家的幼儿只占少数，音乐教育的首要任务更多是为那些不能成为音乐家的幼儿着想，帮助他们，让他们参与到音乐活动中来，在未来也能够成为一个积极的有一定鉴赏水平的音乐欣赏者，能够从音乐中享受乐趣。而教师在教学活动中应把幼儿放在首要位置，其次才是音乐，一切从幼儿出发，选择最符合他们天性的民歌、童谣、谚语等教学素材运用于幼儿音乐教学中，这样能够让幼儿理解并运用这些内容进行创作，挖掘幼儿创造性音乐活动的潜能。这也是奥尔夫对音乐教育所做出的伟大贡献。

3. 节奏为基，综合为主

奥尔夫所强调的，原本性音乐并非单纯音乐，而是将动作、语言和舞蹈结合在一起。那么连接这些部分的纽带又是什么呢？是节奏。它是其中最核心、最基本的要素。奥尔夫教学法最初从动作结合音乐再到加入语言，首先入手的还是节奏。一个幼儿出生刚几个月

---

① 秦德祥编著：《元素性音乐教育》，14页，南京，南京大学出版社，1989。

就会跟着音乐有节奏的摇摆，可以说，节奏感是一种人的本能。一个人最基本的音乐表达方式应该就是演奏音乐和跳舞，而在这里语言、舞蹈和音乐是一个不能分离的综合行为。音乐古籍《乐记》中曾记载过："动情于中而形于言。言之不足故嗟叹之；嗟叹之不足，故咏歌之；咏歌之不足，不知手之舞之足之蹈之也。"形象生动地说出语言、舞蹈、歌唱原本是一体的。而这又恰恰和奥尔夫所提出的观点惊人的相似。也可以说奥尔夫重新找到了这个古老不朽的音乐文化观念。

在教学活动中，教师应努力遵循"把幼儿音乐教育中动作、语言、舞蹈、音乐当作一个不可分割的行为领域"的教学原则，运用多种艺术手法配以朗诵、配乐游戏、歌唱、舞蹈、器乐合奏的形式，让幼儿在学习过程中，全面地体验和感受艺术的丰富美感。

4. 即兴互动，参与为重

让幼儿自己去做，是奥尔夫教学思想中最重要、最基本的一点。音乐并不是单纯的演奏和聆听，它需要用音乐来表现和传达表演者或演奏者的情绪或情感，让观众能与之共鸣。因此，让幼儿亲身体验，才能够完成情感的传递和理解。学前幼儿的教育一般以"游戏"入手，而奥尔夫的课堂中所有音乐教育也是从"游戏入手"，即通过即兴的方式来实现活动目的。与以往音乐教学活动不同的是，奥尔夫教学法让幼儿在游戏中去探索声音，去尝试用字词、语言、自己的动作、即兴的身体敲打节奏来开始自己的音乐学习。

与以往"填鸭式"的教学不同的是，奥尔夫的音乐课堂中每个幼儿都是演奏者，几乎每个课例都有创编活动。从一个小小的动作创编到一个大型音乐戏剧的创编，对于幼儿来说都具有无穷的吸引力，能够收获音乐带给他们的满足感，因而也会促使他们主动地参与到创编中来。没有了那么枯燥乏味的唱歌跳舞练习，而采用这样生动活泼又贴近幼儿天性的形式，更易于走进幼儿的内心。

5. 兼容并蓄、发展本土

作为一种音乐教学的思想和态度，奥尔夫教学法并非是有固定的、封闭性的"条条框框"。它的具体教学内容和方法，无不激励和启发人们自己去创造和安排，同时它自身也一直在吸取新的东西，不断地向前发展。奥尔夫音乐教学法遍及全球，也正是以开放的态度去对待所有新鲜的事物，在与不同文化的碰撞交融下形成了具有本土化特色的奥尔夫教学法。特别值得一提的是，奥尔夫教学法也特别适合我国。我国的民族民间音乐调式丰富，节奏也非常突出，打击乐发达，这些都大大增强我们发展奥尔夫音乐教育的可能性。

当然，这当中有一个非常重要的前提，就是要抓住奥尔夫教学法的思想和原则。很多时候往往对其思想理解不透彻就容易被误读，得到一些片面性的理解。奥尔夫教学法虽然灵活，但也有它的核心思想，因此教师在运用的时候切勿生搬硬套，要与受教育者的地域、文化背景等实际情况和条件相结合。奥尔夫教学法中所有的教学素材和形式可以扩充、改变或创造，而它正是以这种兼容并蓄的开放态度在不断向前发展，这也正是奥尔夫音乐教育的核心魅力所在。

第二节　奥尔夫音乐教学法的实践与拓展

一、结合语言的教学

奥尔夫所做的一项伟大贡献就是把语言引入音乐教学中，这也体现了他所追求的将音乐与动作、舞蹈和语言紧密结合的理念。语言是人人生来就具备的能力，将语言与奥尔夫教学中最核心元素节奏练习相结合，是奥尔夫教学本土化最好的体现。

（一）语言在音乐教学中的意义

1. 贴近幼儿生活，更易于学习

语言是人与人之间沟通的桥梁，每个人从一出生就具备两种基本能力，一是学说话；二是学走路。让幼儿从说话入手，无须专门的训练和技能练习，就可以开始音乐教学，无疑让幼儿减少了学习中的心理障碍，更多了一份熟悉和亲切。

2. 母语入手，更能体现教学的本土化

语言也是不同国家、地域和民族的标志。每个人从一出生就会说的语言就是母语，这是根植在每个人的文化土壤之中。奥尔夫从很早就尝试用他家乡的方言和儿歌来选择素材编写教材，并用方言进行表演，这样的试验后来又扩大到其他各国，这显然是成功的。因为它不需要多么深奥的技巧，从最熟悉的事物和环境入手，这不仅仅是幼儿教育中重要的教学原则，同时也是奥尔夫音乐教育观的重要体现。

（二）结合语言的教学基本原则

生活当中语言本身就带有节奏，在教学上一般就从幼儿的字词、姓名、歌谣、谚语等当中提取"节奏基石"。所谓"节奏基石"，就是指从语言中派生出来的，具有律动感的短小字词组合而成的最小节奏单元。但在音乐教学当中，"节奏基石"实际上可以看作是一个最小形态的固定节奏型。

以 $\frac{2}{4}$ 拍为"节奏基石"的类型。例如：以幼儿的姓名为例，让他们有节奏地报出自己的姓名，并按其节奏拍掌，以相互认识：

此外，也可从童谣或儿歌当中提取，然后完整地朗诵并拍掌。

另外还有以 $\frac{3}{4}$ 拍为类型的，以家庭成员为例：

通过反复应用这些语词，结合它们派生出来的节奏，会让幼儿产生惊喜和新鲜感，就可以很快地印入幼儿的脑海里，让幼儿能迅速在看谱和记谱时认识它们并加以再现。此外，提取的"节奏基石"还可以作为固定的节奏型来配合歌唱和朗诵，并进行多种形式的演奏和即兴演奏。

（三）语言在音乐教学中的应用

1. 以熟悉的儿歌、童谣等进行节奏朗诵练习

幼儿时期的儿歌、童谣都是伴随幼儿的生活和学习的，无论是哪个国家、哪个民族，儿歌、童谣都会世世代代地相传下去，这也是幼儿最喜欢的练习节奏的方式。针对幼儿时期的发展特点，将节奏练习与儿歌结合起来，不仅可以增强学习的兴趣，可以有效地培养幼儿的节奏感。

教学案例《排排坐》（小班、中班）

【活动目的】

通过多声部节奏朗诵练习，并用简单的律动进行伴奏，增强节奏感，体验其中乐趣。

【活动建议】

1. 老师带幼儿围成一个圈，带大家念读童谣。可以让幼儿两人一组，面对面拍手念，在念的过程中按 │♩ ♩│ 拍子来拍手。

2. 带领幼儿围成圈走动着念，手和脚跟着刚才的拍子走，用手轻拍前面同伴的肩膀，可做顺时针或逆时针走动。

3. 分成三组，每组负责一个声部，边拍边走圆圈，共同为童谣进行伴奏。

第一组：拍腿

第二组：踩脚

第三组：拍手

【活动提示】

这样的练习需要建在幼儿对儿歌、童谣有一定节奏朗诵的基础之上，而且要循序渐进，并根据实际情况调整活动目标。比如在教学当中，如果拍手、踩脚、拍腿同时进行有难度的话，可以适量降低要求，分组练习或者是两组（踩脚+拍腿、踩脚+拍手），根据幼儿的接受程度进行灵活调整。

2. 从幼儿熟悉的事物名称入手进行节奏朗诵教学

对于幼儿熟悉的事物，除了上述所说的姓名以外，还有动物名、交通工具名、食品名、花名、书名、地区名等，根据教学的实际情况来提取，可以通过发展小短句，或者让幼儿即兴创编短剧，通过各种形式的组合来培养幼儿的创造力和反应能力。

教学案例《你爱吃的主食是什么?》（中班）

【活动目的】

通过二拍子的节奏朗诵和多声部的节奏训练，培养幼儿的即兴创造能力和反应能力。

【活动准备】

图卡、节奏卡等

【活动建议】

老师带幼儿进入了一个魔幻厨房，里面全球各地的美味佳肴，但唯独缺少的就是主食，所以要请幼儿帮帮忙，让他们来提供主食的菜单。

1. 用两个字、三个字或是四个字组成的词，但是不能有重复，分成几组来比比谁想得最多。最后，老师从这些词当中选取一组具有代表性的，指挥幼儿边拍手边说。每一种节奏型反复数遍，直到全体朗诵基本整齐再换另一种。

2. 等大家熟练掌握之后，老师提出另一个要求，就是不说话只拍手，让幼儿来猜猜刚才所说的主食。要求是以两小节为主，随机组合节奏型。如：

师（问）：拍手

生（猜）：方便面、米饭

这个游戏还可以让幼儿来充当老师，给出节奏型，然后请另一位来猜。如果觉得容易，还可以变为三个小节的随机组合，把难度加大，更加考验幼儿的反应能力。

3. 将全班分为三组练习，每组练习一个节奏型，一组先念，另一组按一定的规律进入。

第一组：米　饭（四次之后，第二组进入，形成二声部）

第二组：方便面 （四次之后，第三组进入，形成三声部）

第三组：小笼包子

等到这三组都念齐了，可以改变音量或变化速度或变换音色等。如果要再进行一些拓展的话，则可以待三组念齐之后，停下来。然后让一个幼儿说："小心，别烫着了"，之后大家一起跺脚说："哎哟！"

【活动提示】

这项练习从幼儿熟悉的食物出发，引导他们创编，当然可能有些幼儿不一定能想出三个词或四个词的主食名称，那么也可以在前面加上形容词等来修饰，比如"大馒头"，或者加上地名"湾仔水饺"。练习节奏型的时候时间不要长，要用一个个游戏串联起来，让幼儿在不知不觉中就把节奏型记住了。这样的练习不仅能够培养幼儿的节奏感，同时也能很好地锻炼他们的反应能力，当然以上介绍的只是几种活动形式，老师可以根据实际情况设计出更多好的活动。

3. 声音探索游戏（适合小、中、大班）

幼儿喜欢将听到的声音印象用嗓音模仿出来，比如，动物的叫声、交通工具声响、各种物体碰撞的声音，而将这些声响模仿也需要一个转化的过程，不仅加深幼儿的听觉感受力，同时也是培养想象力、创造力极好的方法。

教学案列《在农场》（小班、中班、大班）

【活动目的】

通过声音模仿游戏来进行语言节奏、动作、奏乐等综合练习，培养幼儿的想象力和创造力。

【活动准备】

图卡、音频等

【活动建议】

1. 请幼儿围成一个圈。老师带领幼儿去农场里逛一逛，（出示一些动物的图片）老师提问，让他们来回答。要边打拍子边说，如：

师：小狗 怎样 叫？

生：小狗 这样 叫，汪汪汪。

小狗 怎样 叫？　　　小狗 这样 叫，　　　汪 汪 汪。

2. 熟悉了这样的问答方式之后，请一位幼儿代替老师问大家，大家要根据他说的动物名模仿出叫声，同时在模仿动物声音时要做动作，看谁模仿动物最像，谁就可以来当发问者。

3. 带领幼儿一起唱一首《在农场》的歌谣。第一段歌词是固定的，之后可以随意改动，分组请幼儿来改编动物的名称，并即兴模仿这些动物的动作。

在 农 场

猪 儿 在 农 场 噜 噜 噜，　猪 儿 在 农 场 噜 噜 噜。

猪 儿 在 农 场 噜 噜 噜，　它 就 会 噜 噜 噜。

【活动提示】

这个活动比较有意思，因为幼儿喜欢模仿动物发出的声音。不过在模仿声音时需要有节奏地说出来，并且可以即兴改编动物的名字和动作，也考验幼儿的反应能力。在这项活动中需要借助一些图片或是音响资料，来让幼儿分清动物，以便更好地学习和认识这些动物的声音和动作。让幼儿做动作表现时，让他们有各种各样动作机会的展示，而且要体现出天上飞、地上跑等不同动物的表现方式，比如天上飞用上半身肢体表现，地上跑用腿部进行表演，可以很好地锻炼他们的创造力和想象力。

除了上述所给出的声音模仿游戏活动外，还有很多可以拓展的游戏活动。例如，用噪音声响来"讲"故事。可以给他们设计几个主题，比如"繁忙的街道""汽车站""下雨的一天"等，在教学中，将全班分为几个小组，每组表演一个主题，要有场景的描述，角色的扮演等，充分调动幼儿学习的兴趣和创作积极性。

以上介绍的关于结合语言的教学课例仅供参考，教师需要根据实际教学情况来有选择性地加以调整。奥尔夫特别强调的是从实际出发创造性地发展，要让幼儿从自己的内心出发来玩和奏，这也是教师们在实践过程中需要去把握的。

二、结合动作的教学

结合动作的音乐教学在奥尔夫教学法当中的运用是非常丰富的。通过用声势练习、结合游戏的形体表演以及将民族民间传统舞蹈结合在一起，而且当中可以变化出不同形式的教法，再加上幼儿生性好动，这种将身体与动作相结合的方式也深受幼儿的喜欢。

（一）动作教学的目的

在传统的教学课堂上，一般都是让幼儿安静地聆听和欣赏音乐。但在奥尔夫的课堂当中用身体表现音乐的活动形式是必不可少的。比如声势练习，就是将自己的身体作为一个乐器，通过身体动作发出声响，比如基本的拍手、拍腿、跺脚等。通过这种声势练习，可以锻炼幼儿的身体协调能力，体会用身体来感受音乐，表现音乐，如同用身体在歌唱和表演，提高幼儿的表现能力。将动作作为音乐的"化身"，通过这种形式，对音乐的要素，如音的高低、大小、音色、速度、节奏、旋律，甚至是音乐的情绪、风格、乐句、曲式结构等均可以由动作反应来进行训练，甚至是整部交响乐曲，都可以通过身体来"演奏"出来。

结合动作的音乐教学可以说是唤醒人的本能，培养了幼儿的动作协调能力，使他们的情感更为敏锐、细腻，促进他们全面健康地发展。

（二）动作教学的方法与应用

1. 声势

声势主要是用身体动作发出声响，它其实也是人类宣泄、表现和情感交流中最原始、最直接的一种方式。每个人都具有最为自然灵活和表达节奏生命的"乐器"。其基本的形式包括：

拍手——注意两肩和两臂之间的灵活轻松，双手放在胸腰前。在拍手的过程中，方式不同造成的音色也会不同。在活动过程中，可以尝试让幼儿用不同的方法来拍，比如：一手不动，另一只手拍打；还可以尝试两手微弯拍击，就会有像空壳子一样的响声；此外还可以拍掌背、手背对手背、手背对指尖、指尖对指尖等，可以让幼儿自己探索拍手的可能性方式，来体验不同的音色特点。拍手时的声音明亮、清脆，一般易有鲜明、节奏性强，较为复杂的节奏声部。

跺脚——主要是分为站姿和坐姿。一般来说是脚掌落地，左右脚均可，但也有时候是脚尖落地，或脚跟落地。在跺脚时主要不要用力过分，以免振动过大。跺脚的声音比较深沉，因此在合奏当中基本担任的是节拍重音的声部，因此节奏不宜过密和复杂。

拍腿——全身放松，双手自然放在大腿上，也可以单手拍腿，或者交叉拍腿。拍腿可以拍出更为丰富的节奏花样，它也成了学习乐器的最佳准备练习方法。这种方法不仅有利于节奏感的培养，同时也对协调左右手，放松均有好的效果。拍腿声音不够鲜明，不可在重拍，但在作十六分音符节奏练习时会更加容易。

捻指——捻指对于幼儿来说很难做到，可以尝试用弹舌来代替捻指发出声响。它在四中声势当中很少单独拿来做练习，一般都是结合其他声势联系。捻指的音响最小，但是有时可发出尖锐、明亮的响声。

当然除了以上四种基本声势外，其实还有很多其他的声势形式，从头到脚全身各个部位都可以成为拍打的乐器，而且也可以获得极为丰富的节奏和音色的变化。对于幼儿来说，从打胸脯、打肚皮再到打髋部两侧所发出的不同音色和节奏都会令他们惊喜并乐此不疲地学习，放在课堂当中，就会产生意想不同的教学效果。

传统的声势谱例：

右（手、腿、脚）：符干朝上

左（手、腿、脚）：符干朝下

声势在教学当中应用比较广泛。可分为以下几种类型。

（1）节奏训练。

一般在上课之前，教师会带幼儿做一些节奏热身游戏，在教学当中，教师尽量少说，而是用动作的方式来提示，比如，手掌向上表示开始、两手放在身后表示停止。目的是为了让幼儿从一开始就能够集中注意力，养成良好的反应习惯，随时注视教师的动作。

节奏回声练习是在节奏训练中做得较多的，比如：节奏模仿（问答）和节奏接龙等形式，当然在幼儿教学中，一般还是以节奏模仿（问答）的形式为主。

由教师或幼儿先拍一个1、2或者几个小节节奏型，然后幼儿准确地接上并加以反复。一般来说最好从四拍子开始，二拍子的太短容易让幼儿紧张。开始的时候以最简单的四分音符为主，之后再慢慢加八分音符、休止符等。这种练习有助于训练幼儿精确的听觉、敏捷的反应和记忆能力。

例1 　　　　　　　　　　**拍手的节奏模仿谱例**

......

例2 　　　　　　　　**拍手、拍腿、跺脚的节奏模仿谱例**
（注：第一小节为老师先拍，其他小节为节奏的模仿）

这仅是个例子，教师可以在此基础上创编许多的节奏型进行演奏，不仅仅只限定在拍手，可以是拍腿、跺脚等；在进行节奏模仿练习时还可以选择幼儿熟悉的童谣、歌曲等当中一些有特点的节奏型进行模仿，这样会让他们在不知不觉中就学会并接受，而且也能将教学的内容有机地结合。

这种节奏模仿或问答的方式可以是有稳定节奏的，也可以是非稳定节奏的，当老师给出一个节奏型，幼儿不一定要模仿这个节奏型，可以自己即兴创编，就像自由问答一样的方式，给予幼儿创作的空间。

（2）用声势为童谣或歌曲伴奏。

用声势为语言和歌曲伴奏，是教学上最普遍的多声部训练，这也是奥尔夫教学法中一种极具特色的内容。在伴奏当中，可以平行地进行，加强重音地或进行补充地直接从属于朗诵的词句，或作为固定音型的节奏背景。"固定音型"（Ostinato）是奥尔夫设计的供伴奏声势最有特色的一种，原意为"顽固"的意思，中文翻译时也常见使用"顽固低音""顽固节奏""顽固伴奏"，它作为一种节奏基石这样的小型单位可以从头至尾不断反复。

教学案例《小老鼠、上灯台》（中班）

【活动目的】

1. 通过固定音型的声势节奏来为童谣伴奏，培养良好的节奏感和肢体协调能力。

2. 通过初步接触回旋曲式结构，培养即兴创造能力。

【活动准备】

图卡、音频、视频等

【活动建议】

《小老鼠、上灯台》是一首耳熟能详的儿歌。在活动过程当中可以设计出很多活动。本例的设计主要是以固定音型的声势来为这首儿歌伴奏。

除了拍手（八分音符）以外，其他符干朝上为右，符干朝下为左。

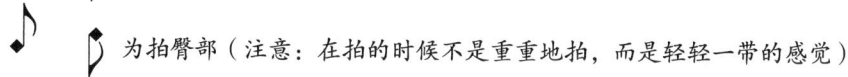

 为拍胸

 为拍髋部

 为拍臀部（注意：在拍的时候不是重重地拍，而是轻轻一带的感觉）

1. 请幼儿围成圈，老师带领幼儿先拍手念童谣，然后再用声势进行伴奏。分为两个声部进行轮说。

2. 待熟练之后，可做节奏回旋曲。全班一起边念边做声势为A段。之后请两位幼儿，也可以选出两组来做即兴表演，作为插部B和C段，形成一个ABACA的回旋曲。

3. 教师不需给幼儿说明曲式结构，只要用图形或颜色的方式来告诉他们，如：

○ ☆ ○ △ ○

猫　老鼠

【活动提示】

这个经典声势组合是由奥尔夫专家所创编的，分为"3""5""7""9"组合（后加上跺脚），这些组合能相互组合和变化，为歌谣或旋律来进行伴奏。本课例用到的是"3""3""7"的组合，对于 $\frac{2}{4}$、$\frac{4}{4}$ 拍的旋律或童谣都很适用。教师可以尝试在此基础上设计为其他的作品进行伴奏，也会达到意想不到的效果。

大家来数数

佚名

一、二、三，　大家数数看，　不要数错不要偷懒，一、二、三。

（注意：腿的上、下两条线分别代表右腿和左腿，可以出现右手拍左腿，左手拍右腿）

（3）身体动作。

幼儿在音乐教育中，结合动作的学习是最重要的原则之一，这也是遵循幼儿身心发展客观规律。在这个时候幼儿主要通过感官直觉的体验这个世界来获得经验的，也是训练身体协调能力的最佳时期。

在进行身体动作的训练要保证有一个合适的空间，让幼儿自由活动，最好是地板、化纤地毯、瑜伽垫等做铺垫材料，训练时要穿软的运动鞋，衣服要宽松透气。

放松和感知身体游戏

在学习音乐的时候，最常说的一个词就是"放松"，如果专门给幼儿说让他放松，他可能不知道，反而紧张。在奥尔夫的课堂上，可以给幼儿做各种放松的游戏，让他们来体验全身放松的感觉。例如，可以让他们把自己想象成一只猫、一个要融化了的雪人、一个成长中的小豆子或是一个断了线的木偶等，以游戏的形式让他们体会身体放松的感觉。

以下为奥尔夫的几个常用教学活动课例：

教学案例《我是整体的一部分》（小班、中班、大班）

1. 老师和幼儿围成一个圈，然后手松开；

2. 大家把眼睛闭上，全身放松，两手贴在大腿外侧，肘部略微向外凸出，然后小步向前走，步伐自由。直到逐步缩小圆圈，至互相挤住为止。再小步后退，回到原来的位置，形成大圆圈。

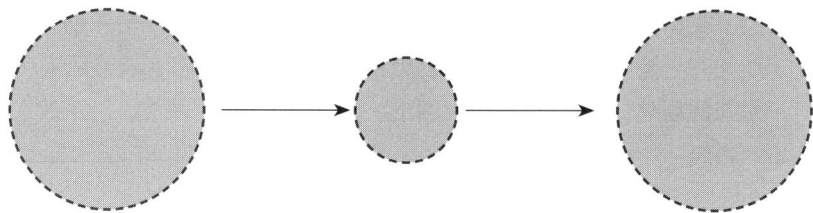

图1

【活动提示】

这个练习可以反复做，目的是让幼儿建立"我是整体的一部分，我在的正确位置"的概念。这项活动虽然简单，但是包括了空间感、协调性和听觉等多项练习，同时还要闭着眼靠脚步声感知别人的存在。若单靠听力还不能感知时，老师可以让幼儿把两肘拱起，凭触觉来感知。要保护幼儿的自尊心，让他能够自己去努力完成。如果幼儿不能够及时走到他们所在的位置，也不用介意，要鼓励他们，让他们在活动中继续调整自己，按自己的基础和能力去逐步提高。

教学案例《熟悉你的身体》（小班、中班、大班）

1. 老师来击鼓，让幼儿跟着鼓点走，随着音量速度发生变化时，动作也要发生变化。（如从慢走——快走——跑——跳——蹦等）

2. 还可以按老师的口令来做，比如"头碰头""手碰脚""背碰膝"等，看看哪个组的造型最快最好。

【活动提示】

这个游戏的目的就是让幼儿能够了解自己的身体部位，培养反应力、创造力和合作能力。

教学案例《吹玻璃的工人》（小班、中班、大班）

1. 老师告诉幼儿，有些玻璃器皿是靠吹制吹来的。所以让两人一组，一个扮演被吹的玻璃，一个扮演吹玻璃工人，一个扮演被吹的玻璃。

2. 扮演被吹的玻璃要像没有骨头一样完全松弛，可以让幼儿做想象各种不同的姿势，让吹玻璃的工人开始吹，要求是只能用嘴，不能用手。当吹的时候玻璃要不停地动，当一停止就不允许再动了。

3. 在此之后，可以再换角色做。

【活动提示】

这个活动十分有趣，而且最后出来的姿势也是千姿百态，令人捧腹不已，让人感到无穷的乐趣，这也考验幼儿互相之间的配合和协作，而想象力、创造力的培养，也就自然寓于其中了。

（4）感知音乐的结构。

音乐作为一门时间的艺术，有它特定的结构。在音乐教育中对于音乐曲式结构的把握是难点也是重点。在奥尔夫的音乐教学当中，非常重视曲式结构的教学，而且从很早就开始了，在入门的教学中，甚至先于读谱、音阶。其主要的内容就是要了解乐句、乐段、一段体、二段体以及简单的歌曲、回旋曲、变奏曲等，而并非光用耳朵去聆听，更要结合动作来学习这些相关的内容。在这里动作的教学不同于体操、舞蹈，它虽然不像体操、舞蹈那要追求艺术上的精准技术，但要通过动作去表示感受到的音响。比如表现音的高低，可以摇动双臂上下摆动，或者用站立或蹲下来表示高低。而且要鼓励幼儿创编不同的动作来表现，对于幼儿完全搞怪的动作也不要太介意，关键要看是否将音响特征表现出来。

比如对于乐句的划分，可以让幼儿用手在空中画弧线，左手平放，右手放在左手上，随着音乐开始画弧线：如

第一乐句：

第二乐句：

……

在感受乐句划分时，还可以感受乐句的长度，乐句的开始和结束、乐句中的停顿等。开始教师可以设定动作，（动作幅度要大、明显），之后就可以让幼儿自己来选择动作。

教学案例《爬楼梯》（小班、中班）

【活动建议】

通过用身体来体验两个乐句构成的歌曲。

【活动准备】

钢琴、图卡等

【活动过程】

爬 楼 梯

佚名

（乐谱）

小 宝 宝， 爬 楼 梯， 全 身 使 力 气，

一 二 一， 一 二 一， 看 看 谁 第 一。

1. 听老师唱这首歌，用走和听来表示乐句的开始和结束。然后问幼儿这首曲子是由几句来构成的？（两句）

2. 之后带幼儿一起感受（随着音乐的开始用手画弧线，让幼儿感受这个乐曲的特点）

3. 老师让幼儿想想还可以用什么方法来表示这两个乐句呢？细心观察幼儿当中谁做得准确，有创造性，可以让他们上来进行表演。

比如：第一句的弧线要高点，第二句的弧线画低点；

第一句是向前走和听，第二句就是蹲着向前走和停……

4. 分组表演，每组为这两个乐句设计好动作进行表演，看看谁做得最好最有创意。

【活动提示】

这是一个两乐句的歌曲，虽然还不算是一个完整的课堂教学，只是呈现了对音乐结构感受的一部分内容，教学的目的就是要让幼儿尽可能去用动作感受，不需要过多的理论知识，以获得真正的经验。而通过动作来感受音乐往往会更加印象深刻，这就是奥尔夫教育所强调的通过动作来感受音乐所带来的效果。

（5）空间感知训练。

一般来说，幼儿大多喜欢跑和跳，不喜欢走，但是通过加以变化的走的形式也可以让幼儿产生兴趣。这种方式配合音乐进行节奏变化的训练在活动中也是经常运用的。当然在空间行走的过程中有很多变化的形式，比如，蹲着走、弯着腰走表示低音、踮起脚尖走表示高音，要求幼儿音响能够以走的即兴动作来反映。空间行走的路线可以有以下几种。

A　以弯曲的空间路线行走：如圆圈式、长蛇式和散乱式。

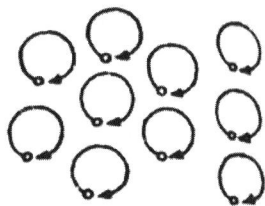
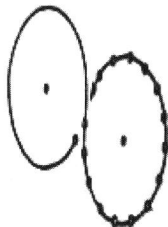

图8-1　　　　　　　　　　图8-2　　　　　　　　　　图8-3

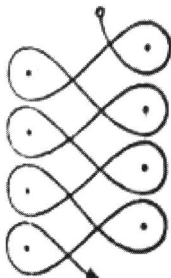
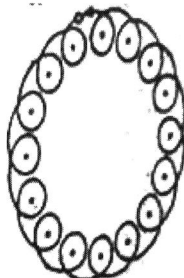

图8-4　　　　　　　　　　图8-5　　　　　　　　　　图8-6

B　以直的空间路线行走。

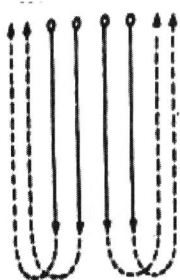
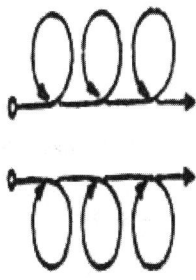
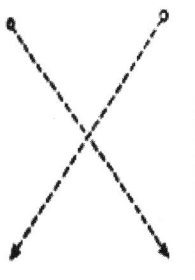
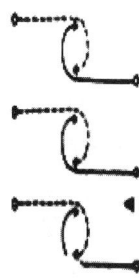

图8-7　　　　　　图8-8　　　　　　图8-9　　　　　　图8-10

C 带有方向变换的向前和向后行走。

向前v.   向后r.

集体舞在奥尔夫的教学当中比较常用。通常会在活动的放松或者结束的时候使用，这类舞蹈与专业性的舞蹈有所不同，集体舞一般是以律动为主，通过动作感受抽象化的音响，表现音乐中的曲式结构和要素，培养空间、时间的距离感。

教学案例《七步舞》（小班、中班）

七步舞（Seven Jumps）

丹麦舞

注：此曲可以重复七次，每到☆处就需再增加此音一次。

【活动目的】

1. 通过集体舞来感受乐曲的结构；

2. 体验和把握时间、空间距离感，并进行一定的即兴创造。

【活动准备】

音频、图卡等。

【活动分析】

这是一首经典的奥尔夫乐曲，其乐句的结构是aa' bb' 两段式。这首曲子在两处地方比较有特点，一个是 ，另一个是 处，由于这首曲子连续演奏七遍，每次在最后的 这个小节反复时都会再增加一次，因此在这里动作设计上可以做很多的变化。

【活动建议】

1. 大家先围成一个圈，老师告诉幼儿要玩一个"寻找朋友"游戏，前提是要根据音乐发出的声音密码来寻找，这个声音的密码有两个，分别是刚刚上述所说的两个特点。

2. 游戏规则如下：

（1）a与a'段，大家两手放在后背然后跟着音乐在场地中即兴地小跑，到第二段乐句结束时停步；

（2）当到b和b'段出现了 ♩ ♩ ♩ 时，拍三次；之后随后来的音乐自己转一圈。

（3）当到b'段的 ♫ 出现时，大家就要马上就近找到自己的朋友，看看谁反应快，谁找到朋友最快，在找到时和对方握手。当再次重复时，则会增加动作的难度，老师将给出一些指令"密语"，比如两人一组，三人一组，或者"脚碰头""肩碰手"等姿势。幼儿要迅速根据这些"密语"来做出反应，而且要听出这个音究竟有多长。如果没有作出相应的反应，则淘汰出局。

3. 这个游戏可以重复做，而且可以有很多变化形式。

【活动提示】

这个集体舞比较有特点，中间可以给幼儿动作即兴创编的空间。在前面两个乐句中，也可以让幼儿围成圈手拉手随音乐向左跑跳步，之后再向右跑跳步，或者变换不同的队形。让幼儿对这段音乐的结构以及音乐的节奏旋律特点都能掌握，当然在音乐当中，培养幼儿对音乐的反应力、听辨能力也是十分重要的，在游戏过程中切忌只当成游戏，也要用心去聆听音乐。

结合动作的音乐教学在世界的许多国家已广为普及，尤其对于幼儿来说是十分必要的。在教学中教师们要根据奥尔夫教学的理念不断创新，设计出更多适合幼儿的音乐活动课例，让他们体验音乐的乐趣。

三、结合乐器的教学

器乐教学，是奥尔夫教学法的显著特点之一。奥尔夫曾经这样说过："我不想用高度发展的艺术性乐器来训练，而用一种以节奏性为主并比较容易学会的乐器，和肌体相近的乐器。"也就是说，他所指的器乐演奏并非等同于专业的器乐演奏，而只是用简单的乐器，让幼儿当作玩具来使，这就像是幼儿玩玩具一样，只不过这些玩具换成了木琴、钟琴或锣。教师要给幼儿提供发现发明创造的机会，鼓励他们主动即兴地创造和设计自己的音乐。这一点说起来并不难，但要真正做却并不容易。即使是简单乐器演奏也需要多练，还要让幼儿注意听别人演奏的声音，这也是一种听觉训练。

（一）奥尔夫乐器的产生

奥尔夫乐器的诞生来源于一种教学理念，即人们只有在音乐实践中才能学到音乐。这种教学理念一改传统的先技术后音乐的传统，让幼儿从感性到理性，从音响开始无须为乐器演奏做技巧准备就可以参与和体验音乐。

在现实生活中我们往往发现并非所有的幼儿都喜欢歌唱，而且有些幼儿经常唱不准，就以为是耳朵的问题，从而导致他们对音乐失去兴趣，也不愿参与到音乐活动中来。其实从生理学的角度来看，幼儿的声带是处于非常娇嫩的状态，大脑对其控制还未形成，所以并非就是因为听觉出了问题，而这个时期发展器乐教学更为合理。音乐教育的目的就是要用各种手段，让幼儿对音乐产生兴趣并分享音乐当中的快乐，而器乐教学鼓励幼儿参与到音乐活动中来，能极大提高教学效果。

奥尔夫教学法中所强调的乐器是"最接近人体的乐器"，这里所指的并非是空间距离方面与人接近，而是人体演奏动作与乐器的发音是有直接的关系。即手鼓、钹、串铃、碰铃等打击乐器以及木琴、钟琴、铝板琴凳音条乐器，手持棒槌即便可发音，比如，钢琴就不是典型奥尔夫乐器，因为它在触键之后还要经过一系列的传动部件，才能使槌头叩击钢丝发音。除此之外，也有将不借助任何器物，直接由人体运动发声的如拍手、捻指、跺脚等"躯体乐器"纳入奥尔夫器乐法中。但"奥尔夫乐器"但作为专用名词，还是以打击乐器和音条乐器为主，这些乐器也是奥尔夫受印尼、非洲等地的一些古老民间乐器启示而设计制作，也是他的伟大创举。

奥尔夫乐器的简单易奏，乐器演奏色彩之丰富，让幼儿从敲击一件简单乐器开始，从最简单的节奏即兴表演，就可以进入充满神奇、幻想的创造天地，也让我们知道原来创造性教学并非如此神秘莫测。

（二）奥尔夫乐器的分类（见图8-11）

奥尔夫乐器主要分为两大类：一类是无固定音高的打击乐器，另一类则是有音高的乐器，主要是从乐器制作的原材料和音色特点来进行分类的。

1. 无固定音高的乐器——打击乐器

（1）皮革类：即鼓类。一般是由皮革制成，最大的特点是由较强的共鸣声，音量大且低沉，适用于低音声部。常用的如手鼓、大鼓、小鼓、铃鼓、双面鼓等。

（2）木质类：由竹木制成，特点是声音清脆、明亮、短促，颗粒性强。适用于"旋律声部"，可以敲打节奏较复杂、速度较快的节奏型。如单（双）响筒、响板、蛙鸣筒、木鱼等。

（3）金属类：由铜等金属制成，特点是声音明亮、穿透性强，延音长。在合奏中一般作为特色乐器使用，由于有余音且音量小，不宜用在强拍，或是演奏音符较多速度较快的节奏型。

（4）散响类：由金属或塑料、竹木、沙等制成。主要是根据发声特点来命名。此类乐器的特点是音量小、声音细碎，一般作为特色乐器使用，可以做长音演奏，但由于不易控制，因而不宜做强拍和较快复杂的节奏型。

上述所说的打击乐器由于操作简便，其使用方法就不一一介绍了，但需要注意以下几点：第一，声音要好听和谐。要训练幼儿学会探索敲击乐器的哪个部位发出的声音最好听，要用耳朵去聆听和感受；第二，在演奏过程中一般以轻声、中等音量为主。

2. 有固定音高的乐器

音条乐器是这类乐器当中最有特色的。在这里主要介绍音条乐器，奥尔夫创造的音条乐器分为三类，每件奥尔夫音条乐器都有各自的音域，其组成的"演奏乐队"也像一般的器乐合奏或合唱一样，可以分为高音声部、中音声部和低音声部。

（1）钟琴。

钟琴有 13 个音条，材质一般为硬质的镀镍金属。演奏时多用木制槌头，有时为了音色需要也用橡胶槌头演奏。它的特点是声音清脆、明亮，富有诗意和幼儿气息，在音条乐器中音区最高，也常作为高声部运用。由于它持续时间较长，一般不宜连续十六分音符的快速节奏，或者连续的音程进行，但可以刮奏。

（2）金属琴。

又称钢片琴、铝板琴、铁琴等，该类琴有 11 或 13 个音条，分为高、中、低音三种，材质多为轻金属合金质地，一般用较软的槌头演奏，如毛线槌头、毡制槌头等。它的音条较钟琴略厚，敲击时声音柔和、厚实，共鸣强烈、余音悠长，适用于乐队的伴奏部分。

需补充说明的是，在这类琴中还有一种形式的乐器——音块，一个音一块，每个音条都有一个小的共鸣箱。音块共鸣较小，可以拿在手上，因为使用更加简单方便，所以常作为幼儿和小学低年级幼儿音乐入门时的一种游戏式乐器使用。

（3）木琴。

木琴包括高音、中音、低音木琴三种形制，该类琴与一般乐队中使用的带有金属共鸣筒的木琴不同，有 13 个音条，材质主要为硬木（红木、紫檀木等），一般在演奏木琴时使用硬毡头槌或橡胶头槌，如果需要更加柔和的声音，也可使用毛线琴槌，若需非常清脆的声音时，则可使用硬塑胶的琴槌或木制琴槌。由于木琴的木制特征，所以演奏时发音短促且清脆，声音温和、脆生，缺乏共鸣和混响，适宜演奏轻快、活泼的乐曲及清亮的固定音型，也常用来担任明朗的旋律声部和伴奏声部。

此类音条乐器在演奏中需要注意的几点。

第一，乐器放置要根据演奏姿势来定，如坐着演奏，则音条的板盘需要放在比膝部略高的位置；如果站着演奏，则要放在相当于腰部的位置。

第二，演奏中姿势要端正放松，肩膀不要僵硬。握槌的时候要求手背向上，两臂悬空，拇指和食指夹住槌柄，手掌握住槌柄，不要把食指放在柄上方。在敲击时要有弹性，敲下去立即要弹回来。若要消除余音，可以在敲击后迅速用手按住音条。

第三，为了使演奏简便，减少敲错音，减轻幼儿在演奏中的技术负担，可以将演奏中用不着的音条取下。若琴少人多时，为降低难度起见，也可以两个幼儿各持一槌合用一架中、低音琴。

第四，奥尔夫乐器经常作为给旋律伴奏的乐器，可以有以下形式：单独用一个音（通常是调式主音）的"固定低音"、两音交替的（通常是调式的主音与属音组成的五度，或是调式属音与主音组成的四度）"波尔动"、几个音按固定节奏性（多为一小节，也可以为二小节长度）的"固定音型"，反复使用于全曲当中。此类演奏都比较简单，变化不多，适合幼儿的演奏。

奥尔夫教学法在发展中也尝试把玻璃杯、罐头盒等生活用具引入节奏乐的训练之中，在奥尔夫编写的教材中也将这些"乐器"编入了教材。器乐教学也逐步扩大了视野，创造出更多适合演奏的"生活乐器"，这样的乐器创作也给幼儿带来了音乐乐趣，可以用大纸箱、饼干筒做"鼓"；用易拉罐、塑料瓶里放沙子、豆粒等作"沙锤"；还可以用高低不同的啤酒瓶、玻璃杯排在一起，制成高低不同的音条乐器等。这类的乐器创作不仅培养了幼儿的动手能力，也丰富了教学成果。而且对于没有条件购置奥尔夫乐器的地方，尤其在农村地区及较贫困的地方，这样的自制乐器形式还是很值得参考和提倡的。

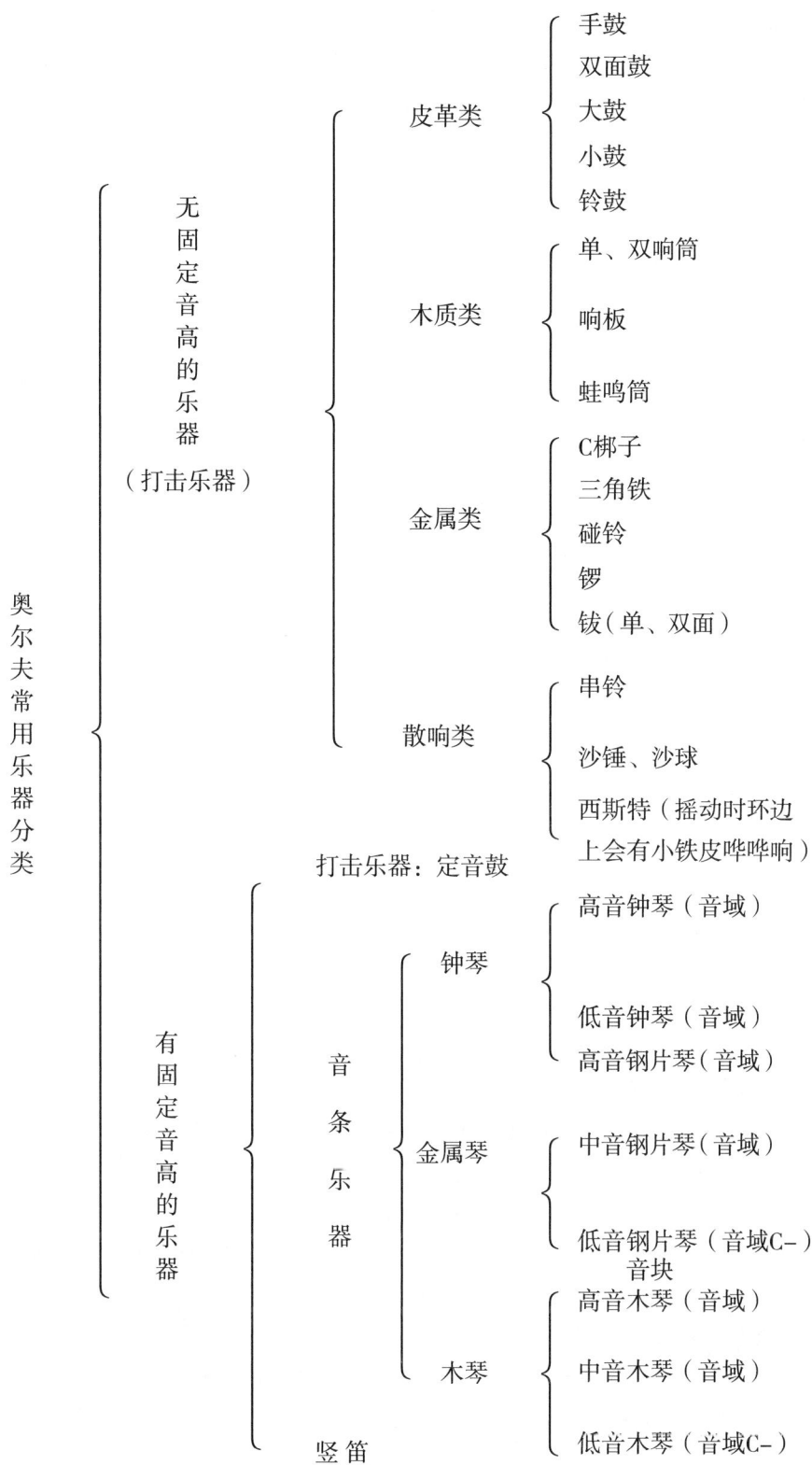

皮革类 ─┬─ 手鼓
　　　　├─ 双面鼓
　　　　├─ 大鼓
　　　　├─ 小鼓
　　　　└─ 铃鼓

木质类 ─┬─ 单、双响筒
　　　　├─ 响板
　　　　└─ 蛙鸣筒

金属类 ─┬─ C梆子
　　　　├─ 三角铁
　　　　├─ 碰铃
　　　　├─ 锣
　　　　└─ 钹（单、双面）

散响类 ─┬─ 串铃
　　　　├─ 沙锤、沙球
　　　　└─ 西斯特（摇动时环边上会有小铁皮哗哗响）

无固定音高的乐器（打击乐器）── 包含：皮革类、木质类、金属类、散响类

打击乐器：定音鼓

钟琴 ─┬─ 高音钟琴（音域）
　　　├─ 低音钟琴（音域）
　　　└─ 高音钢片琴（音域）

金属琴 ─┬─ 中音钢片琴（音域）
　　　　└─ 低音钢片琴（音域C–）音块

木琴 ─┬─ 高音木琴（音域）
　　　├─ 中音木琴（音域）
　　　└─ 低音木琴（音域C–）

音条乐器 ── 包含：钟琴、金属琴、木琴

有固定音高的乐器 ── 包含：打击乐器：定音鼓、音条乐器、竖笛

竖笛

奥尔夫常用乐器分类 ── 包含：无固定音高的乐器（打击乐器）、有固定音高的乐器

图8–11

（三）奥尔夫乐器的教学应用

奥尔夫乐器在音乐教学当中应用广泛，形式多样。虽然说人声是我们所具备的第一件乐器，奥尔夫乐器的使用并不能取代人声，而是在人声的基础上加以补充和加强，使得音乐有更好的表现力。奥尔夫乐器的使用为教学增加了一道风景线，有利于培养幼儿的协调合作的能力及即兴的创造力。

1. 打击乐器在音乐教学中的应用

打击乐器在课堂教学中应用最广，同时也是最简便易学的，深受幼儿喜欢。在音乐教学中，不仅仅可以作为节奏训练的工具，同时也可以作为学习音乐各种要素、概念的教学媒介和工具。在教学中，唱、走、动作等音乐活动、乐理认知、读谱学习，都可以利用打击乐器来学习。

（1）乐器游戏。

幼儿在拿到乐器之后，一般都会很兴奋，甚至拿起乐器胡乱敲打，当然这是很自然地表现。在乐器教学上，教师需要根据幼儿的兴趣来设计一些有趣的游戏，不仅能够让他们积极配合，同时还能够在音乐学习当中有所收获。

教学案例《谁来当指挥》（中班、大班）

【活动目的】

1. 接触打击乐器和探索乐器的不同音色，体验"指挥"与"演奏员"的不同角色变换。

2. 尝试通过身体动作来表示声音的开始、停止，分辨音量的大小变化。

【活动准备】

奥尔夫乐器、指挥棒等。

【活动过程】

1. 幼儿挑选一样打击乐器，围成一个圆圈。

2. 老师告诉幼儿要玩一个"谁是指挥"的游戏，每个人可以随意地敲击自己所选的乐器，老师可以不时提醒他们"还能发出什么样的声音来呢"，但是有一个要求，不管是谁先首先停下来，大家也要跟着他停止演奏。（注意要演奏的长度，不宜过短。）

3. 无论谁开始第一个开始演奏，大家都要跟着他演奏，并按照他演奏的方法进行，比如刮奏、碎奏、双手齐敲击等。

4. 之后老师带大家做大、小声音练习，比如双手高举表示"大"（强），双手向下放表示"小"（弱），训练几次。

5. 老师准备一个与大家不同的乐器当"指挥棒"，带幼儿唱《大家一起做游戏》这首曲子，之后按节拍来传递乐器，比如第一拍拿起自己面前的乐器，第二拍将乐器向左传递，放在左边同学的面前。乐曲可以反复唱，当老师停止演唱时，则看看老师刚才的"指挥棒"传递到谁前面，则选择谁来当"小指挥"

6. 代替老师，站在老师的位置指挥大家奏乐，演奏的开始结束以及时间都由"小指挥"来定，而且表示音乐的开始结束以及大、小声地动作也由他来定。

大家一起做游戏

大 家 一 起 做 游 戏， 接 下 来 的 就 是 你。

【活动提示】

对于幼儿来说，他们常常不能控制好自己的行动，对于听人指挥也未形成概念，而这样的游戏开始训练是很有益的。在平常幼儿拿到乐器后自己会随意地敲，但是当注意音乐的开始和停止时，就要去注意别人，这也为团体中的每个幼儿提供了平等机会，同时也要随时准备好听从任何一个别的成员的指挥，在集体中体验了"指挥者"和"演奏员"的不同角色。对于音量的"大"和"小"也是幼儿音乐入门的首要训练要素。幼儿对能发响声的器物都有一种天生的好奇心和爱心，因而用打击乐器开始入门教学对吸引他们的注意力十分重要，在这个过程中，教师更多的是去启发和引导，让幼儿自己去探索如何拿乐器，如何敲打乐器，而非着急去代替。

教学案例《纱巾游戏》（小班、中班、大班）

【活动目的】

通过看各种形式的指挥来演奏打击乐器，进行节奏训练。

【活动准备】

纱巾、奥尔夫乐器等。

【活动过程】

1. 老师准备好三条不同颜色的纱巾，比如分别为红、黄、蓝。告诉幼儿们，当抽出红色的纱巾时，所有散响类乐器的幼儿就要大声演奏，直到纱巾被全部抽出来为止，同样的方式当蓝色的代表木质类乐器，黄色的代表皮质类乐器；幼儿根据不同颜色纱巾出现来演奏自己的乐器，之后请幼儿来代替老师指挥。

2. 将纱巾轮流抛向空中，幼儿看到自己的乐器颜色的纱巾在空中飘时就开始演奏，当落地后则停止演奏；或者是当在空中时不演奏，而一落地时的瞬间则开始演奏。之后请幼儿来代替老师指挥。

3. 老师将不同颜色的纱巾系在自己身上，比如黄色的系在脚上，蓝色的系在腿上，红色的系在手上。幼儿要根据老师的身体动作来敲击乐器。按刚才乐器演奏和颜色的搭配：拍手——散响类乐器、拍腿——木质类乐器、跺脚——皮质类乐器。之后请幼儿来代替老师指挥。

4. 老师可以将纱巾（或绸带）围成不同颜色的圈，然后老师站到某个颜色圈里，幼儿开始演奏乐器，当老师跳出圆圈时，幼儿则停止演奏。以此类推老师可以轮流跳进每个圆圈中，也可以两个脚分别踏到两个不同的圆圈当中，之后请幼儿代替老师指挥。

图8-12

老师可以用声势的节奏组合来让幼儿学习看指挥演奏节奏片段。如：

幼儿们按照声势节奏组合来用器进行合奏，当然在这里就需要大家的默契配合，学会聆听对方的乐器声音，这也是节奏训练的一个好方法。

【活动提示】

课例中用纱巾来指挥有很多种方式，这里介绍了四种，当然教师还可以进一步拓展，让幼儿学会根据不同形式的指挥来进行演奏。在这个活动中，老师可以通过声势节奏组合来让幼儿在演奏时进行节奏方面的训练，同时也促进了他们的合作能力。

（2）图形谱即兴创作。

图形谱的发明对音乐教学有着重要的作用。尤其对于幼儿来说，乐谱识谱的技术难度成了幼儿直接参与音乐的障碍。而奥尔夫音乐教学法强调的是幼儿自身的音乐天性，而认识乐谱不应成为幼儿步入音乐殿堂的屏障，应该给予他们更为简单直接的视觉形式来表现音响，并可以尝试让他们自己来创造乐谱，在慢慢地训练当中再逐步把幼儿引入传统记谱法。因此可以说对于初受音乐教育的幼儿，奥尔夫教学法并不要求他们必须马上学会读谱，更多的是让他们感性地先体验，也为今后的学习打好基础。

教学案例《暴风雨》（中班、大班）

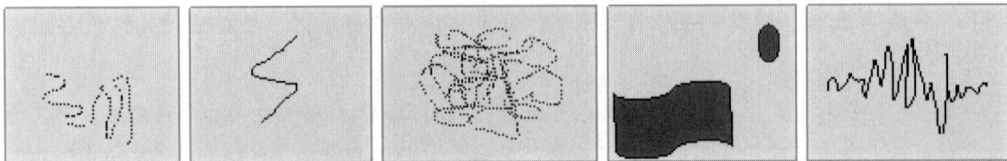

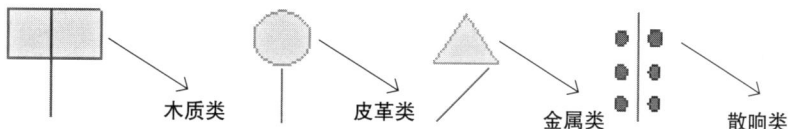

图6

【活动目的】

根据图形谱用打击乐器即兴创作"暴风雨"音响，逐步培养根据命题来进行创编的能力。

【活动准备】

图卡、奥尔夫乐器、音频等

【活动过程】

1. 教师出示一组暴风雨的图片，并讲述了一个暴风雨的场景。

2. 让幼儿根据自己的想法来组合上述的图，并创造出一个暴风雨的过程。

3. 一组用嗓子先模仿暴风雨的过程：闪电、打雷、大雨、小雨、风声……分组来依次模仿这些声响。

4. 另一组选用乐器来进行模仿：闪电时用大钹和大鼓；沙锤、铃鼓、三角铁等表示小雨；大雨和暴雨则用鼓来表示，用鼓的刮奏表示刮风。

5. 老师按照图谱一遍遍指挥人声与乐器声加入，一层层地加入打击乐器，注意控制好音量的各种变化，练习几遍之后还可以请幼儿来指挥，创造出自己的"作品"。

6. 拓展：今天我们一起创作了"暴风雨"的作品，学会了用乐器来描绘大自然的声响，这些声音让人听后有怎样的感觉，当我们听到这些声音时是否会联想到暴风雨的场景呢。在生活中也有很多的音乐家们在音乐中描写过暴风雨场景，下面我们一起来聆听一下比如贝多芬《第六交响乐》中"暴风雨"片段等。

【活动提示】

这是《奥尔夫音乐教学思想与实践》当中的经典示范课例，这个课例最大的特点就在于从幼儿熟悉的生活中去寻找教学的素材，幼儿因为熟悉这种生活，并有亲身体验，因而也就容易参与到活动中来。当然用图形谱进行演奏是需要即兴演奏和创造的，但是这个课例也告诉我们，创造性活动不能光停留在纯即兴上，要尝试加一定的主题和需要表现的目标的创造性活动。这样就可以使幼儿在演奏过程中更有表现力，更富有感情和感觉，而非毫无目的的乱奏。图形谱是很好地让幼儿快速演奏的方式，也为今后的音乐学习奠定基础。

2. 音条乐器在音乐教学中的应用

奥尔夫的音条乐器以其简单、方便和奇妙的音响备受幼儿的喜欢，它的出现不仅拓展了奥尔夫音乐教育，同时也丰富了整个音乐教育领域的音响天地，让幼儿对音乐世界充满了想象。以下几个关于音条乐器教学的方法与课例。

（1）准备练习游戏。

教学案例《敲槌练习》（小班、中班、大班）

【活动目的】

练习槌的使用方法，为学习音条乐器作准备。

【活动准备】

奥尔夫乐器等

【活动建议】

1. 每个人手持一副槌，用食指的二关节和拇指夹住琴槌，其他三指轻轻握住槌柄。

2. 老师可以让幼儿将琴槌指向空中，用左槌去碰右槌，或者右槌碰左槌，之后可以闭上眼睛凭感觉去做。

3. 两人一组，两人的琴槌互碰，当琴槌位置对准和固定之后，两人向各自反方向自转一圈，或者横向移动，纵向移动，练习一下准确性。

4. 老师在黑板上出示节奏型或者图形谱，幼儿边念节奏，边空击双锤，想象手下有琴，横向移动敲节奏，或者左右手交替敲节奏，这个练习十分有必要，能够训练大臂、手腕的动作成放松状态。

【活动提示】

这是进入音条乐器学习的入门基础，通过游戏的方式，让幼儿在玩的过程中去学习和领悟，当然这里介绍的仅仅是几种准备训练，老师可以进一步创造，为今后音条琴上学习做好必要的准备。

教学案例《我是小小音乐家》（小班、中班）

【活动目的】

1. 练习音块的演奏方式，并通过音块来进行即兴创造。

2. 参与和体验"作曲家"和"琴键"的角色转换。

【活动准备】

音块、图卡等

【活动过程】

1. 老师拿出一箱"声音击石"（音块），并告诉幼儿，这种击石上刻着音名，用一根小槌敲击它，就会发出相应的固定音高。

2. 让幼儿去挑选音块和音槌，老师引导大家去使用这个乐器，能发出哪些声音，去听听身边小伙伴的声音是否是一样的。之后，按照音块声音的高低顺序排成一队，然后以中间为界，分为两组，面对面坐成两排。这就像是两架"活钢琴"，坐着的每个人都是琴键。

3. 老师请出两位幼儿来当"小音乐家"，他们不用拿音块，任务是用这两架"活钢琴"来"作曲"和"演奏"，他们要到坐着的幼儿后面，然后用手去碰扮演琴键者的肩或者背。

4. 通过这种方式，两位"小音乐家"可按自己的"构思"来创造音乐，同时他俩可以以"独奏"或是"对答"的形式进行，或者同时进行两架"钢琴"的"四手联弹"。

【活动提示】

这个游戏对于低龄的幼儿来说没有什么困难，幼儿完全可以胜任。但这个课例也从多方面体现了奥尔夫教育思想：首先是让幼儿"动"，让他们亲身参与；其次就是实感和直感，"小音乐家们"的"乐思"可以立即变成真实的声响，而这个转变的过程就是通过双手的手和肩背的触觉来实现的；另外，在这里更突出的特点就是想象力和创造力的培养，"小音乐家"们可以随心所欲演奏，当然在演奏中他在创造什么在诉说什么，这与专业作曲家的创造是不是不谋而合了。不管是"小音乐家"还是"琴键者"都通过角色的扮演得到了创造性的锻炼。

对于幼儿在音条乐器当中的即兴创造，可以由浅入深。对于年龄大一些的幼儿，则在音乐的即兴创作方面可以给予更大的空间和更高的要求。比如，最开始可以尝试让幼儿用两个音"5"和"3"进行即兴创编，据研究表明，这种下行小三度的音调最适宜幼儿开始学唱歌应用，因为它最接近人最开始学会说话发"妈妈"的音调，最符合自然的歌唱规律，简单而松弛。而在即兴创编过程中，也可以先从这两个音入手，之后再扩展到三个音、五个音等。

教学案例《布谷鸟》（中班、大班）

【活动目的】

学会用两个音"5"和"3"来创编音乐。

【活动准备】

音条琴乐器、图卡、音频等

【活动过程】

1. 老师出示歌谣：布谷，告诉我，多少花儿开满坡？让幼儿边念边打出节奏。

2.出示节奏类型：

布　　谷，　　告　诉　我，　　多　少　花　儿　开　满　坡？

3. 可选择用高音钟琴、木琴用这两个音来进行即兴创编。例如：

谱例10

【活动提示】

这个课例仅是例子，通过以"5"和"3"这两个音开启幼儿的音乐创作之门，在演奏时把音条准备好，其他音条都拆走，就这样减小演奏的难度。当旋律创作好之后，还可以为这个旋律进行伴奏，从一开始就培养幼儿多层次的音乐伴奏的节奏感，能够让他们在不用照着乐谱演奏就可以即兴创编音乐，也就是不用看乐谱就能学习音乐了。

（2）歌谣、乐曲伴奏。

教学案例《回旋曲》（大班）

【活动目的】

学习用音条乐为歌曲伴奏，体会回旋曲式并进行即兴创作。

【活动准备】

音条琴乐器等

【活动分析】

该乐曲由A段和B段两个部分组成。其中B段为即兴演奏部分，在这里可以加入声势或者其他的音条乐器参与进来，可以构成一个ABACA的回旋曲。

【活动建议】

老师先带幼儿用声势来演奏音条琴的固定音型。比如：

高音木琴（拍手）

低音木琴（踩脚，符干朝下为左脚，符干朝上为右脚，二分音符踩脚的时候为保持音的长度，可以在第一拍踩脚，第二拍弯腿）

其他的两个音条乐器则可以选拍腿、捻指等形式。

1. 分成四小组，将各组的声势练习好。

2. 轮流边唱歌边拍声势。由低音木琴组先作为前奏四小节后再进入歌唱。

3. 在练习之后将各组声势部分换成音条琴伴奏歌曲。

4. 一起合奏A段，交换声部练习。

5. 再按上述方法分两组先用声势来演奏音条琴固定音型，之后再换成音条琴。

6. 在B段中增加了八小节的即兴，这部分可以由幼儿自己来创编声势或者加入其他打击乐器进行即兴演奏。

7. 以ABACA回旋曲的形式一起合奏，其中B段和C段为即兴段，可以用不同的形式来表达（声势组合或即兴乐器演奏）

即兴段

B

中音钟琴
或中音铝片琴

低音木琴

【活动提示】

这个课例从单独、零散的小曲到形成一个回旋曲，标志着音乐形成——曲式的发展。而这里的伴奏都是运用了固定音型，虽然音型简单，变化较少，但是富有音乐的层次感。在演奏过程中需要幼儿的互相配合，要学会去聆听。在演奏时每组将各自所需的音条准备好，其他的音条都可拆下来。

四、结合戏剧的教学

（一）音乐戏剧教学的目的

从奥尔夫的人生轨迹中可以看到，他从小就对戏剧有着特殊的爱好，包括木偶戏等。甚至在童年和青少年时期自己亲手做道具、布景并自编自演剧，对于戏剧艺术的痴迷也让他致力于将音乐、戏剧、舞蹈完美的结合，这正是后来他的整体艺术观的形成——一种通向人本、寻找最初的、原始的、融音乐、舞蹈、戏剧为一体的艺术追求，形成了非常独特的奥尔夫风格。在他为幼儿编写音乐教材时，就包含了小音乐剧的内容，深受幼儿的喜欢。奥尔夫的音乐剧教学在各国都应用并加以本土化的发展，体现了奥尔夫的音乐教学原理。

（二）音乐戏剧教学的应用

教学案例《爱花的牛》（大班）

这部剧是由奥尔夫专家曼努埃拉·魏得曼和迈克尔·魏得曼在华讲学中所上的一个示范课例。教师是依据一本精美的幼儿连环画册中的故事所涉及的。这个故事中的脚本难易适中，剧情比较精彩，这个剧富有幼儿趣味、自然气息和生活情趣。整个剧主要由声势组合以及几个打击乐器的固定节奏型和音条琴的固定音型贯穿全剧的。剧情共分为九幕，在教学当中按幕次来排演，在进行下一幕排演时要把前几幕复习一遍，每次重复的时候，并不是简单的再来一次，而是可以不断增加新的内容和要求，从各方面进行练习和加工，这样让幼儿不断不觉得枯燥，而且还充满兴趣。全部的活动过程中，几乎把整个剧情重复了四、五遍，这样幼儿的印象也相当深刻和清晰，无须老师的催场和提示。

整部剧始终是以幼儿为主体，按照他们的兴趣爱好、能力等来进行角色安排，让每个幼儿都能胜任各自的角色，并能在活动中不断创造，一直处于兴奋和活跃中。在这里对于音乐、舞蹈、诵唱的要求，与传统的艺术规格有所不同，让幼儿自己根据剧情来设计表演，突出原本性，给予他们想象力和创造力的空间，符合幼儿的水平和特点。

这个课例仅作个示范，教师可以根据幼儿的水平和特点，适当调整难度来进行教学，在中国也有许多经典的幼儿童话故事，比如《小蝌蚪找妈妈》《老鼠嫁女》《三个和尚》，这也为老师提供了很多可供参考的脚本，用本土流传的故事来编小型音乐剧，既贴近幼儿的生活，又为幼儿插上了想象的翅膀，用简单的音乐元素获得意想不到的效果。

音乐戏剧《爱花的牛》

幕次	任务/目的	音乐元素	道具/舞美
一、引子（序）	1. 定音鼓	定音鼓： （Drums，4/4 谱例） 声势部分： （Hop ga–lopp – ga lopp / hop – ga lopp 等谱例） 音条琴部分：（AX：中音木琴，BX：低音木琴） AX（谱例） BX（谱例）	纱巾、牛的头像道具等
	2. 声势部分 Hop ga–loppga–loppga–lopp （拍腿） Hop ga–loppga–loppga–lopp （拍腿） Hop ga–loppga–loppga–lopp （拍腿） Hophophop（拍手）		
	3. 无音高打击乐 沙锤、双响筒、手鼓按 之前节奏依次进入		

续表

幕次	任务/目的	音乐元素	道具/舞美
	4. 音高类乐器 中音木琴、低音木琴 5. 舞蹈部分 6. 众人喊 "O-L-E!"		
2. 小费迪南与花园	[吟唱] 从前从前，在西班牙。有一头小公牛，名叫费迪南。(主角出场) 其他的公牛爱跑、爱跳、爱抵角。(所有的花朵在吟唱当中慢慢入场) 只有费迪南不喜欢。	中音钢片琴即兴演奏——模仿费迪南走路	树木 (若没有合适的，可用椅子代替)、纱巾 (请幼儿位幼儿手捧纱巾作 "花仙子") 等
	[吟唱] 他喜欢静静地坐着，闻闻花香。		
	[吟唱] 牧场外的那棵栎树下，是他最喜欢的地方。他可以一整天都坐在树荫下，闻着花香。(所有花朵们慢慢退场)	每组的乐器 (沙锤、双响筒、三角铁) 即兴演奏——模仿花朵开放	
	[吟唱] 所有的小牛每天都在一块跑跑跳跳，或是顶着头撞来撞去 (公牛舞)	沙锤、双响筒齐奏	

乐谱：
Hop ga - lopp - ga lopp - ga lopp - ga lopp ga - lopp ga - lopp

Hop ga - lopp - ga lopp - ga lopp - ga lopp
hop hop hop hop

续表

幕次	任务/目的	音乐元素	道具/舞美
三、母牛妈妈与小费迪南的对话	【吟唱】有时，费迪南的妈妈担心他总这么独自待着，会觉得孤单。 【吟唱】牛妈妈：我的幼儿，你在这里会不会感到孤单？ 费迪南：不会的，我喜欢坐在这棵树下闻闻花香。 牛妈妈：那你就一直待在这儿吧，要开心哦！ 费迪南：好的！ 牛妈妈离场（吊钹敲一声）	低音钢片琴即兴演奏——模仿母牛妈妈走路	
四、费迪南长大了	【吟唱】一年又一年，费迪南渐渐长大了，变得越来越强壮。小牛将围巾戴到公牛的颈脖子上，(吊钹敲一声）小牛走了	吊钹	

续表

幕次	任务/目的	音乐元素	道具/舞美
五、斗牛场的经纪人来了	大鼓敲 来自场下的各位经纪人出场，并手挽手向前走，念第二遍的时候，一排分成左右两排相对站着 四名壮牛依次上场进行PK，在经纪人面前展现出强壮的一面	大鼓： （乐谱） 节奏朗诵部分： 我们是来自马德里的经纪人 我们是来自马德里的经纪人 我们在找 一只公牛 我们在找 一只公牛 我们在找 一只最壮的公牛 我们在找 一只最壮的公牛 所有的鼓类不停地敲击助威	纱巾、牛仔帽、指挥棒（或塑料棒）等
六、大黄蜂与费迪南	[吟唱] 费迪南知道自己不会被选中，他一点也不在乎，又跑到心爱的栎树底下去了，准备坐下来闻一闻花香。（五朵花带着音乐器上场）	沙锤、双响筒、三角铁、鼓即兴演奏——模仿花朵的开放 三角铁敲一声 所有的鼓开始敲击	

续表

幕次	任务/目的	音乐元素	道具/舞美
七、费迪南被捕	当五朵花都闻完后它就选择坐在树下，当马上要坐下的时候，黄蜂却在它后头…… 众人呼："哦……"（f<p） 费迪南："啊！" 远处的经纪人看到了它 很兴奋 等公牛开始安静了，经纪人走过来把他给圈起来带走了 号声	鼓声渐弱 号角声： 定音鼓： 无音高打击乐 沙锤、双响筒、手鼓按之前节奏依次进入 Hop ga-lopp-ga lopp ga-lopp-ga lopp hop hop lopp-ga lopp-ga hop hop lopp 音高类乐器（AX：中音木琴，BX：低音木琴）	

续表

幕次	任务/目的	音乐元素	道具/舞美
八、斗牛大会开始	[吟唱] 斗牛大赛就要开始了。彩旗飞舞，乐队不停地在演奏	BX 	
	经纪人带着费迪南入场	众人呼（伴奏）："O————LE!" 伴奏同上，声音越来越弱	

续表

幕次	任务/目的	音乐元素	道具/舞美
九、尾声	费迪南慌张地跑到了场中央，但是……它看到了女士们头上那些漂亮的花。他静静地坐下来，闻着花香。 六位花镖手上场，手里拿着花棍，表演的时候千万不能碰到它，嘴里要发出声音，"bing -bang"观众喝倒彩，花镖手退场。 四名经纪人上场，拿着红纱巾，一个个地去挑逗费迪南，但费迪南根本没有反应。 【吟唱】于是，人们只好把费迪南送回家。 所有人（站起来）说：费迪南从此过得很幸福！		

（根据"2011年奥尔夫音乐教学专家培训课"课程整理）

第九章 走进柯达伊音乐教育

第一节 柯达伊教学法理论概述

一、柯达伊生平

柯达伊·佐尔坦（Kodály Zoltán，1882–1967）是匈牙利杰出的作曲家，民族音乐学家，世界级伟大的音乐教育家。1882年12月16日出生于凯奇凯美特，1967年3月6日卒于布达佩斯。中学开始学习小提琴和钢琴，1990年考入布达佩斯大学攻读民俗学，同时在布达佩斯音乐学院学习作曲，1906年获博士学位，1907年在布达佩斯音乐学院任教，1942年退休。他主持收集民歌数量10万多首，著作《论匈牙利民间音乐》被翻译为多国文字。

从20世纪20年代开始，柯达伊开始关注青少年音乐教育，积极投身于中小学音乐教学的改革创新，倡导歌唱民族歌曲运动并进行教材改革，1937年推出以他的名字命名的"柯达伊教学法"，它是当代世界影响深远的音乐教育体系及教学法。

二、柯达伊教学原则

柯达伊认为音乐和人的生命本体有密切的关系，人的生命中不能没有音乐，没有音乐就没有完满的人生，音乐是人心灵的表现，音乐满足人在精神上的需要，是每日生活的有机部分。音乐可以发展人的情感、智力和个性，丰富人的内心世界，音乐是每个人都需要的精神食粮。因此研究如何使更多的人接触到好的音乐。……充实的精神生活离不开音乐，因为人类灵魂的有些地方只能通过音乐来照亮。

柯达伊说音乐是人类文化绝不可少的部分，对于一个缺少了音乐的人来讲，他的文化是不完善的，没有音乐的人是不完全的人。学校教育课程中一定要包括有音乐教育，音乐教育在普通学校极其重要，甚至超过音乐本身，培养音乐的听众就是在培养一个社会。柯达伊经过多年的音乐教育实践，形成自己独特的教学理念和原则。

（一）以歌唱活动为主

柯达伊认为应该以歌唱为音乐教学中的主要手段，因为歌唱教学是培养音乐素养的最好途径，是普及音乐教育切实可行的有效途径。

歌唱者本身就是一个乐器，这个乐器相对于别的器乐更便于学习和掌握，歌唱活动过程有丰富的音乐素材和技能，比如音高、节奏、力度、速度、音乐情感等。歌唱活动可以结合动作和符合幼儿天性的游戏活动，从而培养幼儿的集体感和交流能力。

柯达伊教学体系强调儿童应该使用母语歌唱，短小生动的民间歌曲是引导儿童进入音乐世界的最好素材，是积累民族音乐语言、建立民族音乐审美体系，强化民族意识和情感的重要媒介。

（二）倡导早期音乐教育

柯达伊教育提倡音乐教育必须从幼儿园开始，柯达伊教育体系从整体上讲是以早期音乐教育为基础的。心理学研究证实3岁至7岁的年龄段是人生重要的教育阶段，儿童时期所形成的印象对于人一生发展具有至关重要的影响。如果没有早期的音乐教育，人天然的音乐感觉就会逐渐不敏锐，早期音乐教育对人性格、情趣的培养具有至关重要的作用。对于幼儿来讲，音乐活动是小朋友之间交流感情的重要媒介。同时，柯达伊教学法特别强调要按照儿童年龄特点、身心发展特点因材施教，顺应儿童"自然发展法"，而不是简单地按照学科知识结构规律进行教学。

柯达伊曾经深情地回忆儿时的一次音乐感受："那是夏日的黄昏，房间里充满了晚霞微红的金色光线，我的父母在演奏音乐。我当时大约有三四岁的样子，躺在地板上靠近钢琴腿的地方。就在那时，我得到了第一次而且是非常深刻的音乐印象。后来我知道那首作品是莫扎特F大调小提琴奏鸣曲。如果那天我的父母演奏的是流行通俗音乐的话，相信我今天不会成为一个音乐家，确切地说，我根本不会成为一个音乐家。"写这段话时柯达伊已经六十岁，他用自己的亲身体验说明了幼儿时期音乐对人的影响和教化。

（三）注重民族文化内涵

柯达伊教学法强调从本民族文化出发，以本土化为基础，创造民族音乐文化环境，从学校音乐教育入手，继承本民族音乐文化传统，强调音乐母语在音乐教育中的核心地位，他认为首先必须了解我们自己文化，以免我们在茫茫一片的世界中失掉了我们自己的路。如果我们想要建造房子，希望它不会毁于狂风暴雨，我们一定要使它建筑在岩石上，而不是沙丘上，我们的岩石，就是我们古老的匈牙利民间音乐，除此之外，不可能是其他东西。柯达伊认为如果一个民族不重视自己的民族民间音乐，不把本民族音乐文化建立在自己的民间音乐基础上，就会像双莲断根一样地在世界文化中漂泊，或不可挽救地消失在国际的大文化之中。

柯达伊认为学校音乐教育必须建立在本民族音乐的基础上，民间音乐是培养幼儿艺术素养的源泉。民族民间歌曲凝聚了本民族的文化、生活习俗、历史等元素，是祖辈世世代代积淀的文化财富，是显示民族特性的文化符号。通过民族民间音乐的培养，可以培养儿童对本民族文化的深厚感情，促进儿童对本民族文化的热爱和传承。

三、柯达伊教学法特点

（一）字母谱

柯达伊音乐教学法使用字母谱作为识谱的入门，字母谱是一种接近数字简谱的乐谱，使用唱名的第一个字母d，r，m，f，s，l，t来表示do，re，mi，fa，sol，la，ti的不同音高。高八度音在字母右上角加一短撇，低八度音在字母右下角加一短撇。

现在人民音乐出版社的音乐教科书也借鉴柯达伊的字母谱记法，将字母谱与五线谱整合，将音高唱名标记在符头，用以提示唱名、音高、节奏时值，将五线谱和字母谱有效衔接融合，便于幼儿读识。（见图例9-1）

图例9-1

<h2 style="text-align:center">我的家在日喀则</h2>

藏族民歌

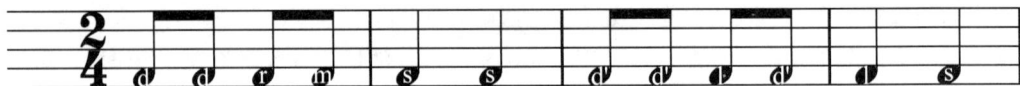

我　的　家　在　哪　里？　　就　在　日　喀　则　呀，

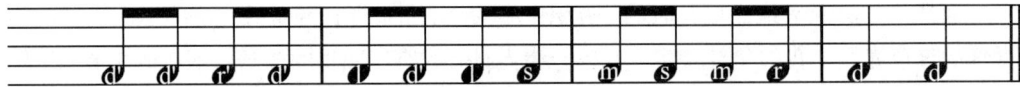

（啊　索　啊　索　马　里　拉）　　就　在　日　喀　则　呀。

五线谱的识读对于幼儿是一个长期的训练学习过程，字母谱对五线谱的学习起过渡的作用。柯达伊编写的教材中，就采用结合节奏的字母谱，作为学生读谱的辅助和过渡手段。

（二）柯尔文手势

柯达伊教学法中采用英国人柯尔文发明的手势法进行音高训练，帮助初学儿童理解首调唱名体系中音高的关系。这种手势法进行音高训练可以从视觉上感觉到不同唱名的音高关系，教师通常单独用右手做，在进行两声部训练时，两只手同时做不同的手势，代表不同的声部。这种手势在空间上展示音高位置，使抽象的音高关系变得形象直观，便于学生辨别音程的空间距离。在调整音准训练听觉时，不用看谱，也不使用钢琴，只需要按照教师的手势歌唱。

柯尔文手势主要用7种不同手势来代表不同的音。向下平握拳头代表"do"，手势的位置大致和腰腹部平行；上斜平掌、掌心向前代表"re"；横平掌、掌心向下代表"mi"；食指自然伸开向下方，其余四指握于掌心，掌心向下代表"fa"，也可以侧平掌，掌心向左代表"sol"五指自然松开向下、呈提拉姿势，掌心向下代表"la"，掌心内翻向上、食指自然伸直、斜指左上方、握其余四指代表"ti"（见图例9-2）。

图例9-2

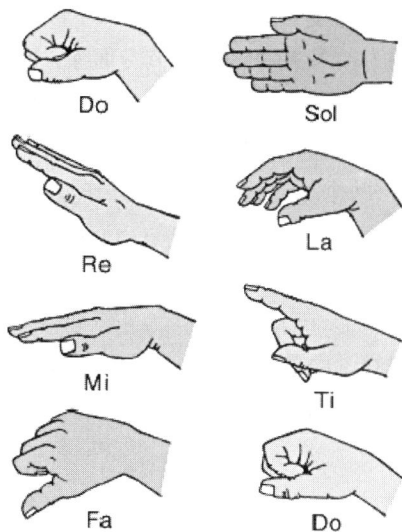

（三）采用首调唱名法

五线谱可以采用固定调唱名和首调唱名两种读谱方法，固定调唱名就是无论什么调，都用C调的唱名唱出来；首调唱名法按照调号的不同，采用不同调的唱名。固定调适合乐器的演奏，首调适合歌曲演唱，更能体现调性，有利于歌曲的演唱。柯达伊教学法因为以唱歌为教学核心，所以采用首调唱名体系。首调唱法能让幼儿对民歌音乐旋律、风格特性产生感性认知，从小培养幼儿对自己民族音乐的热爱。

第二节 柯达伊教学实践

一、节奏能力培养

节奏是重要的音乐元素，节奏是通过身体的协调和肌肉反应所感知的，不同的节奏有不同的情感表达和意义，节奏是组成音乐织体的骨架基础。儿童阶段是对节奏体验最佳的接受期，也是培养儿童节奏感的最佳教育阶段，通过节奏活动能够培养儿童的敏锐感知能力、反应能力和肌肉控制能力。

柯达伊认为节奏感培养是幼儿园音乐教育的主要内容，节奏容易引发儿童音乐兴趣和感受的重要音乐元素。柯达伊教育体系中，幼儿时期节奏感的培养主要通过语言、歌谣和律动进行，因为民间歌谣和歌曲最好地保留了民族语言和音乐传统。柯达伊认为儿童音乐教育必须掌握本民族语言的韵律和音调，因为歌谣中有音高、重音、节奏的变化，可以配合律动培养幼儿的基本音乐节奏能力。

（一）柯达伊节奏音节读法

柯达伊针对节奏教学设计了一套专门的节奏读法，每个节奏型都有各自特殊的读法。

在幼儿初学阶段，把节奏和身体律动结合起来，让幼儿在运动中获得节奏的音响、符号、时值体验，最终化为内心的节奏感受。

节奏律动训练采用以打击乐为主的办法，在节奏训练方面，柯达伊教学法不采用传统的方式去传授全音符、二分音符、四分音符、八分音符、十六分音符、附点音符等概念，而是通过不同的音节让幼儿感受音符的时值长短。如四分音符读作"ta"，二分音符读作"ta-a"，八分音符读作"ti"，两个相连的八分音符读作"ti-ti"，附点四分音符和后面的八分音符连起来读作"ta-m-ti"，附点八分音符与后面的十六分音符读作"ti-m-ri"，四个十六分音符读作"ti-ri-ti-ri"，四分休止符读作"xu"，八分休止符读作"si"等。

〇 音值	柯达伊教学中采用的符号	节奏读音	
〇 全音符	o	o	ta-a-a-a
〇 二分音符	♩	♩	ta-a
〇 四分音符	♩	❘	ta
〇 八分音符	♫	─	ti-ti
〇 十六音符	♬	═	ti-ri-ti-ri
〇 切分音	♪ ♩ ♪	♪ ❘ ♪	ti-ta-ti
〇 附点音符	♩. ♪	❘. ♪	ta-m-ti

鉴于柯达伊教学法，杨立梅老师结合我国传统节奏读法中的特点，设计以下适用于我国音乐教学的节奏时值音节谱。

节奏时值音节谱

♩	♩.	♩
da	da – m	do – u

♫	♩. ♪	♩.
di – di	da – m – di	do – o – u

♬	♪ ♩.	o
di–ke–di–ke	di – da – m	do – o – o – u

♬	♪ ♪ ♪	𝄽
di – de – ke	di – da – m – di	嘘
	syn – co – pa	

di - ke - di　　　　　dim - ke　　　　　斯

dik - em　　　　　dik - em - ke　　　　　di - di - di
　　　　　　　　　　　　　　　　　　　　　tri - o - la

di - di - di　　　di - ke - di - ke - di - ke　　　di - di - ke - di - ke

dim - ke - di　　　dik - em - di　　　di - dim - ke

（二）柯达伊节奏教法课例

课例一

音乐游戏"抢椅子"

【活动过程】

分别用四把椅子代表4个单位拍，邀请6位同学上场。要求6位同学自由组合，每把椅子最多只能坐2个人，这样就会出现一把椅子坐一个人（四分音符），一把椅子坐两个人（八分音符），一把椅子没有坐人（四分休止符），两把椅子坐一个人（二分音符），这样就会形成不同的节奏组合，分组由小朋友念出节奏，速度可以由慢到快，等小朋友熟悉后，老师可以用手势示意小朋友用不同的力度唱念节奏，从中体会力度和速度的变化。

课例二

音乐游戏"手指节奏"

【活动过程】

用双手手指表示不同的节奏型，通过改变双手手指的组合方式，每个学生分别可以摆出两个单位拍的节奏型。比如，食指代表四分音符--da；食指和中指代表八分音符—didi；除了大拇指以外的四根手指代表十六分音符—dikedike；食指与中指、无名指代表前八后十六—di—dike。

课例三

十六分音符的练习

【活动过程】

通过念诵湖北歌谣《什么花》，掌握十六分音符，把"什么花的"四个字合成一堆，相当于四个十六分音符。语言和节奏紧密结合，让小朋友在不知不觉中感受十六分音符的节奏特点。

歌谣----什么花

（回答歌----五、七、九言谣）

什么花的姐？

什么花的郎？

什么花的帐子？

什么花的床？

什么花的枕？

什么花的被？

什么花的被窝铺满床？

栀子花的姐，

玉兰花的郎，

腊梅花的帐子，

茨藨花的床，

鸡冠花的枕，

春兰花的被，

大红花的绒子铺满床。

课例四

节奏卡片游戏

【活动过程】

教师首先准备各种时值的节奏卡片，包括单独节奏、各种节奏组合、4张一小节2拍的卡片。

首先教师先出示单节奏的卡片，小朋友口读手拍，熟练掌握节奏读谱。教师再出示各种节奏组合图片，并且随意调换卡片位置，从而训练小朋友对节奏变化的反应和识别。

然后教师拿出4张一小节2拍的卡片，让小朋友拍打卡片上的节奏，当小朋友熟识以后，教师抽调其中的一张，要求小朋友在这个位置不出声，在心中默读，锻炼节奏内心听觉。

最后教师在小朋友反复拍打节奏型时，逐次、逐张抽调卡片，小朋友不停顿地反复背诵，锻炼节奏记忆力。

课例五

节拍和节奏游戏

【活动目的】

节奏能力训练主要包括稳定律动和节奏型。稳定律动就是节拍，它是构成节奏的基础，建立稳定拍感是节奏感培养的首要条件，可以有效避免歌唱时的拖拍、抢拍问题。

【活动过程】

四川民谣《数蛤蟆》，让小朋友口读各种象声词，手里拍着稳定节拍。还可以配合身体的动作，比如，两个八分音符的时候就做跳跃动作，一个四分音符时做蹲的动作，让小朋友感受不同节奏时值的区别，同时在律动中感受节拍和节奏的关系。

【建议分析】

利用象声词帮助幼儿感知节奏和节拍的区别，最好选择幼儿已经会唱的会朗诵的歌谣，在这个前提下，幼儿会比较容易创造各种有趣的象声词代替原来的歌词。待幼儿能顺利掌握替代虚词的方法后，可以用各种动词代替，比如"跑跑、走、跳跳、蹲"等词，这样可以在节拍和节奏中锻炼幼儿协调身体律动的能力。

课例六

休止拍游戏练习

【活动过程】

教师出示以下图谱，在书写中让小朋友感受有休止和无休止的对比，然后老师用打击乐器敲击休止拍。最后让小朋友念拍图谱，带有休止节奏时，可以站定不动或者做吹灭蜡烛的动作，也可以由小朋友自己设计动作，比如，蹲下、捏鼻子、拍屁股等，加深幼儿对休止拍的感受。

【分析建议】

休止拍节奏在音乐中具有特殊的音乐表现含义，它不仅仅是单纯的休止停顿，也有流动的安静意味，比如力度上的果断有力、沉静的思考等。所以教师带领小朋友做休止拍练习时，要根据歌曲的不同风格让幼儿感受富有变化的休止拍，进行多创意的设计，比如歌曲《小豆芽》中四个休止拍，教师可以让小朋友设计动静结合的休止动作，让小朋友根据歌词含义，多维度感受不同色彩的休止拍。

课例七

二拍子、三拍子的节拍训练游戏

【活动过程】

让小朋友利用语言韵律、语句的重音，感受二拍子和三拍子的不同。重拍时可以拍手，弱音拍可以拍旁边小朋友的肩膀，也可以结合歌谣的数字、句式变化，让幼儿在重拍跳跃，弱拍停顿歪脑袋，感受二拍子一个强一弱，三拍子一强二弱的节拍变化。通过不同的变换，可以加深幼儿对二拍子和三拍子特点的感觉和理解，锻炼内心节拍感和肌体律动协调性。

小蚂蚁搬大山

胡木仁

大西瓜

金近

水饺水饺两头尖

陈官煳

$\dfrac{3}{4}\dfrac{2}{4}\dfrac{4}{4}$ 船儿船儿 靠了岸， 水饺水饺 盛满盘。

$\dfrac{3}{4}$ 爸爸一盘， 妈妈一盘， 奶奶年纪大， 先给她一盘。

课例八

不同的声音模仿表现节奏练习

【活动过程】

师：小朋友们观察在下雨之前，天气会发生什么变化？

生：天会变得灰暗，而且会刮风。

师：让我们一起学唱一下风声吧，呜——————（二分音符）

生：齐唱呜———

师：风声过后，开始下小雨了，雨滴滴在会发出"滴答滴答"的声音，我们共同模仿

然后分成两个声部，一组表现风，一组表现小雨。

呜—呜—

滴答滴答

师：小雨越下越大了，声音变成"淅淅沥沥"

然后再分成三个声部表现风声、小雨声、大雨声。

呜—呜—

滴答滴答

淅淅沥沥

这样的节奏训练方法既培养的幼儿的配合能力，又在不知不觉中掌握了各种节奏，把音乐的学习融入自然生活中生动有趣的场景中，会提高幼儿的学习兴趣，达到事半功倍的效果。

二、歌唱能力培养

柯达伊认为人的身体就是最好的乐器，歌唱是任何人都能从事的活动。在幼儿音乐教学中歌唱活动应该成为教学的主体，因为歌唱教学包括了多种音乐知识和技能，是其他音乐技能学习的基础，歌唱教学融入了音符节奏等内容，能够有效地训练学生的听、说、读、写的能力，让学生在实践中获得知识。

另外柯达伊教学认为合唱是进行团队合作教育的重要方式，让更多的人参与到音乐中来，学会倾听别人的声音，影响更多的人感受音乐，增强学生的团队意识。柯达伊指出即

使是最精心、最富有的父母，他对自己的孩子进行了多么好的教育，都无法给予孩子集体教育。合唱能够很好地培养孩子的集体感和合作意识，在合唱活动中追求整体声音的和谐和统一，学会彼此协作配合。

在柯达伊教学中，合唱教学先以齐唱为基础，然后再进行简单的二声部音程到三声部等循序渐进的教学安排。在合唱训练中，训练学生的音高、节奏、咬字吐字、力度、速度、音色、气息控制等综合能力，培养学生的音乐思维和音乐素养。

（一）单声部歌曲

1. 歌唱素材

柯达伊说一首好的民歌本身就是一部完美的作品，因为民歌凝聚了祖辈的智慧和文化传承，经过代代人的口耳相传，蕴含了丰富的历史文化知识，民歌的歌词生动有趣，篇幅短小，易于儿童学习掌握。通过民间歌曲的教学，还可以培养孩子对民间音乐文化的热爱，唤醒儿童"我是谁"的民族情感。所以幼儿园歌唱材料最好选择传统歌谣、儿童歌曲和民间歌曲。

歌谣在幼儿音乐教育中非常重要，可以培养幼儿的语言和音乐综合能力。因为歌谣中的语言有强拍和弱拍变化、声调高低变化，这对理解音乐中的拍子、节奏、音高、强弱变化起到辅助教学的作用。另外歌谣中可以配合律动完成，可以有效培养幼儿的即兴创作能力。

每个民族都有自己的传统儿童民歌，歌词包括民族风俗习惯、历史故事、神话传说及儿童游戏生活等内容。儿童通过学唱民歌，可以增进对民族文化的认知和热爱。

2. 歌唱中综合音乐能力培养

歌曲里融合了多种音乐元素，在课堂教学中可以有效地培养幼儿的综合音乐素养。音乐读写技能紧密联系各方面音乐能力的培养，为学生终身音乐学习提供了有利的工具，也是音乐文化和音乐思想的符号体系。柯达伊指出音乐读写不应该是抽象的理论学习，而应该是实践，是听觉能力的培养，是用音乐去思维，是使人的创造力得到发展，不能熟练掌握读写，音乐就只能是神秘的、难以理解的、抓不住的东西。

以下是幼儿园3年期间音乐能力发展的内容与进度。

		3岁班	4岁班	5岁班
歌唱技能	音列	3-5个音级	3-6音级	3-6音级
	实际音高	d^1——b^1	d^1——c^2	d^1——d^2
	歌唱	在教师帮助下，偶尔地在小组歌唱，接近的音高	有教师开始，个人唱歌，集体歌唱，有好的发声	集体和个人的独立歌唱，唱准音调，正确的音高和正确的速度
	歌曲材料	20首	28首	30首
节律技能	稳定的节拍	稳定的节拍	稳定的节拍和旋律的节奏	稳定的节拍和旋律的节奏
	节奏		拍手、轻击乐器等，表现歌曲和歌谣的节奏	区分歌曲中节奏的差异，通过节奏识别歌曲
	快—慢		快和慢的讲话、唱歌和律动	独立完成区分快和慢
	节律	在教师帮助下，或是小组进行单纯的游戏活动	集体进行均匀的律动和美感的、愉快的游戏	采用多种空间的样式或舞蹈动作，体验美感的、均匀的律动

续表

		3岁班	4岁班	5岁班
拍手	节奏的模仿	—	—	拍手模仿节奏的主题
	旋律的模仿	—	—	唱歌模仿旋律主题，个人和小组进行主题的编唱
听觉理解力	高—低	八度距离在空间的表示	八度和五度距离在空间的表示，同样的歌曲在不同音高上唱歌	八度、五度和三度距离的空间的表示
	强和弱的关系	歌曲、讲话和其他声音中的区别	歌曲、讲话和拍手中的识别和演示	强弱和快慢的所有变换关系
	旋律的识别		从哼唱或乐器演奏的旋律中鉴别已熟悉的歌曲	从歌曲的开始或中间部分鉴别、判断已熟悉的歌曲
	内心听觉（藏起来的歌曲）		在歌唱中交替出现	较短和较长的主题的内心听觉
	音色的识别力	2—3中有鲜明对比的人声或乐器声音的鉴别	更好地区分不同的人声和乐器的音色	很好地识别不同的声音和人声
听音乐		有兴趣地听教师的歌唱	集中注意几分钟，倾听歌唱或乐器演奏	较长时间集中注意地听歌唱或小型器乐经典作品
打击乐器		运用小鼓	运用小鼓和三角铁	单独地变换各种组合方法，利用小鼓、三角铁和钗钹等

（二）合唱

柯达伊认为合唱可以最大化使音乐属于每一个人，发展听觉能力和音乐欣赏能力的无伴奏合唱，对于那些即使不会演奏乐器的人，也可以向他们展示世界著名作品，唤起千百人心灵上的共鸣。

"没有什么能比合唱更好地显示社会精神，许多人一起来做这个无论什么天才的个人也做不来的事情，每个人的工作都同等重要，然而一个人的错误又会破坏了整体。我不想断言英国社会的团结和英国人的纪律性是由合唱造就的。但是这两个方面与他们具有六百年之久的合唱传统不能说没有某种关系。英国工人和匈牙利工人不同的区别之一就是英国工人参加合唱，并且知道巴赫的b小调弥撒。"

合唱可以让学生理解音与音之间的高低关系，便于训练学生的听力。柯达伊合唱教学中，结合柯达伊手势，对学生进行训练。教师在训练二声部时，用两个手的手势表示不同声部的音高，用肢体语言调整音高。

针对幼儿的认知特点，合唱教学一定要采用循序渐进的方式，二声部卡农（轮唱）是幼儿比较容易接受的教学方式。比如儿童非常喜爱的法国童谣《两只老虎》，此曲曲调朗朗上口，歌词生动有趣，音域9度，适宜儿童演唱。教师可以把小朋友分成两组，第一组小朋友唱完第一小节之后，第二组小朋友再去演唱，教师准确运用手势指挥小朋友演唱不同的声部，注意保持两个声部速度一致，声音均衡，突出每一小节第一个重拍音。在轮唱过程中，小朋友会感受到歌曲此起彼伏的音响效果，培养去倾听其他声部的音乐习惯。

合唱活动课例《闪烁的小星》

【活动目标】

1. 小朋友能熟练使用柯尔文手势。
2. 小朋友跟教师的手势进行音阶视唱，形成良好的音准概念。
3. 小朋友能在教师的手势指导下进行简单的二声部合唱。

【活动内容】

1. 小朋友边演唱《闪烁的小星》边做柯尔文手势，并通过活动熟悉手势。
2. 跟教师的手势做简单的和声训练。
3. 演唱歌曲《闪烁的小星》，教师加入二声部，学生进行简单的二声部合唱。

【活动过程】

1. 练习柯达伊手势。

师：请大家跟着旋律一起演唱。（跟《哆来咪之歌》的音乐边唱边做出手势）

请六个小朋友上台，分别代表123456六个音符，台下的小朋友演唱《闪烁的小星》旋律，当唱到那个音时，请代表那个音符的小朋友做出相应的手势。

小朋友和教师一起演唱《闪烁的小星》并做出相应的手势。

进行卡农练习，教师先唱旋律并做出手势，小朋友在教师唱后的两排模仿教师演唱并做出相应的手势。（卡农是同一旋律在不同时间、不同声部的模仿。虽然卡农是演唱的是同一曲调，但两个声部结合起来具有合唱的效果，因为它既是两个声部横向间的重复，又是纵向结合而产生了变化和声的意义，学生在练习时不仅要唱好自己的声部，并且还要聆听别人的声部，在二声部中协调配合，音乐句子此起彼伏，比单声部的歌曲更加增添了趣味性，这样既培养了学生良好的合唱感觉，也提高了他们对合唱的兴趣和积极性）

另外，卡农是二声部歌唱的最好准备，为下一步《闪烁的小星》二声部做准备。

2. 二声部和声训练。

首先小朋友跟教师的手势唱1351等简单的音阶。

教师可以运用身体语言，比如微蹲，脚尖稍稍踮起提示音高细微的升高或降低，帮助学生唱准音高，使抽象的音高概念形象化。

然后小朋友分两组，看教师的左右手做简单的和声训练。

3. 学唱《闪烁的小星》二声部。

师：今天老师想跟大家一起开一个星星演唱会，我们一起来唱这首歌曲，但我唱的跟你们唱的会有点不同，请大家在唱的同时认真听，指出不同之处。（教师加入二声部和声，小朋友指出不同的地方，教师出示低声部旋律。）

师：请你来试试老师唱的部分。（演唱二声部低音旋律）

教师再把小朋友分成两部分，教师用两手指挥，小朋友单手用手势演唱。

师：今天的星星演唱会举办得非常成功，大家下课后可以找上你的好朋友，唱一唱我们今

天学习的二声部歌曲《闪烁的小星》。（邵兰霞提供以上课例）

第三节　柯达伊教学案例

节奏教学案例《拉大锯》

【活动目标】

1. 听与唱：运用柯尔文手势准确演唱、听辨五声音阶。

2. 音乐结构：能够运用学过歌曲进行简单的二声部歌唱，卡农歌唱练习等。

3. 即兴与创作：能够运用学过的音乐要素进行简单的音乐创作活动。

4. 音乐表情术语：能够听辨音乐中力度、速度对比；能够通过自己的声音做出力度、速度对比。

【活动教具】

小音符卡片五线谱板。

【活动过程】

1. 为了让学生尽快融进音乐课堂的氛围，播放2拍子音乐歌曲，让学生随着音乐的律动拍手，在欢快的音乐声中进入教室。

2. 老师在钢琴上弹出5.3.1三个音，要求学生听出音高并且做出正确的柯尔文手势。老师继续在钢琴上弹出一组音，要求小朋友用"啦"模唱，然后唱出唱名。

3. 巩固已学习歌曲，节拍节奏，在复习的基础上加入新的音乐元素。

4. 游戏活动《拉大锯》。老师写出节奏，让小朋友根据节奏型进行念诵，然后分组念诵，拍身体不同部位的律动，分别拍手、拍腿、跺脚。最后进行简单的卡农训练一小组为单位，再分两组，强调强拍进，感受2拍子的强弱关系，其他小朋友安静倾听。

综合音乐活动课例《小白船》

【活动目标】

1. 调动学生的兴趣和积极有创造性地参与音乐活动。

2. 发展音乐听觉和记忆，通过听唱形式学习歌曲。

3. 在节拍、分句结构、歌曲与器乐形式、中外音乐风格等的比较中引导学生体验音乐的情绪表现，感知音乐要素。

【活动准备】

1. 一张满月和一张弯月的图画。

2. 奥芬巴赫的《船歌》（选自歌剧《霍夫曼的故事》）。

3. 自制的一只"活动音符"（用一根竹棒在其顶端粘贴一个和黑板上五线谱符头同样大小的图片，表示音符）。

【活动过程】

1. 看图说月亮。

教师出示满月和弯月的图画，问："小朋友知道哪些关于月亮的传说、故事吗？"小朋友争先说了中秋节吃月饼和关于玉兔、桂花、嫦娥奔月的传说等。

教师赞赏："同学们知道得真多。大家知道吗，毛主席写过一首有名的诗词也借用了我们的民间传说。说的是两位为革命牺牲的烈士，他们轻盈地飞到了天上，这时'吴刚捧出桂花酒，寂寞嫦娥舒广袖'在万里长空为烈士献舞，多么美好的想象啊！现在我留一个课外作业，请小朋友们每人回去收集一个或者自己创编一个关于月亮的美丽故事画在月亮上，下次上课时我们来展示交流。"

这里的目的是为后面将要进行的活动内容做准备。通过图画和孩子们生活中熟悉的事情引发学生的兴趣。我们的课堂教学要把激发学生兴趣作为首要任务，才会调动启发学生继续求知的欲望。简介毛主席诗词是为了启发学生的想象，限于时间和小朋友的理解能力，不必讲得过多。这个材料的引用也是企图在潜移默化中拓展音乐教育的文化内涵，开阔学生的艺术视野。留一个作业，目的是启发学生延伸课堂内容主动学习。由于音乐活动课时间有限，需要小朋友向课外阅读发展。

2. 学说歌谣，体验节拍。

师：请同学们听我朗读一段关于月亮的歌谣。教师举着图画朗读《月儿》："月儿弯弯，像只————"

生：1：小船。2：镰刀。3：香蕉。等

师：摇啊摇啊，越摇越————

生齐：圆。

师：月儿圆圆，像个————

生：1：月饼。2：盘子。等

师：转啊转啊，越转越————

生齐：弯。

师：好，大家都有自己的想象，这首歌谣里是这样说的：月儿弯弯，像只小船，摇呀摇呀，越摇越圆；月儿圆圆，像个银盘，转呀转呀，越转越弯。现在请小朋友和老师一起边拍击节拍，边读歌谣。当然我们必须得先确定伴随什么节拍更合适？

教师在黑板上画出大球和小球的两种排列，代表声音的强弱。请小朋友只用歌谣的第一句（因为这时孩子们还不能够完整背诵），比较两种节拍的感觉（一种是二拍子，一种是三拍子）。

学生通过尝试、感觉，确定使用第三拍子节拍形式。教师引导小朋友知道这是三拍子的节拍形式。采用"拍手、拍左腿、拍右腿"的动作伴随，小朋友跟随教师朗读歌谣两遍后，集体背诵。

歌谣朗读也是为后面的教学内容做铺垫。教师的朗读用句尾拖长声调调动学生的参与和想象，由教师的"个人讲"变为"交互式学习"。

在教学中语言的介入对音乐学习具有重要意义，歌谣在许多方面都具有和音乐相同的特点和表现形式。不使用音高、只用语言朗读的形式，可以使学生更容易感受节拍、节奏。

音乐是时间和声音的艺术，时值的长短、声音的强弱、声调的高低等要素都具有抽象的特点。采用大球、小球是使用形象性手段引导小朋友自己去感觉、发现和判断使用哪种节拍形式更适合这首歌谣的朗读，用比较的方法是获得体验和鉴别的重要原则。这项活动也为后面将要出现的歌曲节拍做了准备。

3. 听唱歌曲《小白船》。

师：刚才我们朗读了关于月亮的歌谣，现在我们再来唱一首关于月亮小船的歌曲。先听老师来歌唱。在听老师歌唱时小朋友们要仔细听，歌曲里的这只船在哪里漂荡？它是什么颜色的？船上都有什么？它有桨吗？有帆吗？它在哪里升起，在哪里消失？

听教师歌唱了第一段后，小朋友开始讨论歌曲的内容。

师：这首歌曲的名字就叫《小白船》，是一首带有民族风格的创作歌曲。

学唱歌曲是充分调动听觉参与，不一定非要首先经过视觉读谱。教学中习惯的"看谱视唱"恰恰会使小朋友关闭了听觉。提出问题是为了引导学生了解歌词的内容。设计好提问是教学中重要环节，因为如果不提示一下，歌曲里的"桨儿桨儿看不见，船上也没帆"一句中有"倒字"问题，学生很可能听不清楚。通过提问的引导可以帮助学生学会如何去听。

师：再听老师唱一遍，请小朋友用心去感觉这首歌曲的情绪。

小朋友听后参与讨论，大都认为歌曲抒情优美。

师：这次再听歌唱时，想想该用什么样的节拍伴奏更合适？它有几个句子？句尾有什么特点？

音乐美感的获得和强化需要反复听赏，对音乐的熟悉程度直接影响到体验与参与。提示学生听的时候用心去感受非常重要，只有这样才能使学生学会全身心地融入音乐。在反复听唱、熟悉的过程中，启发学生从整体感受歌曲的情绪，再进一步提出对音乐要素的听辨、感觉、着重培养听的能力。

4. 学唱歌曲。

师：这首歌曲我们已经听了好几遍了，小朋友们一定差不多都会唱了，让我们选择一种适当的节拍伴随着拍击，我们一起来唱歌。

学生一致认为应该用和《月儿》歌谣同样的三拍子形式来变现小船的摇荡。有的同学还建议采用左手轻拍桌子一下、右手轻敲铅笔两下拍击节拍。教师接受这个建议，伴随拍击全体一起唱歌。在学生再次歌唱时，教师不断提出问题，启发学生边歌唱边感觉和讨论这首歌曲。

（1）主要采用什么节奏型？

（2）是中国风格还是外国风格？

（3）歌曲有几个句子？

（4）各句的句尾有什么特点？

教师请小朋友为每句句尾的长音处（每句的句尾都是两小节，六拍子）创编节奏型（其他他方仍然拍击节奏）。学生争先提出自己的设计，教师鼓励学生的节奏创编。

小朋友在歌唱实践中感受情绪，参与讨论，设计节拍节奏形式，都是重要的体验过程。小朋友只有在反复体验中才能获得对音乐的感受和理解。启发小朋友感受歌曲的大致句式结构，是重要的音乐结构听觉培养。句尾长音的地方调动学生的参与即兴创编，从片段、从比较容易的部分培养创造能力。

5. 选用歌曲的第三句学谱。

（1）教师请小朋友不唱歌词，只用"lululu"哼唱歌曲的第三句，同时用简单手势伴随着表示出音高。

（2）再请小朋友尝试着唱出唱名。

（3）教师说："如果我们需要把这一句音调写在谱上，他们都是哪些音级呢？"教师在黑板上以第一线为do，写出五声宫调式音阶，采用无谱号、无调号、无节奏的形式，利用"活动音符"指点着，带领学生用慢速练唱歌曲第三句的唱名。

（4）教师讲解do、re、sol、la四个音级在五线谱上排列的特点，顺带介绍四度音程在谱上的特点。

（5）教师用"活动音符"即兴在谱上指点出5——7个音级，例如mrdrmrd，smlsmrd等，学生识别、记忆、模仿歌唱。

（6）请几个小朋友先后到黑板前用活动音符即兴指点音级歌唱。

（7）教师将五个音级改写在以F做do的位置上，再练习歌唱歌曲的第三句，引导学生体会以"间"做do的音级关系。

这里的乐谱学习并没有出现歌曲的乐谱，而是先采用从歌唱实践中分离出唱名，再探索记录音乐的符号，引导学生学谱。在学生已会唱的歌曲基础上，选择音级较少、音域不宽、带有重复性的第三乐句进行练习，可以尽量减少学生学谱的困难和避免学谱占用过多时间。用lululu哼唱可以使小朋友更单纯、更集中地感觉音调的高低。用简单手势伴随是借助形象的手段帮助学生唱准音调、感觉和理解音级关系。

从听觉进入、从容易的部分进入、采用"无谱号、无调号、无节奏"的乐谱形式，单纯识别音级关系，都是为了使乐谱的学习更简单易于掌握，这种"部分学习法"也符合感觉运动学习的心理过程。其他知识内容采用顺带介绍的方法。

教师即兴指点音级请小朋友歌唱，是为了锻炼听觉和记忆。学生的指点音级歌唱，是培养即兴能力和练习掌握五线谱上的音级位置。学谱要同时配合创造性等多种能力培养。

《小白船》歌曲是降E为do的三个降号调，采用"无调号、无调号"的形式，实际上是使学生同时也接触了第一线为do的四个升号调。因为升降号相加为"7"的两个调性在五线谱的相同位置，所使用的首调唱名也是相同的。"无调号、谱号"的形式看似简单，实际扩展了学习的内容。从第一线作do，变换到第一间作do，又是一种形式的比较。使学生在比较、移动中学谱，也符合首调唱名体系"移动do"的特点。

6. 听奥芬巴赫的《船歌》（选自歌剧《霍夫曼的故事》）。

师：我们唱了小船的歌曲，现在再让我们听一首用乐器演奏的船歌，听听它和歌曲有什么区别。（教师演奏《船歌》）

生1：是描述真的船，有水声，和优美。

生2：有好多声部，是用乐器演奏的。

生3：是外国音乐的风格。

生4：好像船在水中有时平稳，有时遇到波浪。

师：大家讲得真好，这是一首法国作曲家创作的一部歌剧里的选曲。这里用了摇摆的八六拍，表现了威尼斯夜晚荡漾在月光下的一只小船。正像同学们讲的那样，音乐中有水声、有波

浪起伏。现在再让我们比较和感觉一下我们所唱的《小白船》表现的是什么样的形象？（带领小朋友再唱歌曲）

生1：我们歌曲中的船不是真的船，是通过月亮想象的小船。

生2：歌曲是带有幻想的、诗意的、平静的形象。

学生对于音乐的感受绝不是一次性完成的，需要在比较中反复体验，才有更深切的感受。特别是对于情绪、风格的感觉更是需要大量接触实际音乐，才能够形成敏锐的感受和直觉。教学活动中，通过歌唱和器乐的比较，中国、外国音乐风格的比较，会加深学生对于音乐的体会和理解。多种音乐形式和风格也会增强学生的音乐美感，在潜移默化中培养学生的多元文化意识。

7. 唱《划船》歌（陆静山作曲）。

师：刚才我们已经唱了，听了，感受了两首优美的船歌了，现在我再给大家唱另外一首船歌，请小朋友听听音乐表现什么样的情绪？是什么风格？接着教师演唱《划船》。

生齐：这是表现劳动的歌曲，表现勇敢、不怕困难、情绪高亢的歌曲。

师：小朋友们讲得非常好，再听演唱时，注意听音乐在节拍、节奏上有哪些特点？

教师引导学生发现，这是一首二拍子的歌曲，它的每句句尾都有休止拍节奏。《小白船》是用长音形成的乐句。而划船是用休止拍节奏形成乐句的划分。

师：从这里我们还可以发现就是表现流水、表现船的歌曲、音乐、也有多种情绪、多种形式。现在为了表现出情绪的热烈，我再唱歌曲时，小朋友们在休止拍上加"嘿"，就像是船夫号子那样有领有和，好吗？师生共同歌唱，采用教师唱歌曲、学生在句尾加"嘿"的接唱形式。

师：除了加一声嘿外，还可以变化一下吗？

生：试着加两声嘿嘿！

大家感觉这样歌唱的情绪更热烈了。使学生分为两组，每组有一名"船长"，指挥着本组的"船员"，分别唱歌曲和喊号子。这里是另一种情绪和风格的比较。启发学生发现和感觉二拍子也可以表现船歌。启发学生发现休止节奏，与《小白船》一样，他在句尾。教师归纳长音、休止拍可以形成音乐句子的停顿，为逐步形成音乐的结构感知奠定基础。通过师生的接唱，锻炼学生的集中注意力、敏锐反应、节奏的准确衔接和感受四分音符时值（一声嘿）和八分音符时值（两声嘿嘿）。短小的歌曲在游戏的形式中孩子们可以很快地大致学会，教师只需要把"绕过这座小山划过桥"一句使学生听清和记住。

8. 引导语：还有哪些表现船歌的音乐？

师：小朋友们你们自己还知道哪些表现船歌的歌曲或音乐吗？

小朋友自由讨论，在记忆里搜寻，说出、唱出自己所知道地歌曲，如"让我们荡起双桨、小船尖尖"等。

师：船歌和表现人们的生活、表达情感有着密切联系，例如还有赛龙船的人、长江山的船夫号子、珠江上的渔歌和船歌，还有《黄河大合唱》中的黄河船夫曲等。外国的音乐中也有各种船歌，例如，威尼斯有什么样的船歌？俄罗斯有什么样的船歌？请小朋友回家和家长一同上网查一查、找一找，看能找到哪些船歌，自己先和家长听听，下次带来我们大家互相交流。

启发和调动学生继续求知的欲望，也有多元文化的启示。通过学生自己的学习探索，进一步开阔他们的艺术视野、感受音乐与生活的密切联系。

9. 伴随表演歌唱。

师：最后我们要做《小白船》的自由表演歌唱。表演之前我们先来做一个小游戏，你们现在想象自己是一粒小种子，在20秒内要开出花来。看看谁的想象力更丰富，谁的花更美。我要数秒，从1数到20，花开出之后，定住不动，让我们来欣赏。小朋友分组做游戏，其他同学欣赏、做评判。

师：让我们带着这样的想象，伴随着你自己的动作再来歌唱《小白船》，进一步表现和唱出歌曲的意境，唱出歌曲的美感。

用小游戏启发小朋友的想象和即兴创作，进入想象和表现的气氛后，再进入对歌曲的即兴表演，伴随身体动作再次体验和表现歌曲的情感。

第二课时的教学过程，简单地讲，主要为：

1. 展示、讨论学生作业。引发小朋友的自我探索、自我学习的兴趣，使学生获得表达、交流、成功的体验。音乐活动课上完成不了的内容可由小朋友自办展览，或延伸至课外兴趣活动小组。

2. 复习歌曲，从听觉学习识谱。学生已有歌曲第三句的学谱经验，再使读谱能力向外延伸。采用：

（1）先背唱第三句谱对完整歌曲按照分句结构，从听觉感知唱名。唱名是音高表象的符号，唱名使调式中的音级关系组织化、规范化、相对固定化。掌握唱名有利于学生准确歌唱和建立自我学习的基础。但是掌握唱名的关键不在于视觉，而在于听觉对音响的感知，应该首先从听觉感受，依靠听觉学习唱名，再进入符号的学习。采用教师逐句哼唱曲调，学生按句慢慢尝试着唱出唱名的方式，同时伴随简单手势在空中显示出音高的位置变化。教师哼唱不唱词、不唱谱，但每句的第一个音给出音高唱名。

（2）在小朋友能够基本完成以上活动后，教师讲解这些唱名符号写在谱上时的规律特点，带领学生尝试看谱歌唱。

3. 歌唱二声部，进行合唱练习。

请几位歌唱较好的小朋友唱歌曲，教师歌唱第二声部。引导学生感觉多声部音响和表现力的丰富，引发学生想参与合唱的愿望。教师在黑板上用字母标记写出合唱二声部的主要音级。例如：

m r m l s
d t l d t

取消节奏是为了使学生更集中地感受音准的和谐、学会倾听和体验如何获得良好的发声和音质。教师可以在这时提出声音的要求。之后进入看谱歌唱第二声部，教师弹奏或歌唱旋律声部，培养学生在多声部中锻炼准确歌唱。最后引导学生体验、感受和表现合唱的和谐之美和富有诗意的意境。

我们不能不承认，音乐是技术性很强的艺术学科，在必要的技能、知识的学习中，更需要精心设计和启发学生发现、理解艺术美的规律，扩展美感体验和表达，增强审美能力，努力实现素质教育的艺术教育目标。

小白船

朝鲜族　童谣
尹克荣　曲

有 棵 桂 花 树， 白 兔
那 个 云 彩 国， 再 向

在 游 玩。 浆 儿
哪 儿 去？ 在 那

浆 儿 看 不 见， 船 上
遥 远的 地 方， 闪 着

也 没 帆， 飘
金 光， 晨

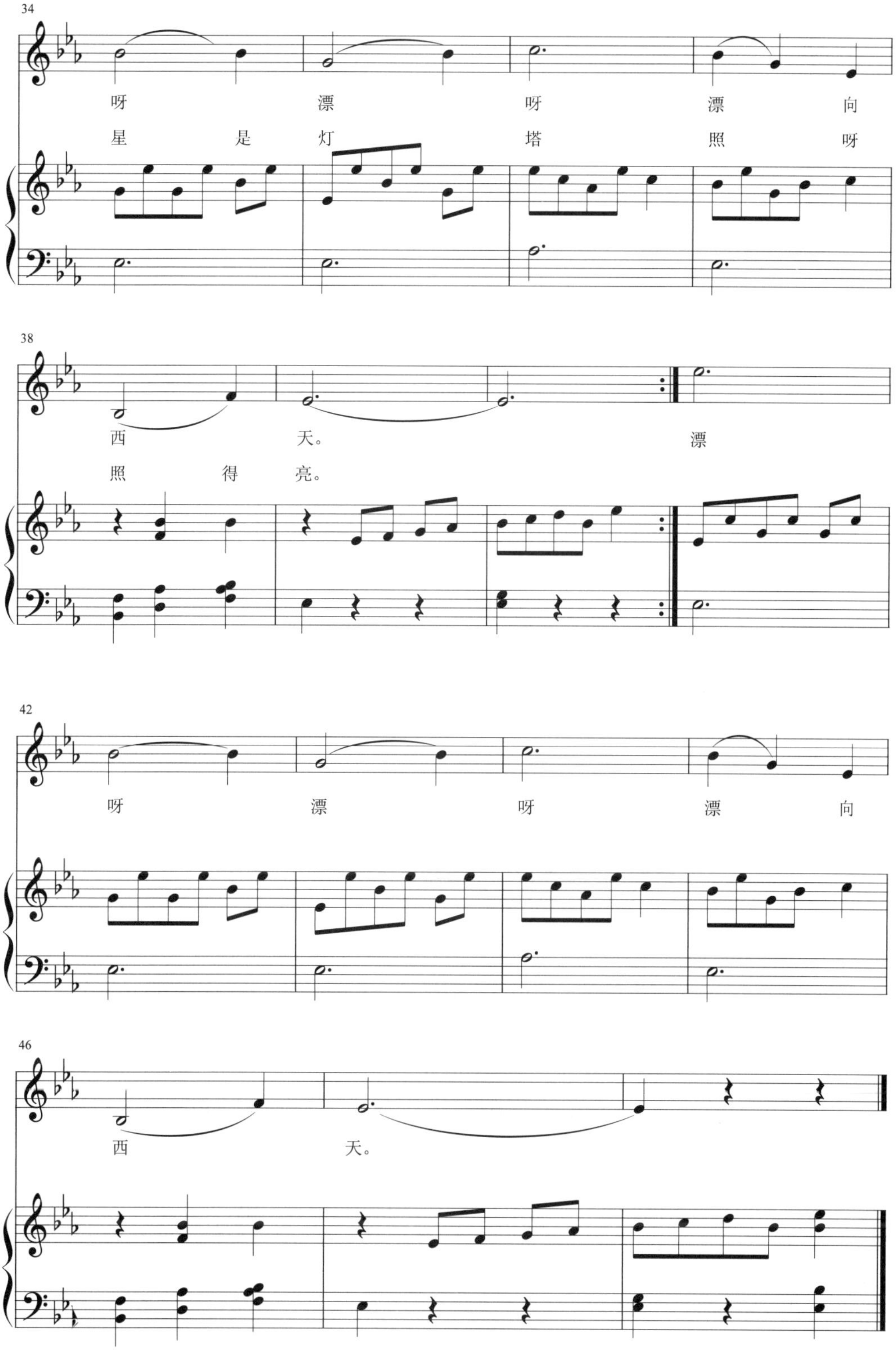
34
呀 漂 呀 漂 向
星 是 灯 塔 照 呀
38
西 天。 漂
照 得 亮。
42
呀 漂 呀 漂 向
46
西 天。

音乐读写综合课课例[①]

低年级教学主要采取综合课的类型，内容丰富、形式生动活泼。以下课例是普通学校一年级第二学期的一节音乐读写综合课，通过它的教学内容、步骤，可以分析其教学设计和采用的原则、方法。

1. 全体学生背唱歌曲

（歌词略）

然后进行下列步骤：

（1）用首调唱名歌唱曲调，使用手势、慢唱。

（2）按照旋律音高用节奏音节（ta、ti）唱出节奏，使节奏音节与音高相结合。

（3）启发学生分析这首歌曲里出现了哪几种节奏型，并用塑料小棒摆出，教师巡查学生做得是否正确，最后请三个学生在黑板上各写出一种节奏型，完成对歌曲节奏的分析和归纳。

2. 教师和学生背唱另一首歌曲

（1）教师启发学生讨论这首歌曲出现了哪几个音级，并把它们用字母竖写在黑板上。

（2）请一个学生指点着字母音级，全体用"lululu"歌唱曲调。用单一音节歌唱和竖写字母都是为了帮助学生熟悉音级和它们之间的关系，为以后的音程学习做准备。

（3）让学生在他们"五线谱"的用具上摆出第一句的旋律，第一次以第一间作do，第二次以下加一间作do，进行两个音高位置的写谱练习。

3. 回忆、寻找相类似的曲调

教师启发学生回忆在他们熟悉的歌曲里有没有和这一首歌曲相类似的曲调，经过全班热烈讨论，最后确认以下谱例与前一首相类似。

（歌词略）

---

① 杨立梅：《柯达伊音乐教育思想与匈牙利音乐教育》，146—148页，上海，上海教育出版社，2011。

全体歌唱后，教师进一步启发学生分析这两首歌曲相似在哪里、不同在哪里，它们之间最大的区别是什么。学生们争先恐后地发表意见。最后归结为最大的不同是前一首歌曲是三小节为一个乐句，而后一首是四小节为一个乐句。

随后教师请四个学生到黑板前，让他们用图形表示出这首歌曲句子之间的关系。四个学生分别画出的图形是：

□□△△，A A B A，○○□○，🍎🍎🍎🍐 。

教师指点着其中的一个图形标记，带领全班唱歌曲，使歌唱与结构标记相结合。

4. 用几分钟时间练习吹奏竖笛

从以上的内容安排，可以看出有这样的教学原则和特点：

（1）学生读写的材料来自自己会唱的歌曲，学习音乐的要素来自学生歌唱的实际体验，教师只是引导他们自己从活的音乐材料中去提取、归纳，而不是从概念到概念的讲授。这样的音乐读写练习紧密结合着听觉训练。启发学生学会对作品进行节奏类型、音级使用、句式关系的分析，使知识内容的学习与培养欣赏、分析音乐的能力结合起来。

（2）由于第一项的原则，就确定了教学中应该采取灵活的、分析的方法。这里有节奏类型的归纳、旋律音级的归纳，在记忆中搜寻、在比较中鉴别，从句式中归纳出结构图形等。这些分析都引导儿童积极参与、主动学习，培养儿童从小具有分析的习惯和能力，对于将来的学习具有重要意义。

（3）课堂安排有设计、有节奏。开始的背唱和使用手势歌唱是复习的内容，也起着引入下一个教学步骤的作用。第2项到第3项教学内容的转换，采用进一步引申的做法，通过比较、鉴别使学生复习了过去掌握的歌曲，联系以前的教学内容。而结构句式的图形标记是为以后分析结构、进行即兴创作的练习打下基础。因为学生通过大量歌唱掌握了比较丰富的音乐语言，再有最基本的结构句式概念，就能够进行实际的创作练习了。尽管这项内容不是一年级的教学进度，但需要从一年级开始就逐步进行有关句式、结构、音乐分析等创作教学内容的积累和准备，需要把从低年级到高年级的教学作为一个整体来考虑。最后一项竖笛的吹奏练习是使教学形式更加变化多样。

教学节奏的安排还表现在"歌唱——写的练习（节奏）——再歌唱——再做写的练习（旋律记谱）——再歌唱——再做写的练习（结构图形）"的步骤中。实际也是"分析——操作——分析——操作"的过程。形式的交替变化，避免了内容的单一枯燥。

这节课一头一尾的歌唱和竖笛吹奏只占用很少时间，主要内容在中间部分。而中间部分最热烈、学生情绪达到高潮的地方是在第二项内容自然地转入第3项内容的过程中。

实际教学中有很多类似的精心设计，例如，前面介绍过的la音级的教学过程、节奏即兴创作的发展等，它们很好地保证了教学目标的完成，使绝大多数儿童都能够愉快、轻松地掌握这些教学内容。这些方法都是许多优秀教师积累的实际经验，它们也属于柯达伊教学法的内容。

主要参考文献

1. 斯波索宾. 音乐基本理论. 北京：音乐出版社，1956.

2. 李重光. 音乐理论基础. 北京：人民音乐出版社，1962.

3. 赵方幸. 儿童视唱练耳教程. 北京：人民音乐出版社，1991.

4. 孙虹. 儿童音乐基础教程. 北京：教育科学出版社，1995.

5. 童忠良. 基本乐理教程. 上海：上海音乐出版社，2001.

6. 童忠良. 基本乐理教程. 上海：上海音乐出版社，2001.

7. 童忠良、童昕. 新概念乐理教程. 北京：高等教育出版社，2008.

8. 线亚威、李云翔. 幼儿园活动区课程实施指南. 北京：高等教育出版社，2011.

9. 孙冬梅编著. 儿童歌曲伴奏通用教程. 吉林：吉林音像出版社，2004.

10. 龙厚仁著. 少儿歌曲分析及创作. 重庆：西南师范大学出版社，2006.

11. 苏夏著. 歌曲写作读本. 北京：中央音乐学院出版社，2006.

12. 樊祖荫著. 歌曲写作教程. 上海：上海音乐出版社，2006.

13. 侯德炜、赵木主编. 幼儿歌曲钢琴即兴伴奏法. 上海：复旦大学出版社，2008.

14. 狄其安著. 怎样写合唱曲. 上海：上海音乐出版社，2010.

15. 狄其安著. 怎样为歌曲写钢琴伴奏. 上海：上海音乐出版社，2012.

后 记

在本书编写过程中，为确保书稿质量，相关领导召开了多次编写研讨会，在此对给予我们鼎力支持的领导深表感谢！

此书能够与读者见面，感谢各章编委倾注的大量心血和智慧，现将有关编委负责情况介绍如下：第一章"认识音符"负责人胡鹏；第二章"幼儿音乐节奏节拍与实践拓展"负责人顾晓华；第三、四章"美丽的二声部"和"团结友爱的集体——和弦"负责人王元艳；第五章"情感多变的大小调式与充满魅力的幼儿指挥训练"和第七章"儿歌歌曲创作基本常识"负责人郝香才；第六章"民族调式的幼儿歌曲"与第九章"走进柯达伊的音乐世界"负责人赵灵萍；第八章"走进奥尔夫的动感音乐世界"负责人傅聪。

需要说明的是：在编写过程中，编委们参考了很多相关书籍，部分章节内容做了"引用"分析，只因无法联系原作者，在此表示歉意！希望作者见书后与我们联系。

编者
2014年5月